Jean Cocteau

WERKAUSGABE IN ZWÖLF BÄNDEN

Herausgegeben von Reinhard Schmidt

Band 4

THEATER I

FISCHER TASCHENBUCH VERLAG

Jean Cocteau

DIE HOCHZEIT AUF DEM EIFFELTURM

Aus dem Französischen übersetzt
von Reinhard Schmidt

ORPHEUS

Aus dem Französischen übersetzt
von Ferdinand Hardekopf

DIE HÖLLENMASCHINE

Aus dem Französischen übersetzt
von Herbert Mühlbauer

FISCHER TASCHENBUCH VERLAG

Ungekürzte Ausgabe
Veröffentlicht im Fischer Taschenbuch Verlag GmbH,
Frankfurt am Main, April 1988

Umschlaggestaltung: Manfred Walch
Herstellung: Alexander Gutfreund
Satz: Fotosatz Otto Gutfreund, Darmstadt
Druck und Bindung: Clausen & Bosse, Leck
Printed in Germany
ISBN 3-596-29204-2

Über dieses Buch Die große Ausstrahlung Jean Cocteaus auf das kulturelle Leben Frankreichs in den zwanziger und dreißiger Jahren verdankt sich nicht zuletzt seinen Arbeiten für das Theater. Cocteau wollte das Publikum stets aufs neue überraschen, das Vertraute in ungewohntes Licht tauchen und das Phantastische wie selbstverständlich durchs Leben spazieren lassen. Er erntete damit Skandale und den Ruf eines Virtuosen seines Fachs. Manch einen verstörte seine Theaterästhetik, in der sich die Reflexion über die Poesie mit leichtfüßiger, effektvoller komödiantischer Inszenierung verbindet: Was war er denn nun, Gaukelspieler, der mit den Mythen seine Scherze treibt, oder Künder eines abgründigen poetischen Geheimnisses? Cocteau selbst sah sich gern als Seiltänzer zwischen diesen beiden Polen.
Die drei Stücke dieses Bandes zeigen den Ernst und den Witz solchen ästhetischen Spiels: Während das frühe, vom Dadaismus beeinflußte Ballett *Die Hochzeit auf dem Eiffelturm* die Bilderwelt der Sprachklischees zum Tanzen bringt, verwandeln *Orpheus* und *Die Höllenmaschine* die Mythen der griechischen Antike in ein modernes Schauspiel.

JEAN COCTEAU
WERKAUSGABE IN ZWÖLF BÄNDEN

☆

DIE GROSSE KLUFT · DAS WEISSBUCH
Erzählende Prosa I

THOMAS DER SCHWINDLER
DAS PHANTOM VON MARSEILLE
Erzählende Prosa II

KINDER DER NACHT
Erzählende Prosa III

DIE HOCHZEIT AUF DEM EIFFELTURM
ORPHEUS · DIE HÖLLENMASCHINE
Theater I

DIE GELIEBTE STIMME · DER DOPPELADLER
Theater II

OPERA · CHORAL
Gedichte I

SPIEGELSCHRIFTEN
Gedichte II

DAS BLUT EINES DICHTERS
DIE SCHÖNE UND DAS TIER · ORPHEE
Filme

DAS BERUFSGEHEIMNIS
Kritische Poesie I

OPIUM
Kritische Poesie II

DIE SCHWIERIGKEIT, ZU SEIN
Kritische Poesie III

DIE FARBEN DER ERINNERUNG
DER LEBENSWEG EINES DICHTERS
Kritische Poesie IV

INHALT

DIE HOCHZEIT AUF DEM EIFFELTURM

Aus dem Französischen übersetzt
von Reinhard Schmidt

VORWORT VON 1922

Jedes Werk poetischer Natur beschließt in sich, was Gide in seinem Vorwort zu *Paludes* den »Anteil Gottes« genannt hat. Dieser Anteil, der dem Dichter selbst entgeht, behält ihm manche Überraschung vor. Ein bestimmter Satz oder eine Geste, denen er nur einen Wert beimaß, wie er etwa dem Räumlichen in der Malerei zukommt, enthalten eine geheime Bedeutung, die dann jeder nachträglich der Interpretation unterzieht. Das wahrhafte Symbol ist nie vorhergesehen. Es ergibt sich ganz von selbst, wenn man nur das Wunderliche, das Unwirkliche außer Betracht läßt.

In einer Zauberwelt treten die Feen nicht in Erscheinung. Sie wandeln dort unsichtbar umher. Den Sterblichen erscheinen können sie nur, wenn man festen Boden unter den Füßen hat.

Einfache Gemüter sehen Feen leichter als die anderen, denn sie bieten gegen das Wunderbare nicht den Widerstand der Schlauköpfe auf. Ich könnte sagen, der Beleuchter hat mir mit seinen Lichtblicken oftmals das Geschehen auf der Bühne erhellt.

In den Erinnerungen von Antoine* habe ich von dem Skandal gelesen, den die Verwendung echter Fleischstücke und eines Springbrunnens auf der Bühne ausgelöst hat.

* [*Anm. d. Übers.:* André Antoine (1858–1943) hat als Theaterleiter und Regisseur das naturalistische Theater in Frankreich entscheidend gefördert.]

Heute befinden wir uns in einer Epoche, in der das Publikum sich von Antoine hat überzeugen lassen und böse wird, wenn man keine echten Gegenstände auf die Bühne bringt, wenn man es nicht in eine Intrige stürzt, ebenso kompliziert und ebenso langwierig wie diejenigen, von denen ihm das Theater gerade unterhaltsame Ablenkung gewähren sollte.*

Aufgrund ihrer Offenherzigkeit enttäuscht *Die Hochzeit auf dem Eiffelturm* mehr als ein esoterisches Stück. Das Geheimnis flößt dem Publikum eine Art von Furcht ein. Ich nun verzichte hier auf das Geheimnis. Ich leuchte alles aus, unterstreiche alles deutlich. Die Leere eines Sonntags, Menschenvieh, klischeehafte Wendungen, Fleisch und Blut gewordene Auflösungen zusammenhängender Gedanken, die Grausamkeit der Kindheit, Poesie und die Wunder des Alltagslebens – das ist mein Stück, und wie gut haben dies die jungen Musiker verstanden, die die Begleitung dazu beisteuern.

Ein Satz des Photographen könnte mir als Leitwort dienen: »Da mir diese Geheimnisse zu hoch sind, tun wir eben so, als hätten wir das selbst uns ausgedacht.« Dieser Satz formuliert unser Anliegen mustergültig. Die eingebildete Menschheit findet ihre letzte Zuflucht stets im Gefühl der Verantwortlichkeit. So führt man beispielsweise einen Krieg fort, nachdem der Anlaß, der ihn heraufbeschwor, bereits dahin ist.

In der *Hochzeit* ist der Anteil Gottes beträchtlich. Die menschlichen Phonographen, rechts und links der Bühne, wie der antike Chor, wie die beiden Präsentatoren eines

* Antoine schrieb 1926 über *Orpheus*, es sei ein »nicht einmal komischer Scherz aus der Künstlerwerkstatt« (sic).

Revuespektakels, sprechen ohne jeden literarischen Anstrich, die lächerliche Handlung wird in der Mitte durch Tanz und Pantomime aufgeführt. Lächerlich nenne ich sie, weil ich, statt mich diesseits des Lächerlichen im Leben zu halten, statt es abzuschwächen, es zurechtzubiegen, wie in unserem Munde ein Abenteuer, bei dem wir eine schlechte Figur abgegeben haben, zurechtgebogen wird, das Lächerliche im Gegenteil noch betone, es über sich hinaus treibe und mich um eine Darstellung, die *wahrer als wahr* ist, bemühe.

Der Dichter hat die Aufgabe, die Dinge und die Gefühle aus Schleiern und Nebelschwaden zu befreien, sie plötzlich vor Augen treten zu lassen, so nackt und schnell, daß das menschliche Auge nur mit Mühe sie wiedererkennt. Dann wird ihr jugendlicher Schwung solchen Eindruck machen, als wären sie niemals amtlich bestallte Greise geworden.

So verhält es sich mit den Gemeinplätzen, alt und mächtig, universell anerkannt gleichsam wie Meisterwerke, deren Schönheit und Originalität jedoch, so abgenutzt, wie sie sind, uns nicht mehr in Erstaunen versetzen.

Mit unserem Schauspiel bringe ich den Gemeinplatz wieder zu Ehren. An mir soll es nun sein, ihn unter solchem Blickwinkel vorzustellen, daß er frisch wie ein Zwanzigjähriger wirkt.

Eine Generation voller Dunkelheiten und fader Wirklichkeitstreue schüttelt man nicht von heute auf morgen ab. Ich weiß, mein Text sieht zu einfach aus, zu *leserlich geschrieben*, wie das Alphabet in der Schule. Aber, was meinen Sie, sind wir etwa nicht in der Schule? Entziffern wir nicht gerade die ersten Zeichen?

Die junge Musik befindet sich in einer analogen Lage. Klarheit, Offenheit, gute Laune werden da von Grund auf neu geschaffen. Der Naive täuscht sich. Er glaubt, er höre einem Kabarettorchester zu. Sein Ohr begeht denselben Fehler wie ein Auge, das zwischen einem knallig grellen Stoff und ebendiesem Stoff, von Ingres gemalt, keinerlei Unterschied machte.

In der *Hochzeit* bedienen wir uns des Volksguts, das Frankreich bei sich zu Hause geringschätzt, draußen aber mit Zustimmung bedenkt, sobald ein ausländischer Musiker es sich zunutze macht.

Glauben Sie zum Beispiel, ein Russe könne *Petruschka** auf die gleiche Weise hören wie wir? Außer einem glanzvollen musikalischen Meisterwerk findet er darin seine Kindheit wieder, die Sonntage in Petersburg und die Lieder der Ammen.

Wieso sollte ich mir dieses doppelte Vergnügen verwehren? Ich versichere Ihnen, das Orchester der *Hochzeit auf dem Eiffelturm* berührt mich mehr als eine Vielzahl russischer oder spanischer Tänze. Es geht hier nicht darum, eine Bestenliste aufzustellen. Ich denke, ich habe oft genug russische, deutsche, spanische Musiker und die Negerorchester gepriesen, um mir einen Schrei meines Herzens erlauben zu dürfen.

Es ist schon bemerkenswert, wie die Franzosen, aus welchem Lager auch immer, zornentbrannt alles von sich weisen, was Frankreich eigen ist, und hemmungslos alles ausländische Lokalkolorit mit offenen Armen empfangen. Und denkwürdig ist doch auch, daß bei der Generalprobe zu der *Hochzeit auf dem Eiffelturm* das einschlägige Publikum sich über den klassischen Typus des Hohlkopfs empört hat, der im Brautgeleit gerade so seinen Platz findet wie die Gemeinplätze in dem Text.

* [*Anm. d. Übers.:* Ballettmusik von Igor Strawinsky aus dem Jahr 1911.]

Jedes lebende Werk enthält selbst bereits die Gaukeleien, mit denen es seine Zuschauer anlocken will. Wer sich nicht hineinlocken läßt, sieht nur das werbende Gaukelspiel. Nun irritiert und befremdet und erbost die Oberfläche eines neuartigen Werks den Zuschauer zu sehr, als daß er sich zum Eintritt entschlösse. Über das Gesicht, den ungewohnten Ausdruck, der ihn wie eine Clownsgrimasse am Eingang ablenkt, verliert er den Blick auf die Seele. Dieses Phänomen täuscht auch die am wenigsten von der Routine versklavten Kritiker. Sie merken nicht, daß sie es mit einem Werk zu tun haben, das dieselbe Aufmerksamkeit erfordert wie ein Drama auf dem Boulevardtheater. Sie glauben, sie seien auf dem Jahrmarkt gelandet. Ein gewissenhafter Kritiker, dem es, wenn er von einem dieser Boulevardstücke berichtet, nicht einfiele zu schreiben: »Die Herzogin küßt den Oberkellner«, anstatt: »Der Oberkellner überreicht der Herzogin einen Brief«, läßt ohne Federlesens, wenn er von der *Hochzeit* berichtet, die Radfahrerin oder den Sammler aus dem Photoapparat heraustreten, was nicht weniger absurd ist. Nicht durchdacht, gewollt, in gutem Sinne absurd, sondern schlechthin absurd. Diese Unterscheidung ist ihnen freilich noch nicht geläufig. Als einziger unter den Kritikern hat Bidou, besser im Bilde über die zeitgenössischen Experimente, den Lesern der *Débats* erklärt, bei meinem Stück handle es sich um eine »Geisteskonstruktion«.*

Die Handlung meines Stücks ist bildlich, der Text hingegen ist es nicht. Ich versuche also, die »Poesie auf dem Theater« durch eine »Poesie des Theaters« zu ersetzen.

* Er als einziger sollte dann auch über *Orpheus* schreiben, es sei »eine Meditation über den Tod«.

Die Poesie auf dem Theater ist ein filigranes Spitzengewebe, das aus der Ferne nicht auszumachen ist. Die Poesie des Theaters wäre ein grobes Spitzengewebe, eine aus Tauen gefertigte Spitzenklöppelei, ein Schiff auf hoher See. Die *Hochzeit* kann den schrecklichen Anblick eines Tropfens Poesie unter dem Mikroskop bieten. Die Szenen verschränken sich ineinander wie die Wörter in einem Gedicht.

Das Geheimnis des Theaters, das ja den schnellen Erfolg braucht, beruht darauf, eine Falle zu stellen, dank der ein Teil des Saals sich vor der Tür vergnügt, damit der andere Teil drinnen Platz nehmen kann. Shakespeare, Molière, der tiefgründige Chaplin sind sich dessen wohl bewußt.

Nach den Pfiffen, dem Tumult, den Beifallsstürmen des ersten Abends, als die Schweden unser Stück im Théâtre des Champs-Elysées aufführten, hätte ich schon beinahe an einen Schlag ins Wasser geglaubt, wenn nicht die Bescheidwisser bald den Platz für das wahre Publikum geräumt hätten. Dieses Publikum leiht mir immer sein Ohr.

Nach einer Aufführung der *Hochzeit* warf mir eine Dame vor, das Stück gelange nicht recht bei den Zuschauern an. Als ich mich über diese Beschwerde verwunderte (Masken und Sprachrohre müßten den Zuschauer doch besser erreichen als echte Gesichter und Stimmen), gestand sie, die Decke des Theaters, die Maurice Denis ausgeschmückt hat, gefiele ihr so gut, daß sie stets die höchsten Plätze miete und daher nur mit Mühe auf die Bühne blicken könne.

Dieses Geständnis mag als Beispiel dafür dienen, was für Kommentare man von einer kleinen Sippschaft ohne Herz und Verstand, die den Zeitungen zufolge die Elite bildet, zu hören bekommt.

Unsere Sinne sind übrigens so wenig daran gewöhnt, gemeinsam zu reagieren, daß die Kritiker, und selbst meine Verleger, glaubten, diese große Maschinerie enthalte gerade zwei oder drei Seiten Text. In solcher perspektivischen Verzerrung schlägt auch zu Buche, daß hier die Ideenentwicklung fehlt. Eine Entwicklung, die das Ohr, seit dem Thesenstück und dem Symbolismus, zu hören gewohnt ist. *Ubu*, von Jarry, und *Les Mamelles de Tirésias*, von Apollinaire, sind gleichzeitig symbolische und Thesenstücke.

Die Sprechweise von Pierre Bertin und Marcel Herrand, meinen Phonographen, trägt zu diesem Irrtum noch bei. Eine Diktion schwarz wie Tinte, so grob und so deutlich wie die Großbuchstaben der Reklame. Hier bemühen sich, welch eine Überraschung, die Schauspieler, dem Text zu dienen, anstatt sich seiner zu bedienen. Eine weitere lyrische Neuheit, die mit den Gewohnheiten der Theaterbesucher bricht.

Kommen wir zu dem Vorwurf der Possenreißerei, den unser Zeitalter, das fürs unecht Erhabene schwärmt und, sprechen wir es doch aus, immer noch in Wagner verliebt ist, oftmals gegen mich erhebt.

Bedeutete Kälte: Nacht, und Wärme: Licht, so bedeutete das Lauwarme: Halbdunkel. Die Gespenster lieben das Halbdunkel. Das Publikum liebt das Lauwarme. Nun, abgesehen davon, daß der Geist der Posse eine Beleuchtung mit sich bringt, die den Gespenstern wenig behagt (mit Gespenstern meine ich hier, was das Publikum als Poesie bezeichnet), abgesehen davon, daß Molière sich in *Pourceaugnac*, in *Le Bourgeois gentilhomme* poetischer zeigt als in seinen in Versen gehaltenen Stücken, erlaubt darüber hinaus allein der Geist der Posse gewisse Kühnheiten.

Das Publikum kommt ins Theater, um sich zu entspannen. Weiß man es geschickt zu nehmen, so sorgt man für seine Unterhaltung, zeigt ihm Hampelmänner und Zuckerwerk wie widerspenstigen Kindern, die eine Medizin einnehmen sollen. Haben sie die Medizin erst einmal geschluckt, dann werden wir uns anderen Übungen zuwenden.

Mit einem Serge Diaghilew, mit einem Rolf de Maré entsteht vor unseren Augen in Frankreich allmählich eine Theatergattung, die kein Ballett im eigentlichen Sinn des Wortes mehr ist und die weder an der Oper noch an der Komischen Oper noch an irgendeiner unserer Boulevardbühnen ihren Platz findet. Hier am Rande zeichnet sich die Zukunft ab. Unser Freund Lugné-Poë stellt dies in einem seiner Artikel fest und bekundet sein Erschrecken darüber. Diese neue, dem modernen Geist gemäßere Gattung bleibt noch eine unbekannte Welt, die eine Fülle von Entdeckungen verheißt.

Eine Revolution also, die in voller Weite den Forschungstrupps ein Tor aufstößt. Die jungen Künstler können ihren Erkundungen nachgehen, dank denen Zaubermärchen, Tanz, Akrobatik, Pantomime, Drama, Satire, Orchestermusik und das Wort vereint in nie dagewesener Gestalt wieder ins Rampenlicht treten; ohne finanzielle Mittel werden sie auf die Beine stellen, was die anerkannten Künstler für bloße Scherze aus der Künstlerwerkstatt halten und was dennoch nichts Geringeres als der plastische Ausdruck der Poesie ist.

Im übrigen verbinden sich in Paris gute und schlechte Laune zur lebendigsten Atmosphäre der Welt. Serge

Diaghilew sagte mir einmal, in keiner anderen Hauptstadt habe er ähnliches gefunden.

Pfiffe und jubelnder Beifall, eine gehässige Presse, der eine oder andere aus dem Rahmen fallende Artikel. Drei Jahre später klatschen die eingeschworenen Miesmacher Beifall und erinnern sich nicht mehr ihrer Pfiffe. Das ist die Geschichte von *Parade* und aller Werke, die die Spielregeln verändern.

Ein Theaterstück sollte von ein und demselben geschrieben, ausgestattet, kostümiert, musikalisch begleitet, gespielt und getanzt werden. Solch einen Meister in allen Sparten gibt es nicht. Also gilt es, an die Stelle eines Individuums das zu setzen, was einem Individuum am meisten gleicht: eine Gruppe von Freunden.

Es gibt viele Kirchen, aber nur wenige solcher Gruppen. Ich habe das Glück, mit einigen jungen Musikern, Dichtern und Malern eine solche zu bilden. *Die Hochzeit auf dem Eiffelturm* spiegelt als Ganzes einen poetischen Geisteszustand wider, zu dem ich – und darauf bin ich stolz – schon viel beigetragen habe.*

Jean Hugo ist es zu verdanken, daß meine Figuren nicht, wie es auf dem Theater vorkommt, zu klein, zu lebensecht, unter der Wucht der Beleuchtung und des Bühnenbilds ersticken; er hat sie mit Geschick ins rechte Maß gesetzt, aufgebläht und so kunstfertig gestaltet, daß sie an epische Dimensionen heranreichen. In Jean Hugo finde ich etwas wie die atavistischen Instinkte einer monströsen Wirklichkeit wieder. Irène Lagut ist es zu verdanken, wenn unser

* Letztlich ging es darum, die Albernheit aus dem Stande täppischer Unschuld zu befreien, sie aufzuklären. Alles harrt noch solcher Reifung und Aufklärung, sogar das Herz. Das Erhabene wird auch noch an die Reihe kommen. Dann wird man es vielleicht erleben, daß wir Wagner rehabilitieren.

Eiffelturm an Vergißmeinnicht und feines Spitzenpapier fürs Poesiealbum denken läßt.

Die Ouvertüre *Der vierzehnte Juli* von Georges Auric, diese Musik vorbeimarschierender Truppen, die an einer Straßenecke ertönt und sich wieder entfernt, beschwört auch den mächtigen Reiz der Gehsteige, der Volksfeste, der tuchbehangenen Podeste, die einer Guillotine ähneln und um die herum Trommel und Kornett die Sekretärinnen, Matrosen und Angestellten zum Tanze laden. Diese Ritornellen begleiten verhalten die Pantomime, so wie das Zirkusorchester während einer Akrobatennummer ein Motiv wiederholt.

Die gleiche Atmosphäre weht aus dem *Hochzeitsmarsch* von Milhaud, der *Quadrille* und dem *Tanz der Telegramme* von Germaine Tailleferre, der *Badenixe von Trouville* und der *Ansprache des Generals* von Poulenc. Im *Trauermarsch* macht sich Arthur Honegger den Spaß und parodiert, was unsere Musikgelehrten DIE MUSIK in Großbuchstaben nennen. Es braucht wohl nicht eigens erwähnt zu werden, daß alle ihm ins Garn gingen. Kaum sind die ersten Motive des Marschs vernehmbar, spitzen sie die Ohren. Niemand hat bemerkt, daß dieser mit außerordentlichem Geschmack und Gespür für das Passende komponierte Marsch die Schönheit einer sarkastischen Bemerkung besitzt. Keiner der Kritiker, die wie aus einem Munde das Lob dieses Musikstücks sangen, hat erkannt, daß der Walzer aus *Faust* ihm als Grundlage dient.

Mit welchen Worten könnte ich dem Dank Ausdruck verleihen, den ich Rolf de Maré und Borlin schulde? Sie haben es mir möglich gemacht, ersterer dank seiner Klarsicht und Großzügigkeit, letzterer dank seiner Bescheidenheit, einem Konzept, an dem ich mich bereits in *Parade* und *Le Bœuf sur le toit* versucht habe, den letzten Schliff zu geben.

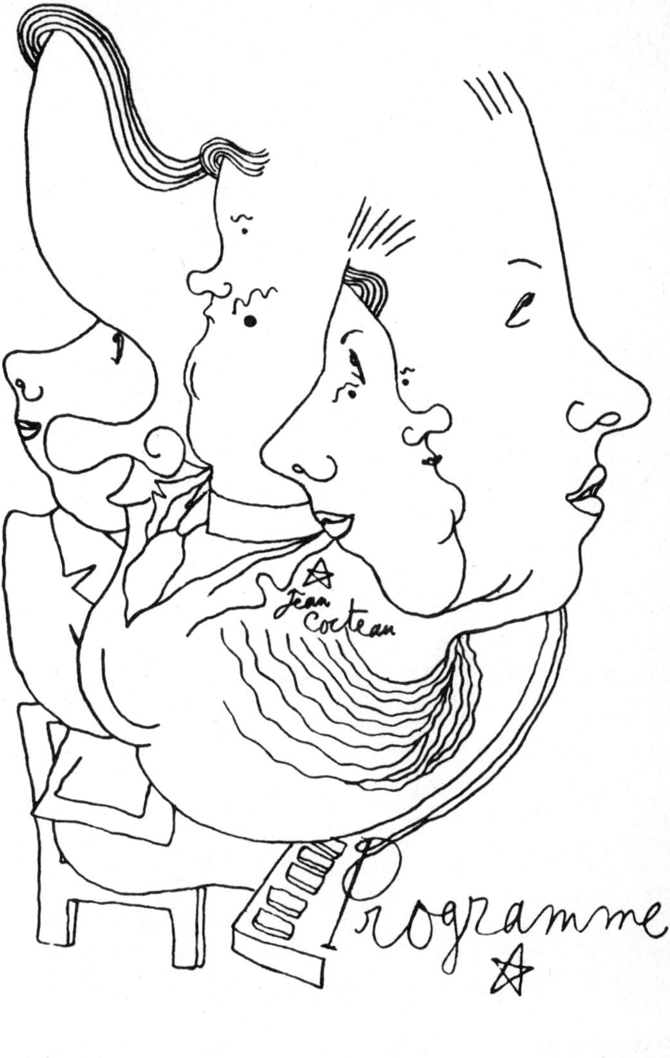
Jean Cocteau
Programme

DIE HOCHZEIT AUF DEM EIFFELTURM

wurde am Abend des 18. Juni 1921 im Théâtre des Champs-Elysées uraufgeführt; es tanzte die schwedische Ballettkompanie von Rolf de Maré.

Musik:	Germaine Tailleferre, Georges Auric, Arthur Honegger, Darius Milhaud und Francis Poulenc
Choreographie:	Jean Cocteau
Bühnenbild:	Irène Lagut
Kostüme und Masken:	Jean Hugo

ROLLEN

PHONO EINS
PHONO ZWEI
DER STRAUSS
DER JÄGER
DER DIREKTOR DES EIFFELTURMS
DER PHOTOGRAPH
DIE BRAUT
DER BRÄUTIGAM
DIE SCHWIEGERMUTTER
DER SCHWIEGERVATER
DER GENERAL
ERSTE BRAUTJUNGFER
ZWEITE BRAUTJUNGFER
ERSTER BRAUTFÜHRER
ZWEITER BRAUTFÜHRER
DIE RADFAHRERIN
DAS KIND
DIE BADENIXE VON TROUVILLE
DER LÖWE
DER SAMMLER
DER KUNSTHÄNDLER
ERSTES TELEGRAMM
ZWEITES TELEGRAMM
DRITTES TELEGRAMM
VIERTES TELEGRAMM
FÜNFTES TELEGRAMM

Bühnenbild

Erste Plattform des Eiffelturms.

Den Hintergrund stellt Paris aus der Vogelperspektive dar. Rechts, im Mittelgrund, ein Photoapparat, so hoch wie ein Mensch. Seine Dunkelkammer bildet einen Gang, der in die Kulisse führt. Die Vorderseite des Apparats öffnet sich wie eine Tür, um die Figuren heraus- und hineintreten zu lassen.

Rechts und links der Bühne stehen im Vordergrund, halb hinter dem Bühnenrahmen verborgen, zwei Schauspieler, die als Phonographen verkleidet sind: Sie stecken in einem Kasten, und auf der Höhe ihres Mundes befindet sich der Schalltrichter. Diese beiden Phonographen kommentieren das Stück und tragen die verschiedenen Rollen vor. Sie sprechen sehr laut, sehr schnell und mit deutlicher Betonung jeder Silbe.

Das Bühnengeschehen folgt der Darstellung aus dem Munde der Phonographen.

Reihenfolge der Musikstücke

1. Ouvertüre	*Georges Auric*
2. Hochzeitsmarsch (Auftritt)	*Darius Milhaud*
3. Ansprache des Generals	*Francis Poulenc*
4. Die Badenixe von Trouville	*Francis Poulenc*
5. Das Gemetzel (Fuge)	*Darius Milhaud*
6. Tanz der Telegramme	*Germaine Tailleferre*
7. Trauermarsch	*Arthur Honegger*
8. Quadrille	*Germaine Tailleferre*
9. Hochzeitsmarsch (Abgang)	*Darius Milhaud*

Während der Handlung drei Ritornellen von Georges Auric.

Der Vorhang hebt sich bei dem Trommelwirbel, mit dem die Ouvertüre endet. Leere Bühne.

PHONO EINS
Sie befinden sich auf der ersten Plattform des Eiffelturms.

PHONO ZWEI
Sieh einer an, ein Vogel Strauß! Er läuft über die Bühne und verschwindet. Und da haben wir den Jäger. Er sucht den Strauß. Er hebt den Kopf. Sieht etwas. Legt an. Und drückt ab.

PHONO EINS
Himmel, ein Telegramm!

Ein großes, blaues Telegramm fällt aus dem Bühnenhimmel.

PHONO ZWEI
Der Knall reißt den Direktor des Eiffelturms aus dem Schlaf. Er tritt auf.

PHONO EINS
Also sowas, mein Herr, Sie glauben wohl, Sie sind hier im Jagdrevier?

PHONO ZWEI
Ich war hinter einem Strauß her. Ich meinte, ich hätte gesehen, wie er sich in den Maschen des Eiffelturms verfing.

PHONO EINS
Und da bringen Sie mir nun ein Telegramm um.

PHONO ZWEI
Ich habe es nicht absichtlich getan.

PHONO EINS
Ende des Dialogs.

PHONO ZWEI

Da kommt der Eiffelturmphotograph. Er spricht. Was sagt er?

PHONO EINS

Haben Sie nicht zufällig einen Strauß vorbeilaufen sehen?

PHONO ZWEI

Doch, doch! Ich bin auf der Suche nach ihm.

PHONO EINS

Stellen Sie sich vor, mein Photoapparat hat einen Defekt. Normalerweise, wenn ich sage: »Nicht mehr bewegen, gleich kommt ein Vögelchen raus«, kommt auch so ein kleines Vögelchen heraus. Heute morgen sage ich zu einer Dame: »Gleich kommt ein Vögelchen raus«, und ein Vogel Strauß kommt heraus. Jetzt suche ich den Strauß, er soll wieder in den Apparat zurück.

PHONO ZWEI

Meine Damen und Herren, die Szene spitzt sich zu, denn der Direktor des Eiffelturms stellt plötzlich fest, daß das Telegramm an ihn gerichtet war.

PHONO EINS

Er öffnet es.

PHONO ZWEI

»Direktor Eiffelturm stop bitte Tisch reservieren für Hochzeitsmahl stop.«

PHONO EINS

Aber dieses Telegramm ist tot.

PHONO ZWEI

Eben weil es tot ist, versteht es ja auch jeder.

PHONO EINS

Schnell, schnell! Wir haben gerade noch Zeit, den Tisch zu decken. Ich erlasse Ihnen das Bußgeld. Ich ernenne Sie zum Kellner des Eiffelturmcafés. Photograph, an Ihren Posten!

PHONO ZWEI

Sie breiten das Tischtuch aus.

PHONO EINS

Der Hochzeitsmarsch.

PHONO ZWEI

Das Brautgeleit.

Es erklingt der Hochzeitsmarsch. Die Phonographen kündigen die Teilnehmer der Hochzeitsfeier an, die paarweise und wie Hunde im Hundezirkus hereinmarschieren.

PHONO EINS

Die Braut, sanft wie ein Lamm.

PHONO ZWEI

Der Schwiegervater, reich wie Krösus.

PHONO EINS

Der Bräutigam, hübsch wie ein Bildchen.

PHONO ZWEI

Die Schwiegermutter, falsch wie ein Fuffziger.

PHONO EINS

Der General, dumm wie eine Gans.

PHONO ZWEI

Schauen Sie sich ihn an! Er glaubt sich auf seiner Stute Mirabella.

PHONO EINS
Die Brautführer, stark wie die Löwen.

PHONO ZWEI
Die Brautjungfern, frisch wie der Morgen.

PHONO EINS
Der Direktor des Eiffelturms heißt die Gäste im Namen des Eiffelturms willkommen. Er zeigt ihnen Paris aus der Vogelperspektive.

PHONO ZWEI
Mir wird schwindlig!

Der Jäger und der Direktor bringen einen Tisch mit aufgemalten Tellern herbei. Das Tischtuch reicht bis zum Boden.

PHONO EINS
Der General ruft: Zu Tisch, zu Tisch! und die Hochzeitsgesellschaft setzt sich zu Tisch.

PHONO ZWEI
Alle auf einer Seite, damit das Publikum sie auch sieht.

PHONO EINS
Der General erhebt sich.

PHONO ZWEI
Ansprache des Generals.

Die Ansprache des Generals führt das Orchester aus. Er fuchtelt nur mit den Armen.

PHONO EINS
Alle sind tief bewegt.

PHONO ZWEI
Nach der Ansprache erzählt der General, wie er in Afrika das Opfer einer Fata Morgana wurde.

PHONO EINS

Ich aß gerade mit dem Herzog von Aumale eine Torte. Die Torte war über und über mit Wespen bedeckt. Wir versuchten vergeblich, sie zu verjagen. Da stellte sich heraus, daß es Tiger waren.

PHONO ZWEI

Was?

PHONO EINS

Tiger. Zu mehreren Tausend strichen sie umher. Eine Fata Morgana hatte sie stark verkleinert auf unsere Torte projiziert, und so hatten wir sie für Wespen gehalten.

PHONO ZWEI

Man käme nie auf den Gedanken, daß er vierundsiebzig ist.

PHONO EINS

Aber wer ist denn diese reizende Radfahrerin im Hosenröckchen?

Eine Radfahrerin kommt herein. Sie steigt von ihrem Rad ab.

PHONO ZWEI *mimt die Stimme der Radfahrerin*

Verzeihung die Herrschaften!

PHONO EINS

Meine Dame, womit können wir Ihnen behilflich sein?

PHONO ZWEI

Bin ich hier richtig auf der Straße nach Chatou?

PHONO EINS

Ja, meine Dame. Sie brauchen nur den Schienen der Straßenbahn zu folgen.

PHONO ZWEI
Die Antwort erteilte der General, er hat die Radfahrerin nämlich gleich als Fata Morgana erkannt.

Die Radfahrerin steigt wieder auf und radelt davon.

PHONO EINS
Meine Damen, meine Herren, wir wurden soeben Zeugen einer Fata Morgana. Das kommt auf dem Eiffelturm häufig vor. Diese Radfahrerin radelt in Wirklichkeit auf der Straße nach Chatou.*

PHONO ZWEI
Nach diesem lehrreichen Zwischenspiel tritt der Photograph vor. Was sagt er?

PHONO EINS
Ich bin der Photograph vom Eiffelturm und werde Sie nun photographieren.

PHONO EINS UND PHONO ZWEI
Ja! Ja! Ja!

PHONO EINS
Stellen Sie sich zu einem Gruppenphoto auf!

Die Hochzeitsgesellschaft stellt sich hinter dem Tisch zu einem Gruppenphoto auf.

PHONO ZWEI
Sie fragen sich vielleicht, wo der Straußenjäger und der Direktor des Eiffelturms geblieben sind. Der Jäger sucht den Strauß auf allen Stockwerken. Der Direktor sucht den

* Die Rundfunkkonzerte waren noch nicht erfunden. Diese Stelle gewinnt also nachträglich eine aktuelle Bedeutung, die sie ursprünglich nicht hatte.

Jäger und leitet den Eiffelturm. Damit hat man seine liebe Arbeit. Der Eiffelturm ist so eine erlesene Gesellschaft wie Notre-Dame. Er ist die Notre-Dame des linken Seine-Ufers.

PHONO EINS

Er ist die Königin von Paris!

PHONO ZWEI

Er war die Königin von Paris. Jetzt ist er nur noch das Fräulein vom Telegraphenamt.*

PHONO EINS

Schließlich muß man ja von etwas leben.

PHONO ZWEI

Nicht mehr bewegen! Bitte recht freundlich! Schauen Sie in das Objektiv! Gleich kommt ein Vögelchen raus.

*Eine Badenixe vom Strand von Trouville*** *kommt heraus. Sie ist im Badeanzug, trägt ein Fangnetz und hat einen Korb umgehängt. Farbige Beleuchtung. Die Hochzeitsgesellschaft streckt die Arme zum Himmel.*

PHONO EINS

Oh, die hübsche Postkarte! *Tanz der Badenixe* Der Photograph kann das Vergnügen der Hochzeitsgesellschaft nicht teilen. Das ist nun das zweite Mal seit heute morgen, daß ihm sein Apparat einen Streich spielt. Er bemüht sich, die Badenixe von Trouville wieder in seinen Apparat zu locken.

* [*Anm. d. Übers.:* Im Französischen ist der Eiffelturm – la tour Eiffel – weiblichen Geschlechts. »Fräulein vom Telegraphenamt« spielt darauf an, daß der Eiffelturm, als Wunder der Technik für die Weltausstellung von 1889 erbaut, später als Fernmeldestation nützliche Dienste leistete.]

** [*Anm. d. Übers.:* Badeort an der normannischen Küste.]

PHONO EINS

Endlich kehrt die Badenixe dorthin zurück. Der Photograph macht ihr weis, es handle sich um eine Umkleidekabine.

Ende des Tanzes. Der Photograph wirft dem Mädchen einen Bademantel über die Schulter. Kußhändchen austeilend, tänzelt es in den Apparat zurück.

PHONO EINS UND PHONO ZWEI

Bravo! Bravo! Zugabe! Zugabe! Zugabe!

PHONO EINS

Wenn ich wenigstens schon im voraus wüßte, was für Überraschungen mein defekter Apparat noch bereithält, dann könnte ich damit eine Nummer auf die Beine stellen. Aber leider zittere ich jedesmal, wenn ich den vermaledeiten Satz sage. Wer weiß, was da noch alles herauskommt! Da mir diese Geheimnisse zu hoch sind, tun wir eben so, als hätten wir das selbst uns ausgedacht. *Er verbeugt sich.*

PHONO EINS UND PHONO ZWEI

Bravo! Bravo! Bravo!

PHONO ZWEI

Meine Damen und Herren, trotz meines besten Willens, allen Ihren Wünschen zu entsprechen, erlaubt es mir der enge Zeitplan nicht, Ihnen die Nummer »Badenixe von Trouville« ein zweites Mal vorzuführen.

PHONO EINS UND PHONO ZWEI

Doch! Doch! Doch!

PHONO EINS

Der Photograph lügt, um die Lage in den Griff zu bekommen und Beifall zu ernten. Er schaut auf seine Uhr. Schon zwei! Und dieser Strauß will und will nicht zurückkommen!

PHONO ZWEI
Die Hochzeitsgesellschaft stellt sich zu einem lebenden Bild auf. Meine Dame, Ihren linken Fuß auf einen der Sporen. Mein Herr, befestigen Sie den Schleier an Ihrem Schnurrbart. Ausgezeichnet. Nicht mehr bewegen! Eins. Zwei. Drei. Schauen Sie in das Objektiv! Gleich kommt ein Vögelchen raus.

Er drückt auf die Gummibirne. Ein dickes Kind kommt heraus. Es trägt eine grüne Papierkrone auf dem Kopf, Bücher von der Schulpreisverleihung und einen Korb unter dem Arm.

PHONO EINS
Guten Tag, Mama.

PHONO ZWEI
Guten Tag, Papa.

PHONO EINS
Noch so eine der Gefahren, die die Photographie mit sich bringt.

PHONO ZWEI
Dieses Kind ist der Hochzeitsgesellschaft wie aus dem Gesicht geschnitten.

PHONO EINS
Sie brauchen ihr nur zuzuhören.

PHONO ZWEI
Es ist seiner Mutter ganz wie aus dem Gesicht geschnitten.

PHONO EINS
Es ist seinem Vater ganz wie aus dem Gesicht geschnitten.

PHONO ZWEI

Es ist seiner Großmutter ganz wie aus dem Gesicht geschnitten.

PHONO EINS

Es ist seinem Großvater ganz wie aus dem Gesicht geschnitten.

PHONO ZWEI

Den Mund hat es von unserer Seite.

PHONO EINS

Die Augen hat es von unserer.

PHONO ZWEI

Meine lieben Eltern, nehmt an diesem schönen Tag meine ergebensten und innigsten Glückwünsche entgegen.

PHONO EINS

Dasselbe Sprüchlein von einer anderen Seite her gesehen.

PHONO ZWEI

Nehmt meine innigsten und ergebensten Glückwünsche entgegen.

PHONO EINS

Es hätte schon einen etwas längeren Spruch lernen können.

PHONO ZWEI

Nehmt meine ergebensten und innigsten Glückwünsche entgegen.

PHONO EINS

Es wird einmal Kapitän.

PHONO ZWEI

Architekt.

PHONO EINS

Boxer.

PHONO ZWEI
Dichter.

PHONO EINS
Präsident der Republik.

PHONO ZWEI
Das gibt einen schönen kleinen Toten für den nächsten Krieg.

PHONO EINS
Was sucht es denn in seinem Korb?

PHONO ZWEI
Kugeln. Nein, Bälle.

PHONO EINS
Was macht es mit den Bällen? Man möchte meinen, es führt etwas Schlimmes im Schilde.

PHONO ZWEI
Es metzelt die Hochzeitsgesellschaft nieder.

PHONO EINS
Es metzelt die Seinen nieder, um Makronenplätzchen zu gewinnen und einen Orden zu bekommen.*

Das Kind bombardiert die Hochzeitsgesellschaft, die schreiend zusammenbricht.

PHONO ZWEI
Gnade!

* [*Anm. d. Übers.:* Das französische Wort »macarons« bedeutet sowohl »Makronenplätzchen« als auch, umgangssprachlich, »Abzeichen«, »Orden«. Ebenso hat sich Cocteau kurz vorher, in der Antwort von PHONO ZWEI, den Doppelsinn des französischen Worts »balles« zunutze gemacht, der im Deutschen mit zwei verschiedenen Begriffen (»Kugeln« und »Bälle«) wiedergegeben werden mußte. Die ganze Szene des »Niedermetzelns« spielt mit dem französischen Ausdruck »jeu de massacre«: wörtlich übersetzt »Massakerspiel«, »ein Gemetzel als Spiel«; er bezeichnet ein Jahrmarktsbudenspiel, bei dem man mit Bällen Figuren o. ä. umwerfen muß, um einen Preis zu gewinnen.]

PHONO EINS
Wenn ich daran denke, was für eine Mühe wir uns gegeben haben, es aufzuziehen!

PHONO ZWEI
Was wir alles geopfert haben!

PHONO EINS
Elender! Ich bin dein Vater!

PHONO ZWEI
Halt ein! Noch ist es Zeit!

PHONO EINS
Hast du denn gar kein Erbarmen mit deinen Großeltern?

PHONO ZWEI
Hast du denn gar keinen Respekt vor den Streifen eines Generals?

PHONO EINS
Päng! Päng! Päng!

PHONO ZWEI
Ich vergebe dir.

PHONO EINS
Verflucht sollst du sein!

PHONO ZWEI
Es hat alle Bälle verschossen.

PHONO EINS
Die Hochzeitsgesellschaft ist niedergemetzelt.

PHONO ZWEI
Der Photograph rennt hinter dem Kind her. Er droht ihm mit der Peitsche. Er befiehlt ihm, in den Apparat zurückzukehren.

PHONO EINS

Das Kind läuft davon. Es brüllt. Es stampft mit den Füßen auf. Es will »sein eigenes Leben führen«.

PHONO ZWEI

Ich will mein eigenes Leben führen! Ich will mein eigenes Leben führen!

PHONO EINS

Aber woher kommt denn da noch so ein Lärm?

PHONO ZWEI

Der Direktor des Eiffelturms. Was sagt er?

PHONO EINS

Etwas Ruhe bitte! Erschrecken Sie die Telegramme nicht!

PHONO ZWEI

Papa! Papa! Telegramme!

PHONO EINS

Da sind aber ein paar dicke dabei.

PHONO ZWEI

Die Hochzeitsgesellschaft steht wieder auf.

PHONO EINS

Man

PHONO ZWEI

hätte

PHONO EINS

eine

PHONO ZWEI

Stecknadel

PHONO EINS

fallen hören.

PHONO ZWEI

Die eingefangenen Telegramme fallen auf die Bühne und versuchen, sich zu befreien. Die ganze Hochzeitsgesellschaft läuft hinter ihnen her und stürzt sich auf sie.

PHONO EINS

Da, da habe ich eins. Ich auch. Hilfe! So helf mir doch einer! Es beißt mich! Bleiben Sie standhaft! Halten Sie durch!

PHONO ZWEI

Die Telegramme beruhigen sich. Sie stellen sich in Reih und Glied auf. Das schönste tritt vor und entbietet den militärischen Gruß.

PHONO EINS *im Tonfall eines Revuepräsentators*

Ja, wer sind denn Sie?

PHONO ZWEI

Ich bin das drahtlose Telegramm, und wie mein Geschwisterherz, der Storch, komme ich geradewegs aus New York.

PHONO ZWEI *mimt die Partnerin des Konferenciers*

New York! Die Stadt der Liebespaare und der Gegenlichtaufnahmen.

PHONO ZWEI

Und ab geht die Musik!

Tanz der Telegramme. Abgang der Telegramme.

PHONO EINS

Mein Schwiegersohn, du darfst dich bei mir bedanken. Wer hat die Idee gehabt, auf den Eiffelturm zu kommen? Wer hat die Idee gehabt, die Hochzeit auf einen 14. Juli zu legen?

PHONO ZWEI
Das Kind stampft mit den Füßen auf.

PHONO EINS
Papa, Papa!

PHONO ZWEI
Was sagt es?

PHONO EINS
Ich möchte, daß man mich mit dem General photographiert.

PHONO ZWEI
Herr General, würden Sie unserem kleinen Justin die Freude machen?

PHONO EINS
Nun gut.

PHONO ZWEI
Armer Photograph! Schweren Herzens bereitet er seinen Apparat vor.

PHONO EINS
Das Kind, rittlings auf dem Säbel, tut so, als höre es dem General zu, der seinerseits so tut, als lese er ihm aus einem Buch von Jules Verne vor.

PHONO ZWEI
Nicht mehr bewegen! So ist es ausgezeichnet. Gleich kommt ein Vögelchen raus.

Es kommt ein Löwe heraus.

PHONO EINS
Großer Gott, ein Löwe! Der Photograph versteckt sich hinter seinem Apparat. Die ganze Hochzeitsgesellschaft klet-

tert in das Maschennetz des Eiffelturms. Der Löwe sieht den General an, denn allein der General rührt sich nicht von der Stelle. Er spricht. Was sagt er?

PHONO ZWEI
Haben Sie keine Angst. Auf dem Eiffelturm kann es gar keinen Löwen geben. Also haben wir es mit einer Fata Morgana zu tun, mit nichts als einer Fata Morgana. Eine Fata Morgana ist gewissermaßen eine Lüge der Wüste. Der Löwe da befindet sich in Afrika, so wie sich die Radfahrerin auf der Straße nach Chatou befand. Der Löwe sieht mich, ich sehe ihn, doch sind wir beide füreinander nur Luftspiegelungen.

PHONO EINS
Um die Kleingläubigen zu beschämen, nähert sich der General dem Löwen. Der Löwe stößt ein mächtiges Gebrüll aus. Der General sucht das Weite, der Löwe verfolgt ihn.

PHONO ZWEI
Der General verschwindet unter dem Tisch, der Löwe hinterdrein.

PHONO EINS
Nach einer Minute, die eine Ewigkeit zu dauern scheint, kommt der Löwe unter der Tischdecke hervor.

PHONO ZWEI
Wie entsetzlich! Wie entsetzlich! Ahhhhhh!

PHONO EINS
Was hat er denn in seinem Maul?

PHONO ZWEI
Einen Stiefel, mit einem Sporen.

PHONO EINS
Nachdem er den General gefressen hat, kehrt der Löwe in den Apparat zurück.

Totenklage.

PHONO EINS UND PHONO ZWEI
Ahhhh! Ahhhh ...

PHONO EINS
Der arme General.

PHONO ZWEI
Er war so fröhlich, so jugendfrisch. Nichts hätte ihn mehr amüsiert als dieser Tod. Er wäre der erste gewesen, der darüber gelacht hätte.

PHONO EINS
Begräbnis des Generals.

Trauerzug.

PHONO ZWEI
Der Schwiegervater spricht am Grab. Was sagt er?

PHONO EINS
Adieu, adieu, alter Freund.
Schon bei Ihren ersten Waffengängen haben Sie eine Intelligenz weit über Ihrem Rang bewiesen. Sie taten Ihre Pflicht und gaben stets der Ehre die Wahrheit.
Ihr Ende ist Ihrer Laufbahn würdig. Wir haben gesehen, wie Sie dem wilden Raubtier trotzten, unbekümmert um die Gefahr, die Sie nicht erkannten, und erst die Flucht ergriffen, als Sie sie schließlich erkannten.
Noch einmal: adieu! oder besser gesagt: auf Wiedersehen! denn von Ihrer Sorte wird es, solange Menschen auf Erden leben, immer welche geben.

PHONO ZWEI
Drei Uhr! Und dieser Strauß kommt und kommt nicht zurück!

PHONO EINS
Er hat sich wohl in den Kopf gesetzt, den Rückweg zu Fuß zu machen.

PHONO ZWEI
So eine Dummheit! Es gibt nichts Zerbrechlicheres als Straußenfedern.

PHONO EINS
Achtung!

PHONO ZWEI
»Die Hochzeit auf dem Eiffelturm«, eine Quadrille, gespielt von der Musikkapelle der Republikanischen Garde.

PHONO EINS UND PHONO ZWEI
Bravo! Bravo! Hoch lebe die Republikanische Garde!

Quadrille. Ende der Quadrille.

PHONO ZWEI
Uff! Was für ein Tanz!

PHONO EINS
Ihren Arm bitte.

PHONO ZWEI
Herr Photograph, zu einem Glas Champagner sagen Sie doch nicht nein?

PHONO EINS
Sie sind zu liebenswürdig. Sie machen mich verlegen.

PHONO ZWEI
Was sein muß, das muß sein. Doch was will mein Enkel?

PHONO EINS

Ich will, daß man mir Brot kauft, weil ich den Eiffelturm füttern will.

PHONO ZWEI

Das wird unten verkauft. Dafür werde ich jetzt nicht hinuntergehen.

PHONO EINS

Ich will den Eiffelturm füttern!

PHONO ZWEI

Der wird nur zu bestimmten Tageszeiten gefüttert. Deshalb hat man ihn auch mit einem Gitter umgeben.

PHONO EINS

Ich will den Eiffelturm füttern!

PHONO ZWEI

Nein, nein und nochmals nein!

PHONO EINS

Die Hochzeitsgesellschaft bricht in Schreie aus, denn der Vogel Strauß ist aufgetaucht. Er hatte sich im Aufzug versteckt. Jetzt sucht er ein anderes Versteck. Der Jäger naht bereits. Der Photograph sähe es gern, wenn sich der Strauß in seinen Apparat flüchtete.

PHONO ZWEI

Es fällt ihm wieder ein, daß man nur den Straußenkopf verbergen muß, um den ganzen Vogel unsichtbar zu machen.

PHONO EINS

Er versteckt den Kopf des Straußes unter seinem Hut. Das war gerade noch rechtzeitig.

Der Strauß spaziert mit dem Hut auf dem Kopf unsichtbar umher. Der Jäger tritt auf.

PHONO ZWEI
Haben Sie den Strauß gesehen?

PHONO EINS UND ZWEI
Nein, wir haben nichts gesehen.

PHONO ZWEI
Das ist seltsam. Mir schien doch, als wäre er hier auf die Plattform gesprungen.

PHONO EINS
Vielleicht war es eine Welle, was Sie für einen Strauß gehalten haben.

PHONO ZWEI
Nein. Das Meer ist ruhig. Nun, dann werde ich ihm hinter diesem Phonographenkasten auflauern.

PHONO EINS
Gesagt, getan.

PHONO ZWEI
Der Photograph schleicht auf Zehenspitzen zu dem Strauß hinüber. Was sagt er zu ihm?

PHONO EINS
Mein Herr, Sie haben keine Zeit zu verlieren. Er hat Sie dank Ihrer Kopfbedeckung nicht erkannt. Beeilen Sie sich, es steht eine Kutsche für Sie bereit.

PHONO ZWEI
Er öffnet die Tür in den Apparat. Der Strauß verschwindet darin.

PHONO EINS
Gott sei's gedankt, er ist gerettet!

PHONO ZWEI
Sie können sich vorstellen, wie glücklich der Photograph ist. Er stößt Freudenschreie aus.

PHONO EINS
Die Hochzeitsgesellschaft fragt ihn aus.

PHONO ZWEI
Meine Herrschaften, endlich werde ich Sie in Ruhe photographieren können. Mein Apparat war defekt; jetzt funktioniert er wieder. Nicht mehr bewegen!

PHONO EINS
Doch was kommen denn da für zwei Personen und stören den Photographen bei der Arbeit?

PHONO ZWEI
Sehen Sie nur, die Hochzeitsgesellschaft und der Photograph erstarren. Die Hochzeit verharrt regungslos. Finden Sie sie nicht einfach ...

PHONO EINS
Einfach Zucker.

PHONO ZWEI
Einfach Spitze.

PHONO EINS
Einfach Mona-Lisisch.

PHONO ZWEI
Einfach meisterhaft.

PHONO EINS
Der Moderne-Kunst-Händler und der Moderne-Kunst-Sammler bleiben vor der Hochzeitsgesellschaft stehen. Was sagt der Kunsthändler?

PHONO ZWEI
Ich führe Sie auf den Eiffelturm, denn ich muß Ihnen etwas ganz Einmaliges zeigen, und Sie werden es als erster zu sehen bekommen: »Die Hochzeitsgesellschaft«!.

PHONO EINS
Und der Sammler antwortet:

PHONO ZWEI
Ich folge Ihnen blindlings.

PHONO EINS
Na? Ist das nicht schön? Primitive Kunst, könnte man meinen.

PHONO ZWEI
Von wem ist das?

PHONO EINS
Wie? Von wem das ist? Das ist eine von Gottes letzten Sachen.

PHONO ZWEI
Ist es nicht signiert?

PHONO EINS
Gott signiert nicht. Das nennt man Malerei! Was für ein Farbauftrag! Schauen Sie mir nur diesen Stil an, diese Noblesse, diese Lebensfreude! Es sieht ganz nach einer Beerdigung aus.

PHONO ZWEI
Ich sehe eine Hochzeit.

PHONO EINS
Dann sehen Sie aber schlecht. Das ist mehr als eine Hochzeit. Das sind alle Hochzeiten. Mehr als alle Hochzeiten: das ist eine Kathedrale.

PHONO ZWEI
Wieviel verlangen Sie dafür?

PHONO EINS

Das ist nicht zu verkaufen, höchstens für den Louvre und für Sie. Passen Sie auf, ich biete es Ihnen zum Ankaufspreis an.

PHONO ZWEI

Der Händler hält eine große Schrifttafel hoch.

Auf der Tafel steht die Zahl 1 000 000 000 000.

PHONO EINS

Wird sich der Sammler überzeugen lassen? Was sagt er?

Der Händler dreht die Tafel um. In großen Lettern ist »Verkauft« zu lesen. Er lehnt sie an die Hochzeitsgesellschaft.

PHONO EINS

Der Kunsthändler wendet sich an den Photographen.

PHONO ZWEI

Machen Sie mir ein Bild von dieser Hochzeit, mit der Tafel davor. Ich möchte das in den amerikanischen Zeitschriften veröffentlichen.

PHONO EINS

Der Sammler und der Kunsthändler verlassen den Eiffelturm.

PHONO ZWEI

Der Photograph schickt sich an, das Bild zu machen, aber, oh Wunder, der Apparat spricht zu ihm.

PHONO EINS

Was sagt er zu ihm?

DER APPARAT *eine Stimme aus der Ferne*

Ich müßte ... ich müßte ...

PHONO ZWEI

So sprich, mein schöner Schwan.

DER APPARAT

Ich müßte mich mal übergeben, der General drückt mir arg im Magen.

PHONO ZWEI

Der hat sich oft genug ergeben und wird sich selber schon verdrücken wollen.

PHONO EINS

Der General erscheint wieder. Er ist bleich. Es fehlt ihm ein Stiefel. Kurz, er kommt von weit her. Er wird erzählen, er sei von einer Mission zurückgekehrt, über die er Stillschweigen bewahren müsse. Die Hochzeitsgesellschaft steht unbeweglich da. Mit gesenktem Haupt schreitet er über die Plattform und nimmt inmitten der übrigen eine bescheidene Pose ein.

PHONO ZWEI

Na, das ist eine schöne Überraschung für den Sammler von Meisterwerken! In einem Meisterwerk läßt sich eben stets von neuem ein unerwartetes Detail entdecken.

PHONO EINS

Der Photograph wendet sich ab. Er findet die Hochzeitsgesellschaft ein wenig hartherzig. Wenn sie dem General vorwirft, daß er noch am Leben ist, könnte der General ihr ja vorwerfen, daß sie sich hat verkaufen lassen.

PHONO ZWEI

Der Photograph ist ein Mann mit Herz.

PHONO EINS

Er spricht. Was sagt er?

PHONO ZWEI

Aufgepaßt, meine Damen und Herren, ich zähle bis fünf. Schauen Sie in das Objektiv. Gleich kommt ein Vögelchen raus.

PHONO EINS

Eine Taube!

PHONO ZWEI

Der Apparat funktioniert.

PHONO EINS

Und Frieden ist geschlossen.

PHONO ZWEI

Eins. *Das Brautpaar trennt sich von der Gruppe, überquert die Bühne und verschwindet im Apparat* Zwei. *Ebenso die Schwiegereltern* Drei. *Ebenso die ersten Brautführer und Brautjungfern* Vier. *Ebenso die Zweiten Brautführer und Brautjungfern* Fünf. *Ebenso der General, einsam und gesenkten Hauptes, und das Kind, das ihn bei der Hand zieht.*

PHONO EINS

Es tritt der Direktor des Eiffelturms auf. Er schwenkt ein Sprachrohr.

PHONO ZWEI

Es wird geschlossen! Es wird geschlossen!

PHONO EINS

Er geht ab.

PHONO ZWEI

Es tritt der Jäger auf. Er ist in Eile. Er läuft bis zum Apparat. Was sagt der Photograph?

PHONO EINS

Wo wollen Sie hin?

PHONO ZWEI

Ich will den letzten Zug erwischen.

PHONO EINS

Zusteigen ist nicht mehr möglich.

PHONO ZWEI

Das ist doch eine Schande! Ich werde mich beim Direktor der Eisenbahn beschweren.

PHONO EINS

Es ist nicht meine Schuld. Sehen Sie, Ihr Zug fährt gerade ab.

Der Apparat setzt sich nach links in Bewegung und zieht seinen Ziehharmonikabalg wie Waggons hinterdrein. Durch Öffnungen sieht man die Hochzeitsgesellschaft mit Taschentüchern winken, und unten die Bewegungen ihrer Füße.

Vorhang

ORPHEUS

TRAGÖDIE
IN EINEM AKT UND EINEM INTERVALL

Aus dem Französischen übersetzt
von Ferdinand Hardekopf

Wie häßlich ist das Glück, das man begehrt,
Wie schön ist doch das Unglück, das man hat.

DER ENGEL HEURTEBISE

MEIN LIEBER PITOËFF*,

ein Maler kann im fünften Stock aus dem Fenster springen, da wird ein Kunstliebhaber immer noch sagen: Was für ein hübscher Fleck! Sie wissen gut genug, was sich ein Dramaturg, der sich in seiner Arbeit bis auf die Fasern seiner Nerven entblößt, allem ausgesetzt sieht. Doch das Theaterpublikum behält einem manche Überraschung vor und urteilt nicht auf eine vorgefaßte Meinung hin. Die Kritik hingegen wartet, von einigen Ausnahmen abgesehen, kaum mit Überraschungen auf. Nun, Sie begegnen dieser Lage der Dinge mit größerem Gleichmut, als ich es vermag, und wir fanden, den Kritikern zum Trotz, jeden Abend einen Saal voller Zuschauer vor, die bereit waren, mit uns zusammenzuarbeiten. Eine bewegende Erfahrung für einen Geist, den Bewunderung kalt läßt und dem nur daran gelegen ist, daß man ihm Glauben schenkt.

Eines Sonntags kamen Ihre Kinder. Das älteste ist sieben. Eben erst sind sie neu aus dem Tod herausgetreten, zu dem die Erwachsenen zurückkehren. Sie stehen also mit dem Geheimnis auf vertrautem Fuß. Seither wird ein Löffel Suppe für Orpheus gegessen, einer für Eurydike, einer für Heurtebise; Sascha mimt das Pferd, und Ludmilla geht durch die Spiegel. Die Kritiker zitieren meinen Text ganz verkehrt. Ihre Kinder jedoch haben ihn behalten, spielen ihn nach und machen ihr eigenes Spiel daraus. Wenn sie

* [*Anm. d. Hrsg.:* Georges Pitoëff hatte *Orpheus* in seinem Theater uraufgeführt; er übernahm die Titelrolle, seine Frau Ludmilla den Part der Eurydike.]

Änderungen vornehmen, dann geschieht es so, wie der Traum unsere Handlungen verändert. Kurz, sie bringen das Wunder aus der letzten Szene tatsächlich zustande: ein in den Himmel aufgestiegenes Haus. Ich widme mein Stück Ihren Kindern und wünsche ihnen, daß sie niemals ihre Kindheit verlieren mögen, oder daß sie sie wiederfinden dank der Herzlichkeit und dem Genie, die sie von Ihrer Frau und Ihnen selbst als Erbteil empfangen haben.

Jean

1. Juli 1926

PERSONEN

ORPHEUS
HEURTEBISE
DER POLIZEIKOMMISSAR
DER GERICHTSSCHREIBER
DAS PFERD
STIMME DES BRIEFTRÄGERS
AZRAEL, erster Mitarbeiter von Madame la Mort
RAPHAEL, zweiter Mitarbeiter von Madame la Mort
EURYDIKE
MADAME LA MORT

Ort der Handlung: Thrazien, bei ORPHEUS.

ORPHEUS wurde am 17. Juni 1926 im Théâtre des Arts in Paris uraufgeführt. Das Bühnenbild hatte Jean Hugo, die Kostüme Gabrielle Chanel entworfen.

Kostüme des Stückes

Alle Personen tragen das Kostüm der Zeit, in der die Tragödie dargestellt wird, also: der Gegenwart. ORPHEUS *und* EURYDIKE *sind gekleidet, wie man in einer ländlichen Villa gekleidet ist, so einfach und unauffällig wie möglich.*

HEURTEBISE *ist Glaser oder Glasergehilfe. Er trägt eine hellblaue Leinenhose, wie Handwerker und Arbeiter sie zu tragen pflegen und zur Arbeit überziehen, weiße Leinenschuhe und um den Hals ein dunkles Tuch. Er ist sonnengebräunt und ohne Kopfbedeckung, er trennt sich nie von seinem Tragbehälter (einer Art langen, schmalen, offenen Holzkastens), der Glasscheiben und andere Utensilien des Glasergewerbes enthält.*

Der POLIZEIKOMMISSAR *und der ihn begleitende* GERICHTSSCHREIBER *tragen schwarze Gehröcke, Panamahüte, kleine Kinnbärte, Knöpfschuhe.*

MADAMA LA MORT *(Die Todesgöttin) ist eine sehr schöne junge Frau in rosa Ballkleid und Pelzmantel. Haare, Kleid, Mantel, Schuhe, Benehmen und Gang nach der letzten Mode. Sie hat große, blaue Augen, die auf eine Samtmaske gemalt sind. Sie spricht rasch, mit trockener und zerstreuter Stimme. Auch ihr Krankenschwesterkittel muß die Eleganz selbst sein. Ihre beiden Mitarbeiter (Gehilfen) haben die ärztliche Tracht (Leinenkittel), die Leinenmaske, die Gummihandschuhe von Chirurgen bei der Operation.*

Bühnenbild

Ein Salon in ORPHEUS' *Villa.*

Es ist ein merkwürdiger Salon. Eigentlich sieht er aus wie der Salon eines Taschenspielers auf der Varietébühne. Trotz des Aprilhimmels und seines klaren Lichtes ahnt man, daß dieser Salon von geheimnisvollen Kräften umwittert ist. Selbst die vertrautesten Gegenstände haben ein verdächtiges Aussehen.

Zunächst: In einem nischenförmigen Verschlag, einer Einbuchtung in der Mitte der Wand, wohnt ein weißes Pferd. Die Beine des Pferdes gleichen sehr den Beinen eines Mannes.

Links vom Pferd eine andere, kleinere Nische. In dieser von Lorbeergewächsen umrahmten Nische erhebt sich ein leerer Sockel.

Weiterhin: Ganz links in der Hinterwand führt eine Tür in den Garten. Wenn diese Tür geöffnet ist, so verbirgt der Türflügel den Sockel.

Rechts vom Pferd befindet sich ein Waschbecken aus Porzellan. Nach diesem Waschbecken, ganz rechts, eine Glastür, die halb offensteht (sie öffnet sich nach außen) und deren Fensterwerk, d. h. die einzelnen rechteckigen Glasscheiben, man erkennt. Diese Tür führt auf eine Terrasse, die die Villa umgibt.

Im Vordergrund, links an der Wand, ein sehr großer Spiegel. In der Mitte der linken Wand eine »Bibliothek« (eingebaute Nische mit Bücherregalen). In der Mitte der rechten Seitenwand eine offene Tür, die ins Zimmer der EURYDIKE *geht. Eine schräg geneigte Zimmerdecke schließt die Bühne oben wie eine Schachtel.*

Zwei Tische und drei weiße Stühle möblieren den Raum. Links steht ein Arbeitstisch und einer der Stühle.

Rechts auf der Bühne steht der zweite Tisch, gedeckt mit einem Tischtuch, das bis auf den Boden reicht. Auf der Tischdecke: Früchte, Teller, eine Karaffe, Gläser, ähnlich den Pappgeräten der Jongleure. Ein Stuhl hinter diesem Tisch in der Mitte der Längsseite; ein anderer links an der Querseite.

Man darf keinen Stuhl hinzutun oder weglassen, ebensowenig die Lage der Türen irgendwie anders anordnen, denn diese Dekoration ist eine zweckdienliche Dekoration, in der die kleinste Einzelheit ihre Rolle spielt wie die Gerätschaften einer akrobatischen Darbietung im Varieté.

Außer dem Blau des Himmels und dem Dunkelrot des dicken Samtstreifens, welcher die kleine Tür der Box oben einfaßt, keinerlei Farben. (Diese kleine Boxtür verbirgt den mittleren Teil des Pferdes.)

Die Dekoration soll an die das Auge täuschenden Bilder von Flugzeugen oder Schiffen erinnern, wie man sie als Hintergrund bei Jahrmarktsphotographen findet.

Übrigens schluckt dieses Bühnenbild die auftretenden Personen und die Geschehnisse auf eine so naive und unerbittliche Weise in sich ein, wie Modell und bemalte Leinwand eine innere Verwandtschaft eingehen in dem Grau-in-Grau der Postkartenphotos.

Prolog

Der Darsteller des ORPHEUS *erscheint vor dem Vorhang*

Meine Damen und Herren, dieser Prolog stammt nicht vom Autor, der vermutlich sehr überrascht sein wird, wenn er ihn hört. Der Gang der Tragödie, deren Rollen er uns anvertraut hat, ist von höchst gefährlicher Art. Ich möchte Sie daher bitten, falls unsere Arbeit Ihnen mißfällt, mit der Kundgebung Ihres Mißvergnügens warten zu wollen bis zum Schlusse der Vorstellung. Der Grund dieser Bitte ist folgender: Wir spielen auf sehr hochgespanntem Seil und ohne Rettungsnetz. Und das geringste zur Unzeit einsetzende Geräusch könnte uns das Leben kosten, meinen Kameraden und mir. *Geht ab.*

Erste Szene

ORPHEUS – EURYDIKE – DAS PFERD

ORPHEUS *hinter dem Arbeitstisch. Er konsultiert ein spiritistisches Alphabet.* EURYDIKE *sitzt zur Rechten an dem gedeckten Tisch.*

EURYDIKE
Darf ich mich bewegen?

ORPHEUS
Wart noch einen Augenblick.

EURYDIKE
Es rührt ja den Huf nicht mehr.

ORPHEUS
Es läßt sich manchmal viel Zeit zwischen den ersten Buchstaben und den folgenden.

EURYDIKE
Man weiß im voraus, welches die folgenden sein werden.

ORPHEUS
Liebe Eurydike, ich bitte dich!

EURYDIKE
Aber sag doch selbst, ob es nicht immer dasselbe abscheuliche Wort ist!

ORPHEUS
S… S… Nun, mein Pferd sprich weiter!… Na, mach schon! Nach dem Buchstaben S… ich höre zu.

EURYDIKE
Was für eine Geduld! Für nichts hast du Interesse, aber mit diesem Pferd kannst du dich tagelang abgeben!

ORPHEUS
Ich höre zu. Also los, mein gutes Tier! S… S… was kommt nach S…? *Das Pferd macht eine Bewegung* Du bewegst dich. Du willst sprechen. Sprich! Diktier uns den Buchstaben nach dem Buchstaben S. *Das Pferd schlägt einmal mit dem Huf auf und hält dann gleich wieder inne* Du schlägst nur ein einziges Mal auf?… Also ist es der Buchstabe A? *Das Pferd bewegt den Kopf von oben nach unten.*

EURYDIKE
Natürlich!

ORPHEUS *wütend*
Sei still! Also los, weiter, mein Pferdchen! *Das Pferd schlägt mit dem Huf auf.* ORPHEUS *zählt, das heißt, er begleitet die Hufschläge mit dem Aufzählen des Alphabets* A… B… C… D… E… F… G… H… I… J… K… L… M… N… O… P… Q… R… S… T… U… *Zu* EURYDIKE Ich verbitte mir dieses Lachen… U… ist es wirklich der Buchstabe U?… S…

A … U … Sau? Vielleicht habe ich falsch gezählt? Pferd! Soll es der Buchstabe U sein? Wenn ja, so schlag einmal auf; und wenn's nein ist, zweimal! *Das Pferd schlägt einmal auf.*

EURYDIKE
Du solltest es genug sein lassen!

ORPHEUS
Eurydike, ich bitte dich noch einmal in aller Freundschaft! Verhalte dich ruhig! Nichts muß ja ein solches Pferd mehr irritieren als die Anwesenheit mißtrauischer Personen! Also geh in dein Zimmer oder sei still!

EURYDIKE
Ich werde den Mund nicht mehr auftun!

ORPHEUS
Ausgezeichnet! *Zum Pferd* S … a … u: Sau … und nach »Sau«? Also wir hätten: S … A … U …: Sau. Ich höre zu. Sprich! Sprich zu mir, mein kluges Pferd! … Na, Pferdchen: ein bißchen Courage! Nach dem Buchstaben U? *Das Pferd schlägt auf.* ORPHEUS *zählt* A … B … C … D … E … Der Buchstabe E. *Schweigen* Der Buchstabe E. *Triumphierend* Der Buchstabe E, gnädige Frau! *Das Pferd klopft wieder* A … B … C … D … E … F … G … H … I … J … K … L … M … N … O … P … Q … R … *Schweigen* Der Buchstabe R. Also sauer! Das Wort »sauer«. Ist das schon alles? Soll es einfach das Wort »sauer« sein, Pferdchen? *Das Pferd bewegt den Kopf von oben nach unten, es bejaht also die Frage* … Nun, das ist fa-bel-haft! Du siehst Eurydike! Du mit deinen verdorbenen Gedanken, beinahe hätte ich dir geglaubt, beinahe wäre ich schwach genug gewesen, mich von dir überzeugen zu lassen … Einfach das Wort »sauer«, das ist un-ge-heu-er-lich!

EURYDIKE
Warum?

ORPHEUS
Was soll das heißen: »warum«?

EURYDIKE
Was ist denn an diesem Wort so »ungeheuerlich«? Das Wort »sauer« hat doch nicht den geringsten Sinn!

ORPHEUS
Nicht den geringsten Sinn! Dieses Pferd hat mir vorige Woche einen der aufwühlendsten Sätze der Weltliteratur diktiert!

EURYDIKE
Oh! ...

ORPHEUS
... hat mir vorige Woche einen der aufwühlendsten Sätze der Weltliteratur diktiert! Ich empfand es natürlich sofort als meine ehrenvolle, wenn auch mühselige Pflicht, mit Hilfe dieses Satzes die gesamte existierende Poesie von Grund auf umzuwälzen und damit meinem Pferd eine unangreifbare künstlerische Unsterblichkeit zu sichern. Und da wunderst du dich, wenn dieses Pferd mir zu erkennen gibt, es habe Verständnis dafür, wie »sauer« ich es mir in seinem Interesse habe werden lassen!? Dieses Wort »sauer« ist ein Meisterwerk von Diskretion und dankbarem Taktgefühl! Und ich hätte beinahe ... *Er umarmt den Hals des Pferdes.*

EURYDIKE
Hör, Orpheus, mein angebeteter Junge, sei mir nicht böse! Sei nur gerecht! Und gib zu, daß du seit jenem »aufwühlenden« Satz aus deinem Pferd immer nur jenes einzige Wort herausgekriegt hast, ein Wort, das man doch beim besten Willen nicht poetisch nennen kann.

ORPHEUS
Weiß denn eine Seele auf Erden, was poetisch ist und was nicht?

EURYDIKE
Aglaonice verstand sich aufs Tischrücken, und ihr Tisch antwortete auch immer nur mit jenem Wort.

ORPHEUS
Verflucht! Das fehlt gerade noch, daß du die Person in diese Angelegenheit mengst! Wie oft habe ich dir schon gesagt, daß ich ihren Namen nicht mehr zu hören wünsche! Eine Frau, deren Einfluß dich fast zugrunde gerichtet hätte! Eine Frau, die trinkt, die auf der Straße Tiger spazierenführt, die allen verheirateten Damen den Kopf verdreht und alle jungen Mädchen an der Heirat hindert!

EURYDIKE
Aber darin besteht ja gerade der Kultus der Mondgöttin!

ORPHEUS
Du hast es nötig, diesen Kultus zu verteidigen! Warum gehst du nicht lieber zu den Bacchantinnen zurück, wenn deren Sitten dir so ausnehmend behagen?

EURYDIKE
Ich mache doch nur Spaß! Du weißt doch ganz genau, daß ich nur dich lieb habe, und es hat dich ja auch nur eine Handbewegung gekostet, damit ich jenes Milieu verließ.

ORPHEUS
Ein hübsches Milieu! Ich werde nie den Tonfall vergessen, mit dem Aglaonice zu mir sagte: »Nehmen Sie sie nur mit, da sie es ja so will! Dumme Frauen verlieben sich gern in Literaten! Aber wer zuletzt lacht, lacht am besten!«

EURYDIKE
Mir lief auch ein Schauer den Rücken hinab.

ORPHEUS
Der Dame möchte ich nochmal begegnen! *Er haut mit dem Tintenfaß auf den Tisch.*

EURYDIKE

Orpheus, mein Poet!... Sieh doch nur an, wie nervös du geworden bist seit deinem Wunderpferd! Vorher, da lachtest du, warst zärtlich zu mir und wiegtest mich in den Schlaf. Und du hattest eine glänzende Position. Du sahst dich überschüttet mit Ruhm und Glücksgütern. Du schriebst Gedichte, die einer dem andern aus den Händen riß und die ganz Thrazien auswendig wußte. Du verherrlichtest den Sonnengott. Dessen Priester warst du, und ein Führer der Jugend. Aber seit diesem Pferd ist alles zu Ende! Wir sind aufs Land gezogen. Du hast deinen Posten verlassen und schreibst nicht mehr. Und dein Leben besteht darin, daß du dieses Pferd streichelst, daß du mit diesem Pferd sprichst, daß du dieses Pferd um einen gnädigen Hufschlag anflehst! So handelt doch kein ernsthafter Mensch!

ORPHEUS

... Kein ernsthafter Mensch? Mein Leben fing an, überreif zu werden, nach Fäulnis zu schmecken, nach Anerkennung und Tod zu stinken. Jetzt tu ich den Sonnengott und die Mondgöttin in denselben Sack, und es bleibt mir die Nacht. Aber nicht die Nacht der andern! Meine eigene Nacht! Dieses Pferd taucht in meine Nacht ein, und wie ein Taucher kommt es daraus hervor und bringt mir Sätze mit. Fühlst du nicht, daß der geringste dieser Sätze erstaunlicher ist als alle Gedichte, die bisher erdacht worden sind? Wie gern gäbe ich meine sämtlichen Werke hin für einen einzigen dieser kleinen Sätze, in denen ich mein ganzes Selbst vernehme, wie man das ganze brausende Meer in einer einzigen kleinen Muschel vernimmt! ... »So handelt kein ernsthafter Mensch«?! Du bist anspruchsvoll, Mädchen! Ich entdecke eine neue Welt. Ich kehre meine Haut von unterst zu oberst. Ich umzingle das Reich des Unbekannten.

EURYDIKE

Jetzt zitierst du wohl wieder den berühmten, welterschütternden Satz?!

ORPHEUS *mit feierlichem Ernst*

Ja. *Er geht ein paar Schritte zurück, auf das Pferd zu und rezitiert* »Steigst aus unterirdischem Dunkel retour, Eurydike, charmante Kameradin!«

EURYDIKE

Der Satz hat ja überhaupt keinen Sinn.

ORPHEUS

Ach was: »Sinn«! Verschließe dein Ohr gegen den Sinn und lausche auf das Mysterium! »Steigst retour Eurydike« – das wäre eine beliebige! Aber: »Eurydike charmante Kameradin!«... »Steigst retour« –: Dieses seltsame Präsens, in dem ein Futur enthalten zu sein scheint! Und der düstere Glanz dieser Worte: »Aus unterirdischem Dunkel!« – Du solltest froh sein, daß ich von dir spreche, Eurydike!

EURYDIKE

Ach, du bist es ja nicht, der von mir spricht, sondern... *Zeigt auf das Pferd*... es.

ORPHEUS

Weder es, noch ich, noch irgend sonst jemand! Was wissen wir denn? Wer spricht denn überhaupt? Wir tappen im Finstern, wir stecken bis über den Hals im Übernatürlichen! Und die Götter amüsieren sich über unsere Blindheit. Wir wissen nichts, nichts, gar nichts! »Steigst aus unterirdischem Dunkel zurück, Eurydike, charmante

Kameradin!« Das ist kein gewöhnlicher Satz! Es ist ein Gedicht, ein Traumgedicht, eine Blüte aus den Abgründen des Todes.

EURYDIKE
Und diese Auffassung gedenkst du der ganzen Welt schmackhaft zu machen?! Du gedenkst der Welt einzureden, Poesie bestehe darin, einfach einen Satz hinzuschreiben? Du willst Erfolg haben mit dem Satz eines Pferdes?

ORPHEUS
Es handelt sich weder um Erfolg noch um Pferde, noch darum, der Welt irgend etwas schmackhaft zu machen!... Übrigens bin ich nicht allein mit meinen Bestrebungen!

EURYDIKE
Sprich mir nicht von deinem Publikum! Vier oder fünf Radau-Jünglinge ohne Herz, die dich für einen Anarchisten halten, und ein Dutzend Ochsen, die sich mit deiner Hilfe bemerkbar zu machen wünschen!...

ORPHEUS
Mein Publikum wird besser werden! Ich hoffe, eines Tages das wirkliche Tierreich zu bezaubern.

EURYDIKE
Aber wenn du den Erfolg so verachtest: Warum willst du dann jenen Satz beim offiziellen Dichterwettbewerb von Thrazien einreichen? Warum legst du denn so viel Wert darauf, den Dichterpreis zu erhalten?

ORPHEUS
Es muß eine Bombe geworfen werden! Es muß ein Skandal ausbrechen! Es muß ein Gewitter vom Himmel fallen, das die Luft reinigt! Man erstickt ja, man kann nicht mehr atmen.

EURYDIKE
Wir lebten so still.

ORPHEUS
Allzu still.

EURYDIKE
Du liebtest mich.

ORPHEUS
Ich liebe dich.

EURYDIKE
Du liebst das Pferd. Ich bin an die zweite Stelle gerückt.

ORPHEUS
Du bist dumm. Das ist doch gar kein Vergleich. *Er küßt* EURYDIKE *zerstreut und tritt an das Pferd heran* Nicht wahr, du alter Kerl? Nicht wahr, mein alter Bruder? Wie ... Hast deinen Freund auch lieb? Willst 'n Stückchen Zucker? ... Na, dann küß mich erst mal ein bißchen! Nein, besser! Da hin ... da! ... Was für ein schönes Tier du bist! Komm. *Er holt ein Stück Zucker aus seiner Tasche und gibt es dem Pferd* Schmeckt gut, was?

EURYDIKE
Ich existiere nicht mehr. Ich könnte sterben, ohne daß du es merktest.

ORPHEUS
Wir waren beide tot, ohne es zu merken.

EURYDIKE
Komm her zu mir.

ORPHEUS
Aber ich muß ja weg! Ich muß in die Stadt, um die Formalitäten zu erledigen wegen der Teilnahme an dem Wett-

30
Ne me dites pas "notre métier" s'il vous plaît.
Le vôtre vous fait vivre et le mien me tue.

bewerb. Morgen ist der letzte Termin. Ich habe keine Minute zu verlieren.

EURYDIKE *aufwallend*
Orpheus! Mein Orpheus!

ORPHEUS
Du siehst, daß der Sockel da leer ist. Ich will eine Büste darauf setzen, die meiner würdig ist.

EURYDIKE
Man wird mit Steinen nach dir werfen.

ORPHEUS
Aus denen mach ich dann meine Büste.

EURYDIKE
Nimm dich in acht vor den Bacchantinnen!

ORPHEUS
Ich weiß nichts von ihnen.

EURYDIKE
Sie existieren aber. Sie finden Beifall. Ich kenne ihre Methoden. Aglaonice haßt dich. Sie nimmt sicher auch an dem Wettbewerb teil.

ORPHEUS
Oh, dieses Weibsbild! Dieses Weibsbild!

EURYDIKE
Sei nicht ungerecht... Sie hat Talent.

ORPHEUS
Wie beliebt?

EURYDIKE
Auf einem abscheulichen Gebiet, das gebe ich zu. Aber in gewisser Hinsicht, von einem gewissen Gesichtspunkt aus hat sie Talent. Sie hat ein schönes Pathos.

ORPHEUS
Hör doch mal einer an! »In gewisser Hinsicht – Hinsicht ... von einem gewissen Gesichtspunkt aus.« ... Das hast du wohl bei den Bacchantinnen gelernt, diese Manier, dich auszudrücken? Also von einem gewissen Gesichtspunkt aus gefällt dir ihr Pathos? In gewisser Hinsicht gibst du meinem Todfeind recht?! Und du willst mich lieben, du behauptest tatsächlich, daß du mich liebst? Gut also: In dieser Hinsicht und von diesem Gesichtspunkt aus erkläre ich, daß ich genug davon habe, daß man mich aufs bösartigste verfolgt und daß dieses Pferd hier die einzige Person ist, die mich zu nehmen weiß. *Faustschlag auf den Tisch.*

EURYDIKE
Deswegen brauchst du aber nicht gleich alles kurz und klein zu schlagen!

ORPHEUS
»Alles kurz und klein zu schlagen?« ... Na, das ist die Höhe! Madame zertrümmert jeden Tag eine Fensterscheibe, und nun bin ich es, der alles kurz und klein schlägt!

EURYDIKE
Zunächst ...

ORPHEUS *auf- und abgehend*
Ich weiß, was du sagen willst. Du willst sagen, am heutigen Tag hättest du noch keine Fensterscheibe zertrümmert.

EURYDIKE
Aber ...

ORPHEUS
Nun, so schlag' sie doch ein, deine Fensterscheibe!

EURYDIKE
Wie kannst du dich nur in solche künstliche Aufregung hineinreden?

ORPHEUS
Aber da seh man sich dies Schlauköpfchen an! Du zerbrichst keine Scheibe, weil ich weggehe...

EURYDIKE *lebhaft*
Was willst du damit sagen?

ORPHEUS
Gnädige Frau halten mich wohl für blind? Du zerbrichst jeden Tag eine Fensterscheibe, damit der Glaser Gelegenheit hat, heraufzukommen!

EURYDIKE
Nun gut, ja: Ich zerbreche jeden Tag eine Fensterscheibe, damit der Glasergehilfe heraufkommen kann! Das ist ein wackerer Junge, der das Herz auf dem rechten Fleck hat! Er hört mir zu, wenn ich spreche. Er bewundert dich!

ORPHEUS
Sehr liebenswürdig.

EURYDIKE
Und immer, wenn du dich mit dem Pferd beschäftigst und mich allein läßt, zerbreche ich eine Fensterscheibe. Du bist doch nicht eifersüchtig, nehme ich an?

ORPHEUS
Eifersüchtig, ich? Eifersüchtig auf einen Glaserlehrling? Warum sollte ich nicht auch eifersüchtig auf Aglaonice sein?! ... Was dir nicht alles einfällt! ... Da, sieh her: Weil du es ablehnst, die Scheibe einzuschlagen, so werde ich sie heute einschlagen! ... Das kann mir nur gut tun! *Er zerschlägt eine Scheibe.*

Man hört von draußen rufen.

HEURTEBISE
»Scheiben zu reparieren? Fensterscheiben einzusetzen?«

ORPHEUS
He da, Sie, Glaser, hier! – Er kommt herauf. – Von wegen eifersüchtig!

Zweite Szene

Die Vorigen – HEURTEBISE

HEURTEBISE *erscheint auf dem Balkon. Die Sonne sticht blendend in seine Scheiben, die er in seinem offenen Holzgestell auf dem Rücken trägt.*
Er tritt ein, läßt sich auf ein Knie nieder und kreuzt die Hände über seinem Herzen.

HEURTEBISE
Guten Tag, meine Herren und Damen.

ORPHEUS
Guten Tag, mein Freund. Ich bin es gewesen, kein anderer als ich, der die Scheibe da kaputt gemacht hat. Bringen Sie die Sache wieder in Ordnung. Ich laß euch allein. *Zu* EURYDIKE Meine Liebe, Sie werden die Arbeit überwachen. *Zum Pferd* Hast ihn recht lieb, deinen Poeten? *Er küßt das Pferd* Auf heute abend! *Geht hinaus.*

Dritte Szene

EURYDIKE – HEURTEBISE

EURYDIKE
Sie sehen. Ich erfinde nichts.

HEURTEBISE
Das ist unerhört.

EURYDIKE
Sie begreifen mich.

HEURTEBISE
Madame ist beklagenswert.

EURYDIKE
Seitdem ihm dieses Pferd auf der Straße nachgelaufen ist, seitdem er es mit nach Hause gebracht hat, seitdem es bei uns wohnt, seitdem sie miteinander sprechen...

HEURTEBISE
Das Pferd hat wieder mit ihm gesprochen?

EURYDIKE
Es hat gesagt, daß er es sich sauer werden lasse.

HEURTEBISE
Es weiß ihn zu nehmen.

EURYDIKE
Kurz, seit einem Monat ist mein Leben zu einem Martyrium geworden.

HEURTEBISE
Aber Sie können doch nicht eifersüchtig sein auf ein Pferd?

EURYDIKE
Ich wollte eher, er hätte eine Geliebte.

HEURTEBISE
Das sagen Sie so...

EURYDIKE
Ohne Sie, Heurtebise, ohne Ihre Freundschaft wär ich schon längst verrückt geworden.

HEURTEBISE
Liebe Eurydike!

EURYDIKE *sie betrachtet sich im Spiegel, lächelt*
Denken Sie sich, daß ich eine kleine Eingebung gehabt habe. Er hat gemerkt, daß ich jeden Tag eine Scheibe zerbreche. Nun, anstatt zu sagen, daß ich das Glas zerbreche, damit die Scherben mir Glück bringen, hab ich gesagt, ich zerbräche es, damit Sie zu mir heraufkommen könnten.

HEURTEBISE
Ich hätte gedacht...

EURYDIKE
Hören Sie zu. Er hat mir eine entsetzliche Szene gemacht und dann selbst eine Scheibe eingeschlagen. Ich glaube, daß er doch noch eifersüchtig ist.

HEURTEBISE
Wie Sie ihn lieben...

EURYDIKE
Je mehr er mich peinigt, desto mehr liebe ich ihn. Es war mir schon immer so vorgekommen, als wäre er eifersüchtig auf Aglaonice.

HEURTEBISE
Auf Aglaonice?

EURYDIKE

Er verabscheut alles, was sich auf mein früheres Milieu bezieht. Deswegen fürchte ich auch, daß wir beide eine schreckliche Unklugheit begehen. Heurtebise, wir wollen leise sprechen. Ich hab immer Angst, daß das Pferd alles hört, was man sagt. *Die beiden gehen auf Zehenspitzen nach dem Hintergrund zu, bis zur Nische des Pferdes.*

HEURTEBISE

Das schläft. *Die beiden kommen wieder in den Vordergrund.*

EURYDIKE

Haben Sie Aglaonice gesehen?

HEURTEBISE

Ja.

EURYDIKE

Orpheus würde Sie töten, wenn er es erführe!

HEURTEBISE

Er wird es nicht erfahren.

EURYDIKE *Zieht ihn noch weiter vom Pferd weg, ihrem Zimmer zu*

Sie haben ... das Betreffende?

HEURTEBISE

Ich habe es.

EURYDIKE

In welcher Form?

HEURTEBISE

In Form von einem Stück Zucker.

EURYDIKE

Wie benahm sie sich?

HEURTEBISE
Sehr einfach. Sie sagte zu mir: »Jede Ware hat ihren Preis. Hier ist das Gift, bringen Sie mir dafür den Brief zurück.«

EURYDIKE
Das ist ein Brief, der sehr kompromittierend ist für Aglaonice.

HEURTEBISE
Sie fügte sogar noch hinzu: »Damit der Kleinen dabei nichts Unangenehmes passiert, so gebe ich Ihnen hier ein Kuvert, auf das ich mit eigener Hand meine Adresse geschrieben habe. Sie braucht den Brief nur hineinzutun und das Kuvert zuzukleben. So bleibt von unserem Tauschgeschäft nicht das geringste übrig.«

EURYDIKE
Orpheus ist ungerecht. Aglaonice ist doch sehr anständiger Handlungen fähig. War sie allein?

HEURTEBISE
Eine Freundin war bei ihr. Das war wirklich kein Milieu für eine Eurydike!

EURYDIKE
Sicherlich nicht. Aber ich kann nicht finden, daß Aglaonice ein böses Mädchen sein soll.

HEURTEBISE
Vor guten Mädchen und Knaben soll man sich hüten... Das ist Ihr Zucker.

EURYDIKE
Danke... *Sie nimmt den Zucker ängstlich und nähert sich dem Pferd* Ich hab' Angst.

HEURTEBISE
Sie schrecken zurück?

EURYDIKE

Ich schrecke nicht zurück, aber ich hab Angst. So im kalten Licht. Auge in Auge mit der Tat, da bring ich allerdings den Mut nicht auf. *Sie kommt wieder in den Vordergrund bis vor den Schreibtisch* Heurtebise?

HEURTEBISE

Wie?

EURYDIKE

Mein kleiner Heurtebise, möchten Sie nicht vielleicht?

HEURTEBISE

Oh! Oh! Sie verlangen etwas sehr Bedenkliches von mir!

EURYDIKE

Sie haben mir gesagt, Sie würden weiß Gott was tun, um mir behilflich zu sein.

HEURTEBISE

Das sag ich auch jetzt, aber ...

EURYDIKE

Ach, mein Lieber, wenn die Sache Ihnen irgendwie peinlich sein sollte, ... dann ... sprechen wir nicht mehr davon!

HEURTEBISE

Geben Sie mir den Zucker.

EURYDIKE

Danke! Sie haben doch ein tapferes Herz.

HEURTEBISE

Aber wird es ihn auch annehmen aus meiner Hand?

EURYDIKE

Versuchen Sie's doch erst mal!

HEURTEBISE *beim Pferd*
Ich gestehe, daß ich mich nicht so recht fest auf den Beinen fühle.

EURYDIKE
Seien Sie ein Mann. *Sie geht nach rechts hinüber und bleibt bei der Tür zu ihrem Zimmer stehen.*

HEURTEBISE
Na also *mit schwacher Stimme* Pferd ... Pferd ...

EURYDIKE *aus dem Fenster sehend*
Gütiger Himmel – Orpheus! Er kommt zurück! Er ist schon im Garten! ... Schnell, schnell ... Tun Sie so, als ob Sie arbeiten! HEURTEBISE *wirft den Zucker auf den gedeckten Tisch und schiebt den Tisch gegen die Wand zwischen dem Fenster und der Tür zum Zimmer der* EURYDIKE Steigen Sie auf diesen Stuhl, Heurtebise. HEURTEBISE *steigt auf den Stuhl im Rahmen der Glastür und tut so, als ob er Maß nähme. Er hantiert scheinbar an der zerbrochenen Scheibe herum.* EURYDIKE *läßt sich in den Stuhl fallen, der am Schreibtisch steht, und bleibt dort sitzen.*

Vierte Szene

Dieselben – ORPHEUS

ORPHEUS
Ich hab meinen Geburtsschein vergessen. Wo hatte ich ihn nur hingelegt?

EURYDIKE
Auf das oberste Bücherregal links, glaube ich. Soll ich ihn dir suchen?

ORPHEUS

Bleib du nur sitzen. Ich werd ihn schon selbst finden. *Er geht vor dem Pferd vorbei, streichelt es, ergreift den Stuhl, auf welchem* HEURTEBISE *steht, und nimmt den Stuhl mit nach der Büchernische.* HEURTEBISE *verbleibt in seiner Stellung schwebend in der Luft.* EURYDIKE *unterdrückt einen Schrei.* ORPHEUS, *ohne etwas zu merken, steigt auf den Stuhl vor der Bibliothek* Da ist er ja. *Nimmt den Geburtsschein, steigt vom Stuhl herunter, trägt ihn wieder zu seinem Platz unter den Füßen von* HEURTEBISE *und geht schnell ab.*

Fünfte Szene

EURYDIKE – HEURTEBISE

EURYDIKE

Heurtebise! Werden Sie mir dieses Wunder erklären?

HEURTEBISE

Welches Wunder?

EURYDIKE

Sie werden mir doch nicht einreden wollen, Sie hätten nicht das geringste bemerkt und es wäre ganz natürlich, daß ein Mensch, unter dem man einen Stuhl wegzieht, in der Luft schweben bleibt, anstatt auf den Erdboden zu fallen!

HEURTEBISE

In der Luft schweben bleibt?

EURYDIKE

Spielen Sie nur den Erstaunten, ich habe es mit aller Deutlichkeit gesehen! Sie hingen in der Luft. Sie blieben in der Luft schweben, fünfzig Zentimeter über dem Fußboden. Rings um Sie herum war der leere Raum.

HEURTEBISE
Sie setzen mich in Verwunderung.

EURYDIKE
Eine gute Minute sind Sie zwischen Himmel und Erde verblieben.

HEURTEBISE
Das ist unmöglich.

EURYDIKE
Gerade weil es unmöglich ist, schulden Sie mir eine Erklärung.

HEURTEBISE
Sie behaupten, ich hätte mich ohne jede Stütze zwischen Fußboden und Zimmerdecke in der Schwebe gehalten?

EURYDIKE
Leugnen Sie nicht, Heurtebise! Ich habe Sie gesehen, mit meinen eigenen Augen gesehen! Ich habe die größte Mühe gehabt, einen Schrei zu unterdrücken. In diesem Narrenhause waren Sie bisher meine letzte Zuflucht, die einzige Person, die mich nicht erschreckte, bei der ich mein Gleichgewicht wiederfand. Aber selbst wenn man seit einem Monat mit einem Pferd zusammenwohnt, das sprechen kann: Ein Freund, der in der Luft schwebt, muß einem trotzdem verdächtig werden! Kommen Sie mir nicht nahe! Da die Dinge so stehen, jagt mir auch der Schimmer da auf Ihrem Rücken *d. h. das Leuchten oder Glitzern der Glasscheiben in dem Gestell, das* HEURTEBISE *auf dem Rücken trägt* einen kalten Schauer über den Leib. Erklären Sie mir alles, Heurtebise, ich höre zu.

HEURTEBISE
Ich habe mich nicht zu verteidigen. Entweder träume ich, oder Sie haben geträumt.

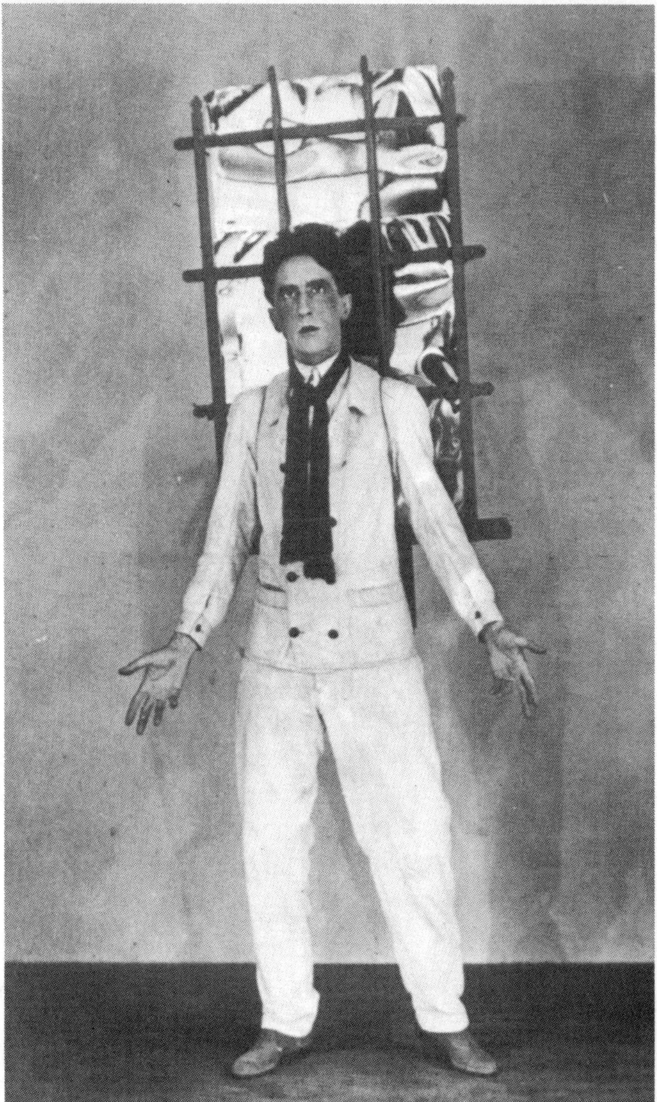

EURYDIKE

Ja, im Traum, da kommt es vor, daß man tut, was Sie getan haben, aber wir sind doch beide absolut wach gewesen.

HEURTEBISE

Sie müssen das Opfer einer Spiegelung zwischen meinen Glasscheiben und den Ihrigen geworden sein. Es kommt vor, daß die Gegenstände lügen. Auf dem Jahrmarkt hab ich neulich eine nackte Dame gesehen, die auf der Zimmerdecke einherging.

EURYDIKE

Aber dies war keine Täuschung! Es war schön und grauenvoll. Eine Sekunde lang erschienen Sie mir so grauenvoll wie ein Unglücksfall und so schön wie ein Regenbogen! Sie waren der Schrei eines Menschen, der zum Fenster hinausfällt, und die Lautlosigkeit des Sternenhimmels. Sie machen mir Angst. Ich bin zu offenherzig, um Ihnen das nicht zu sagen. Wenn Sie schweigen wollen, so schweigen Sie; aber unsere Beziehungen können nicht mehr dieselben sein. Ich hielt Sie für einfach, Sie sind kompliziert. Ich glaubte, Sie seien von meiner Rasse, aber Sie sind von der Rasse des Pferdes.

HEURTEBISE

Eurydike, quälen Sie mich nicht ... Sie haben die Stimme einer Nachtwandlerin. Jetzt habe ich Angst vor Ihnen, Eurydike!

EURYDIKE

Arbeiten Sie nicht mit dem System des Herrn Orpheus! Vertauschen Sie die Rollen nicht! Versuchen Sie nicht, mich glauben zu machen, ich sei verrückt!

HEURTEBISE

Eurydike, ich schwöre Ihnen ...

EURYDIKE
Lassen Sie das, Heurtebise! Ich habe alles Vertrauen zu Ihnen verloren.

HEURTEBISE
Was tun?

EURYDIKE
Warten Sie. *Sie geht nach der Bibliothek zu, steigt auf den Stuhl, nimmt ein Buch, öffnet es, nimmt einen Brief aus demselben heraus und legt es wieder an seinen Platz zurück* Geben sie mir das Kuvert von Aglaonice. *Er gibt es ihr* Danke. *Sie steckt den Brief in das Kuvert und leckt den Gummistreifen* Oh!

HEURTEBISE
Sie haben sich die Zunge verletzt?

EURYDIKE
Nein, aber diese Gummierung hat einen komischen Geschmack. Nehmen Sie das Kuvert. Bringen Sie es Aglaonice. Gehen Sie jetzt gleich.

HEURTEBISE
Die Scheibe ist nicht eingesetzt.

EURYDIKE
Ich werde ohne Ihre Scheibe auskommen, gehen Sie.

HEURTEBISE
Sie schicken mich weg?

EURYDIKE
Ich möchte allein bleiben.

HEURTEBISE
Sie sind hart.

EURYDIKE
Ich mag Handwerker nicht, die solche Luftikusse sind. *Mit entsprechender Handbewegung, die das In-der-Luft-Schweben von* HEURTEBISE *andeutet.*

HEURTEBISE
Dies grausame Wortspiel ist Ihrer unwürdig!

EURYDIKE
Es ist kein Wortspiel.

HEURTEBISE *nimmt seinen Sack vom Fußboden*
Es wird Ihnen leid tun, daß Sie schlecht zu mir gewesen sind. *Schweigen* Sie jagen mich weg?

EURYDIKE
Das Mysterium ist mein Feind. Ich nehme den Kampf dagegen auf.

HEURTEBISE
Ich gehe. Vielleicht kann mein Gehorsam Sie mir wieder gewogen stimmen. Adieu, Madame.

EURYDIKE
Adieu. *Sie gehen aneinander vorbei.* EURYDIKE *geht in der Richtung nach ihrem Zimmer zu.* HEURTEBISE *öffnet die Tür und geht hinaus. Die Tür bleibt offen, man sieht seinen Rücken starr in der Sonne glänzen. Plötzlich bleibt* EURYDIKE *stehen und wechselt den Gesichtsausdruck. Sie schwankt, greift mit der Hand an ihr Herz und fängt an zu schreien* Heurtebise! Heurtebise! schnell, schnell!

HEURTEBISE *zurückkommend*
Was ist passiert?

EURYDIKE
Zu Hilfe!

HEURTEBISE
Sie sind eiskalt ... und so grün im Gesicht!

EURYDIKE
Ich werde ganz starr. Mein Herz fliegt. Mein Leib brennt!

HEURTEBISE
Das Kuvert?

EURYDIKE
Wie: Das Kuvert?

HEURTEBISE *schreiend*
Das Briefkuvert von Aglaonice! Sie haben daran geleckt. Sie haben gesagt, es hätte einen so komischen Geschmack.

EURYDIKE
Oh, diese Infamie! Laufen Sie rasch! Holen Sie Orpheus! Ich sterbe. Ich will Orpheus noch sehen. Orpheus! Orpheus!

HEURTEBISE
Ich kann Sie jetzt nicht allein lassen. Es muß doch irgendein Mittel geben, ein Gegengift, das Sie nehmen könnten.

EURYDIKE
Ich kenne dieses Gift der Bacchantinnen. Es lähmt. Nichts kann mich retten. Laufen Sie rasch. Holen Sie Orpheus. Ich will ihn noch sehen. Ich will, daß er mir verzeiht. Ich liebe ihn, Heurtebise. Ich leide. Wenn Sie zögern, wird es zu spät. Ich flehe Sie an auf den Knien! Heurtebise, Heurtebise, Sie haben ein gutes Herz, Sie haben Mitleid mit mir! Oh, man bohrt mir Nadeln in die Seiten. Schnell, schnell, laufen Sie, fliegen Sie! Nehmen Sie die Abkürzung. Wenn er schon zurückkommt, treffen Sie ihn unterwegs. Ich will mich hinlegen in meinem Zimmer und auf euch warten. Helfen Sie mir. HEURTEBISE *führt sie bis an ihr Zimmer* Schnell, schnell, schnell. *Sie verschwindet in ihrem Zimmer. In dem Moment, wo* HEURTEBISE *die Tür öffnen will, kommt sie wieder aus dem Zimmer hervor*

Heurtebise, hören Sie, falls Sie Dinge wissen ... ich meine Dinge, in der Art von vorhin ... wie man sich im Augenblick von einem Ort an den anderen versetzen kann ... Sie sollen mir nicht böse sein, ich war nervös, ich war dumm ... Ich hab Sie sehr lieb, Heurtebise ... versuchen Sie alles. Oh! *Sie geht in ihr Zimmer zurück.*

HEURTEBISE
Ich bringe ihn her, das verspreche ich Ihnen. *Er geht ab.*

Die Bühne bleibt einen Augenblick leer. Das Licht verändert sich. Trommelwirbel und Synkopen begleiten gedämpft die ganze folgende Szene.

Sechste Szene

MADAME LA MORT – AZRAEL – RAPHAEL

MADAME LA MORT *tritt auf die Bühne durch den Spiegel, gefolgt von ihren beiden Gehilfen. Sie trägt ein Ballkleid unter einem Mantel. Ihre Gehilfen haben die Tracht von Chirurgen bei der Operation. Man errät, das heißt erkennt undeutlich die Augen der Gehilfen. Das übrige Gesicht ist von Leinenzeug bedeckt. Hände in Gummihandschuhen. Sie tragen zwei große, schwarze, sehr elegante Reisetaschen.*

MADAME LA MORT *geht rasch vor und bleibt mitten auf der Bühne stehen.*

MADAME LA MORT
Also rasch!

RAPHAEL
Wo wünscht Madame die Taschen hingestellt?

MADAME LA MORT
Auf den Fußboden irgendwo. Azrael wird Sie unterweisen. Azrael, meinen Mantel. AZRAEL *nimmt ihr den Mantel ab.*

RAPHAEL
Aus Furcht, daß mir ein Fehler unterläuft, mache ich alles falsch.

MADAME LA MORT
Sie können nicht in zwei Tagen das Geschäft Azraels gelernt haben. Azrael steht seit mehreren Jahrhunderten in meinen Diensten. Am Anfang war er genauso ungeschickt wie Sie. AZRAEL *nimmt den weißen Kittel aus einer der Taschen und hilft* MADAME LA MORT, *ihn über ihr Ballkleid zu ziehen.*

AZRAEL *zu* RAPHAEL
Nimm die Metallkästen und stell sie auf den Tisch dort links. Nein, zuerst die Servietten. Breite die Servietten über den Tisch.

MADAME LA MORT *auf das Waschbecken zugehend*
Azrael wird Ihnen sagen können, daß ich Ordnung und Reinheit verlange wie auf einem Hochseedampfer.

RAPHAEL
Ja, Madame. Ich bitte Madame um Verzeihung ... aber ich war zerstreut; ich betrachtete dieses Pferd.

MADAME LA MORT *sich die Hände waschend*
Es gefällt Ihnen wohl, dieses Pferd?

RAPHAEL
O ja, Madame, sehr!

MADAME LA MORT
Was für ein Kind Sie sind! Gewiß möchten Sie es gerne haben? Das ist sehr einfach. Azrael, den Alkohol! *Zu* RAPHAEL Sie finden auf dem anderen Tisch ein Stück Zucker.

RAPHAEL
Ja, Madame, da liegt eins.

MADAME LA MORT
Geben Sie es ihm. Wenn es nicht will, so werd ich's ihm selber geben. Azrael, meine Gummihandschuhe. Danke. *Sie zieht den rechten Handschuh an.*

RAPHAEL
Madame, das Pferd will den Zucker nicht nehmen.

MADAME LA MORT *nimmt den Zucker*
Friß, Pferd, ich will es.

Das Pferd frißt, weicht zurück und verschwindet. Ein schwerer Vorhang schließt die Nische.

MADAME LA MORT *zu* RAPHAEL
Es gehört Ihnen.

RAPHAEL
Madame ist zu gütig.

MADAME LA MORT *zieht den linken Handschuh an*
Vor einer Woche dachten Sie gewiß noch, ich sei ein Skelett mit einem Grabtuch und einer Sense. Sie stellten sich die Todesgöttin vor als ein Schreckgespenst, als eine Vogelscheuche!

RAPHAEL
Oh, Madame, ...

Während dieses Gesprächs verdeckt AZRAEL *den Spiegel mit einem Tuch.*

MADAME LA MORT *geht und holt den Stuhl, den* HEURTEBISE *an der Glastür hat stehen lassen*
Doch, doch, alle glauben das! Aber, mein armer Junge,

wenn ich so wäre, wie die Leute mich sehen wollen, so würden sie mich eben sehen. Und ich muß in ihre Häuser kommen, ohne gesehen zu werden. *Sie setzt den Stuhl nahe an die Rampe, in die Mitte* Azrael, probieren Sie den Kontakt.

AZRAEL
Er funktioniert, Madame. *Dumpfes Geräusch einer elektrischen Maschine.*

MADAME LA MORT *zieht ein Taschentuch aus ihrem Kittel*
Gut. Raphael, wollen Sie die Freundlichkeit haben, mir die Augen mit diesem Tuch zu verbinden? *während* RAPHAEL *ihr die Augen mit dem Taschentuch verbindet* Wir haben eine Welle sieben und eine Zone sieben-zwölf. Schalten Sie auf vier ein. Wenn der Druck von mir stärker wird, so gehen Sie bis auf fünf. Aber unter keinen Umständen über fünf hinaus! – *Zu* RAPHAEL Ziehen Sie straff an. Machen Sie einen doppelten Knoten. Danke. – Seid ihr beide auf eurem Posten? AZRAEL *und* RAPHAEL *hinter dem Tisch, nebeneinander, die Hände im Innern der Metallkästen* Ich fange an. *Sie nähert sich dem Stuhl. Langsam Masseusen- und Hypnotisierbewegungen um einen unsichtbaren Kopf herum.*

RAPHAEL *sehr leise*
Azrael...

AZRAEL *ebenso*
Schtt...

MADAME LA MORT
Sprecht nur, Ihr stört mich nicht.

RAPHAEL
Azrael, wo ist Eurydike?

MADAME LA MORT
Das habe ich mir gedacht... Du siehst, Azrael, alle stellen dieselbe Frage. Erklär es ihm.

AZRAEL
Die Göttin des Todes durchdringt, um die Dinge des Lebens zu berühren, ein Element, das diese Dinge umformt und von ihrem Platz rückt. Unsere Apparate erlauben ihr, das Leben da zu berühren, wo sie es sieht, was mancherlei Berechnungen und Zeitverluste erspart.

RAPHAEL
Ungefähr so, als ob man mit einer Feuerwaffe auf einen Fisch im Wasser schösse?

MADAME LA MORT
Wenn Sie wollen *lachend* ja. *Ernsthaft* Azrael, lege mir die Spule zurecht.

AZRAEL
Ja, Madame... Weiß Madame, wo Heurtebise ist?

MADAME LA MORT
Er ist mit Orpheus, der aus der Stadt zurückkommt, auf dem Wege hierher.

RAPHAEL
Falls sie laufen, werden wir rechtzeitig fertig werden?

MADAME LA MORT
Das ist die Sache Azraels. Er verwandelt die Geschwindigkeit der Zeiten. Eine Stunde für mich muß eine Minute sein für jene beiden.

AZRAEL
Der Zeiger geht über fünf hinaus. Wünscht Madame die Spule?

MADAME LA MORT
Setz sie an und gib sie mir.

AZRAEL *verschwindet in das Zimmer von* EURYDIKE *und kehrt mit der Spule auf die Bühne zurück.* MADAME LA MORT *zählt die Schritte zwischen ihrem Stuhl und dem Zimmer. Darauf macht sie angesichts der Tür (d. h. vor der Tür zu* EURYDIKES *Zimmer) Halt.* AZRAEL *übergibt ihr die Spule, eine Art automatischen, sich von selbst aufrollenden Metermaßes, auf das sich nachher ein weißer Faden wickeln wird, der aus dem Zimmer hervorkommt.*

AZRAEL
Raphael, Sie haben den Chronometer?

RAPHAEL
Den hab' ich vergessen!

AZRAEL
Na, da sind wir schön reingefallen!

MADAME LA MORT
Regt euch nicht auf. Es gibt ein sehr einfaches Mittel. *Sie spricht leise zu* AZRAEL.*

AZRAEL *nähert sich der Rampe und spricht zum Publikum*
Meine Damen und Herren! Madame la Mort beauftragt mich, die Anwesenden zu fragen, ob vielleicht einer der Herren so liebenswürdig wäre, uns eine Uhr zu leihen? *Zu einem Herren, der in der ersten Parkettreihe die Hand hochhebt* Danke sehr, mein Herr! Raphael, wollen Sie die Uhr von dem Herrn entgegennehmen. *Entsprechendes Spiel.*

* Sollte der Regisseur befürchten, mit einem direkten Kontakt zwischen Bühne und Publikum den Vorhang des Geheimnisses zu zerreißen, so kann er die folgende Passage durch eine im dunkeln belassene Absprache ersetzen. 1° MADAME LA MORT: Es gibt ein sehr einfaches Mittel. *Sie spricht leise zu* AZRAEL. AZRAEL *geht zu dem Tisch zurück und spricht leise zu* RAPHAEL. MADAME LA MORT: Seid ihr soweit? usw. – 2° (Änderung auf S. 98) MADAME LA MORT: Also gehen wir. AZRAEL: Raphael! MADAME LA MORT: Was gibt's? RAPHAEL: Ach ja, richtig! *Er geht in Eurydikes Zimmer.* MADAME LA MORT: Raphael, beeilen Sie sich, beeilen Sie sich ...

MADAME LA MORT
Seid ihr soweit?

AZRAEL
Los! *Trommelwirbel, der Faden gleitet aus dem Zimmer hervor und geht in die von* MADAME LA MORT *gehaltene Schachtel hinein.* AZRAEL *und* RAPHAEL *im Hintergrund drehen der Szene den Rücken zu.* AZRAEL *zählt, mit einer Hand in der Luft, wie ein Schiedsrichter beim Boxkampf.* RAPHAEL *führt langsam Signale aus, ähnlich wie die bei der Schiffahrt üblichen Signale.*

AZRAEL
Hopp! *Der Trommelwirbel hört auf.* RAPHAEL *bleibt bewegungslos stehen. Der Faden widersteht.* MADAME LA MORT *stürzt in das Zimmer. Sie kommt wieder daraus hervor ohne die Binde, die ihr die Augen verdeckte, mit einer Taube, die sich sträubt und zappelt und angebunden ist an das Ende des Fadens. Man hört die Maschine nicht mehr.*

MADAME LA MORT
Uff! Schnell, schnell. Raphael, die Schere! *Sie läuft auf den Balkon* Kommen Sie hierher, schneiden Sie ab. RAPHAEL *schneidet den Faden ab; die Taube fliegt davon* Bringen Sie das Band in Ordnung! Azrael, zeig's ihm. Es ist sehr einfach. – Laß ihn machen, er muß es lernen.

AZRAEL *und* RAPHAEL *packen die Metallkästen, den weißen Kittel usw. in die Reisetaschen ein.* MADAME LA MORT *stützt sich gegen den Tisch zur Rechten. Sie starrt ins Leere mit einem Ausdruck tiefer Müdigkeit. Sie führt langsam ihren rechten Arm und ihre Hand über die Stirn wie eine erwachende Somnambule, als wolle sie sich aus der Hypnose lösen.*

AZRAEL
Alles ist an seinem Platz, Madame.

MADAME LA MORT

Und auch gut verschlossen? Ich bin fertig. Meinen Mantel! AZRAEL *legt ihr den Mantel über die Schultern, während* RAPHAEL *die Reisetaschen schließt* Wir haben nichts vergessen?

AZRAEL

Nein, Madame.

MADAME LA MORT

Also gehen wir.

DER HERR *aus der vordersten Parkettreihe*

Pst, Hallo!

AZRAEL

Ach, ja, richtig!

MADAME LA MORT

Was gibt's?

AZRAEL

Die Uhr, Raphael, geben Sie dem Herrn mit vielem Dank die Uhr zurück. *Entsprechendes Spiel.*

MADAME LA MORT

Raphael, beeilen Sie sich, beeilen Sie sich, kommen Sie rasch.

RAPHAEL

Ja, Madame, ich bin schon da!

MADAME LA MORT *beeilt sich und bleibt mit ausgestrecktem Arm starr vor dem Spiegel stehen. Dann geht sie in den Spiegel hinein und verschwindet auf diese Weise. Ihre Gehilfen folgen ihr. Sie führen dasselbe Manöver aus. Auf dem Tisch zur Rechten, deutlich sichtbar, hat* MADAME LA MORT *ihre Gummihandschuhe vergessen.*

Siebente Szene

ORPHEUS – HEURTEBISE

Unmittelbar nach den letzten Worten von MADAME LA MORT *vernimmt man* ORPHEUS' *Stimme im Garten.*

ORPHEUS' STIMME
Sie kennen sie nicht. Sie wissen nicht, wessen sie fähig ist. Das Ganze ist nur eine Komödie, um mich nach Hause zu locken.

Die Tür öffnet sich, sie treten ein. HEURTEBISE *stürzt eilig nach* EURYDIKES *Zimmer, sieht hinein, weicht zurück und kniet auf der Schwelle nieder.*

ORPHEUS
Wo ist sie? Eurydike! ... Sie schmollt. Na, das ... Ich werde verrückt! Das Pferd! Wo ist das Pferd? *Er enthüllt die Nische* Weg! Ich bin verloren! Man wird ihm die Tür geöffnet und es erschreckt haben; sicherlich ein Streich von Eurydike! Aber das soll sie mir bezahlen! *Er stürzt in* EURYDIKES *Zimmer.*

HEURTEBISE
Halt!

ORPHEUS
Sie hindern mich, in das Zimmer meiner Frau zu treten?

HEURTEBISE
Sehen Sie hin!

ORPHEUS
Wohin?

HEURTEBISE
Sehen Sie durch meine Scheiben.

ORPHEUS *Er sieht hin*
Sie sitzt, sie schläft.

HEURTEBISE
Sie ist tot.

ORPHEUS
Was?

HEURTEBISE
Tot. Wir sind zu spät gekommen.

ORPHEUS
Das ist unmöglich. *Er klopft oder schlägt gegen die Scheiben* Eurydike! Mein Liebling! Antworte mir!

HEURTEBISE
Vergeblich.

ORPHEUS
Sie! Lassen Sie mich eintreten! *Er drängt* HEURTEBISE *beiseite* Wo ist sie? *In der Kulisse* Ich habe sie doch vor einer Sekunde noch neben dem Bett sitzen sehen ... Das Zimmer ist leer. *Er kehrt auf die Szene zurück* Eurydike!

HEURTEBISE
Sie haben sie zu sehen geglaubt. Eurydike wohnt bei der Göttin des Todes.

ORPHEUS
Ach! Was kümmert mich noch das Pferd! Ich will Eurydike wiedersehen! Sie muß mir verzeihen, daß ich sie mißverstanden und vernachlässigt habe. Helfen Sie mir. Retten Sie mich. Was tun? Wir verlieren kostbare Zeit.

HEURTEBISE
Diese guten Worte retten Sie, Orpheus ...

ORPHEUS *weinend über den Tisch sinkend*
Tot. Eurydike ist tot. *Er erhebt sich* ... Aber, ich werde sie dem Tod entreißen! Wenn's sein soll, so dring' ich bis in die Tiefen der Unterwelt und suche sie dort!

HEURTEBISE
Orpheus ... hören Sie! Sie müssen sich beruhigen und anhören, was ich sage ...

ORPHEUS
Ja, ich werde ruhig sein. Wir wollen überlegen, einen Plan ausdenken ...

HEURTEBISE
Ich weiß ein Mittel.

ORPHEUS
Sie?

HEURTEBISE
Aber sie müssen mir gehorchen und haben keine Minute zu verlieren.

ORPHEUS
Ja ... ORPHEUS *spricht alle diese Repliken mit der Fügsamkeit eines Fiebernden – die ganze Szene spielt sich äußerst rasch ab.*

HEURTEBISE
Die Todesgöttin ist dagewesen, um Eurydike zu holen.

ORPHEUS
Ja ...

HEURTEBISE
Sie hat ihre Gummihandschuhe hier vergessen. *Schweigen* HEURTEBISE *nähert sich dem Tisch, zögert und nimmt die Handschuhe aus größtmöglichem Abstand, wie man einen heiligen Gegenstand berührt.*

ORPHEUS *mit Grauen*
Oh!

HEURTEBISE
Ziehen Sie sie an. *Er reicht sie ihm hin.* ORPHEUS *zieht sie an* So, mit diesen Handschuhen können Sie bis zur Todesgöttin gelangen, und Sie werden ihr sagen, daß Sie sie ihr zurückbringen möchten.

ORPHEUS
Gut.

HEURTEBISE
Madame la Mort wird die Handschuhe schon vermißt haben. Wenn Sie sie ihr wiederbringen, wird sie Ihnen eine Belohnung geben. Sie ist geizig, sie gibt nicht gern und nimmt um so lieber; und da sie nie herausrückt, was man sie nehmen läßt, so wird sie sich über Ihr Vorgehen wundern. Wahrscheinlich werden Sie wenig erreichen, aber wenig ist immerhin besser als gar nichts.

ORPHEUS
Gut...

HEURTEBISE *führt* ORPHEUS *vor den Spiegel*
Da geht Ihr Weg.

ORPHEUS
Dieser Spiegel?

HEURTEBISE
Ich verrate Ihnen das Geheimnis aller Geheimnisse: Die Spiegel sind die Türen, durch die die Todesgöttin kommt und geht. Sagen Sie es niemandem weiter! ... Übrigens: Betrachten Sie sich ihr Leben lang im Spiegel, und Sie werden die Göttin des Todes arbeiten sehen wie die Bienen in einem gläsernen Bienenstock. Adieu. Viel Glück!

ORPHEUS
Aber ein Spiegel – – – der ist hart.

HEURTEBISE *mit erhobener Hand*
Mit diesen Handschuhen können Sie durch Spiegel gehen wie durch Wasser.

ORPHEUS
Wo haben Sie nur all diese furchtbaren Dinge gelernt?

HEURTEBISE *läßt seine Hand sinken*
Wissen Sie, Spiegel, die gehören ein bißchen zur Glaserei ... die fallen in meinen Beruf.

ORPHEUS
Und hat man diese Tür einmal passiert ...

HEURTEBISE
Atmen Sie langsam, regelmäßig. Gehen Sie unerschrocken ihren Weg. Halten Sie sich rechts, dann links, dann rechts, dann geradeaus. Dann ... wie erklär ich's Ihnen nur gleich ... Es gibt keine Richtung mehr, es dreht sich; das ist im ersten Augenblick etwas ungewohnt.

ORPHEUS
Und dann?

HEURTEBISE
Dann? Niemand auf der Erde kann Ihnen darüber Bescheid geben. Das Todesreich beginnt.

ORPHEUS
Ich fürchte es nicht.

HEURTEBISE
Adieu. Ich warte hier auf Sie am Ausgang.

ORPHEUS
Ich werd vielleicht lange wegbleiben ...

HEURTEBISE
Lange... Für Sie. Für uns... werden Sie nur gerade hingehen und wiederkommen.

ORPHEUS
Ich kann nicht glauben, daß der Spiegel weich sein soll. Na, ich versuch's.

HEURTEBISE
Versuchen Sie's. ORPHEUS *geht auf den Spiegel zu* Zuerst die Hände! ORPHEUS *die rotbehandschuhten Hände vorausgestreckt, geht in den Spiegel hinein.*

ORPHEUS
Eurydike! ... *Er verschwindet.*

Achte Szene

HEURTEBISE *allein; dann* STIMME DES BRIEFTRÄGERS

HEURTEBISE, *allein geblieben, kniet nieder vor der Nische des Pferdes.*

Es klopft.

HEURTEBISE
Wer ist da?

STIMME DES BRIEFTRÄGERS
Der Briefträger. Ich hab einen Brief für Sie.

HEURTEBISE
Monsieur ist nicht da.

STIMME DES BRIEFTRÄGERS
Und Madame?

HEURTEBISE
Madame auch nicht. Schieben Sie den Brief nur unter die Tür.

Ein Brief kommt unter der Tür zum Vorschein.

STIMME DES BRIEFTRÄGERS
Sind wohl beide ausgegangen?

HEURTEBISE
Nein ... Sie schlafen.

Der Zwischenvorhang fällt langsam und geht sofort wieder in die Höhe.

Achte Szene

Wiederholt.

HEURTEBISE – STIMME DES BRIEFTRÄGERS

Es klopft.

HEURTEBISE
Wer ist da?

STIMME DES BRIEFTRÄGERS
Der Briefträger. Ich hab einen Brief für Sie.

HEURTEBISE
Monsieur ist nicht da.

STIMME DES BRIEFTRÄGERS
Und Madame?

HEURTEBISE
Madame auch nicht. Schieben Sie den Brief unter die Tür.

Ein Brief kommt unter der Tür zum Vorschein.

STIMME DES BRIEFTRÄGERS
Sind wohl beide ausgegangen?

HEURTEBISE
Nein ... Sie schlafen ...

Neunte Szene

HEURTEBISE – ORPHEUS, *dann* EURYDIKE

ORPHEUS *taucht aus dem Spiegel hervor.*

ORPHEUS
Sind Sie noch da?

HEURTEBISE
Ja; erzählen Sie rasch.

ORPHEUS
Mein Lieber, Sie sind ein Engel.

HEURTEBISE
Absolut nicht.

ORPHEUS
Doch, doch, ein Engel, ein wahrer Engel! Sie haben mich gerettet.

HEURTEBISE
Und Eurydike?

ORPHEUS
Eine Überraschung. Sehen Sie gut hin.

HEURTEBISE
Wohin?

ORPHEUS
In den Spiegel. Eins, zwei, drei!

EURYDIKE *kommt aus dem Spiegel hervor.*

HEURTEBISE
Eurydike!

EURYDIKE
Ja, ich. Ich glücklichste aller Frauen, ich, die erste und einzige Frau, deren Mann den Mut gehabt hat, sie von den Toten, aus der Unterwelt zurückzuholen!

ORPHEUS
»Steigst aus unterirdischem Dunkel retour, Eurydike, charmante Kameradin!« Und wir wollten nicht glauben, daß dieser Satz einen Sinn hätte.

EURYDIKE
Schtt, mein Liebling, denk an dein Versprechen: Vom Pferd sollte nie mehr die Rede sein.

ORPHEUS
Wo hatte ich nur meinen Kopf?

EURYDIKE
Und wissen Sie, Heurtebise, er hat den Weg ganz allein gefunden! Er hat nicht eine Sekunde gezögert! Er hat die geniale Idee gehabt, Madame la Morts Handschuhe anzuziehen.

HEURTEBISE
Hm, und das gab der ganzen Sache also Hand und Schuh...

ORPHEUS *schnell einfallend*
Na... die Hauptsache war jedenfalls: Der Erfolg *Er macht Miene, sich nach* EURYDIKE *umzudrehen.*

EURYDIKE
Sieh dich vor! ORPHEUS *bleibt starr stehen.*

HEURTEBISE
Was haben Sie?

ORPHEUS
Eine Kleinigkeit, nur eine Kleinigkeit! Zunächst erschreckt sie einen ja etwas, aber mit ein bißchen Vorsicht wird sich schon alles machen lassen.

EURYDIKE
Es wird eine Sache der Gewohnheit sein.

HEURTEBISE
Worum handelt es sich denn?

ORPHEUS
Um eine Abmachung. Ich habe das Recht, Eurydike wieder zu mir zu nehmen, aber ich habe nicht das Recht, sie anzusehen. Wenn ich sie ansehe, verschwindet sie.

HEURTEBISE
Wie entsetzlich!

EURYDIKE *bitter*
Das ist ja nett von Ihnen, meinen Gemahl von vornherein mutlos zu machen!

ORPHEUS HEURTEBISE *vor sich hinschiebend, damit seine Blicke nicht unversehens auf* EURYDIKE *fallen*
Laß nur, laß, ich werde schon nicht mutlos werden! Er reagiert eben genauso, wie wir zuerst auch reagiert haben. *Zu* HEURTEBISE Sie können sich denken, daß wir, nach Annah-

me dieser Klausel – sie mußte unweigerlich angenommen werden – zunächst alle Ängste der Welt ausgestanden haben. Aber, ich wiederhole es: die Sache läßt sich machen! Ich denke, es ist weniger schlimm, als zum Beispiel blind zu werden.

EURYDIKE
Oder als ein Bein zu verlieren.

ORPHEUS
Und außerdem . . . wir hatten keine Wahl.

EURYDIKE
Übrigens sind sogar Vorteile damit verbunden. Orpheus wird zum Beispiel meine Runzeln nie zu sehen kriegen.

HEURTEBISE
Na, da braucht man euch also nur noch recht viel Glück zu wünschen.

ORPHEUS
Sie verlassen uns?

HEURTEBISE
Ich fürchte, daß meine Gegenwart euch stört. Ihr müßt euch viel zu erzählen haben.

ORPHEUS
Das können wir nach dem Mittagessen auch noch tun. Der Tisch ist gedeckt. Sie sind zu sehr in unser Abenteuer verwoben, Heurtebise, als daß Sie nicht unbedingt zum Essen bei uns bleiben müßten.

HEURTEBISE
Ich fürchte, die Anwesenheit eines Dritten mißfällt Ihrer Frau.

EURYDIKE

Nein, Heurtebise, *mit Bedeutsamkeit sprechend* eine Reise wie die, von der ich zurück bin, verwandelt das Antlitz der Welt. Ich habe viel gelernt. Ich schäme mich vor mir selbst. Orpheus wird künftighin eine nicht wiederzuerkennende Gattin in mir haben, eine dauernde Honigmond-Gattin, als wären wir ewig in den Flitterwochen.

ORPHEUS

Eurydike! Dein Versprechen! Vom Mond sollte in unserem Haus nie wieder gesprochen werden.

EURYDIKE

Ach ja, wo hatte ich nur meinen Kopf? – Aber jetzt zu Tisch. Heurtebise, bitte hier, rechts von mir! Setzt euch. Orpheus mir gegenüber.

HEURTEBISE

Nicht gegenüber.

ORPHEUS

Himmel! Wie gut war das doch, daß ich Heurtebise gebeten habe zu bleiben! Ich setze mich zu deiner Linken und wende dir den Rücken. Meinen Teller nehme ich auf die Knie. EURYDIKE *bedient sie.*

HEURTEBISE

Ich brenne darauf, eure Reiseabenteuer erzählt zu bekommen.

ORPHEUS

Es fällt mir schwer, sie zu erzählen. Ich habe das Gefühl, als hätte ich eine Operation überstanden. Ich erinnere mich undeutlich an eines meiner Gedichte, das ich deklamiert habe, um mich wach zu halten, und an scheußliche Tiere, die einschliefen. Dann ein schwarzes Loch. Dann hab ich mit einer unsichtbaren Dame gesprochen. Sie hat mir gedankt für die Handschuhe. Dann erschien eine Art Chirurg, der die Handschuhe an sich nahm und mir sagte, ich solle wieder gehen, Eurydike werde mir folgen, aber ich dürfe sie unter keinen Umständen ansehen. – Ich habe Durst! *Er nimmt sein Weinglas und wendet sich um.*

EURYDIKE UND HEURTEBISE *gleichzeitig*
Vorsicht!

EURYDIKE
Hab ich eine Angst gekriegt! Ohne dich umzuwenden, mein Liebling: Fühl, wie mir das Herz schlägt!

ORPHEUS
Das ist aber wirklich zu dumm! – Wie wär's, wenn ich mir die Augen verbände?

HEURTEBISE
Dazu rate ich Ihnen auf keinen Fall, Sie wissen die genauen Regeln nicht. Wenn Sie betrügen, ist alles verloren.

ORPHEUS
Man macht sich keinen Begriff von der Mühe, von der geistigen Anspannung, die erforderlich ist, um diese idiotische Bedingung einzuhalten.

EURYDIKE
Was willst du, mein armer Liebling, du tappst eben immer wie ein Mondsüchtiger durch die Welt.

ORPHEUS
Schon wieder der Mond! Bin ich denn blöde, daß du mich so behandelst?

EURYDIKE
Orpheus!

ORPHEUS
Den Mond und die Mondgöttin überlasse ich mit Vergnügen deinen Exgefährtinnen. *Pause.*

HEURTEBISE
Herr Orpheus!

ORPHEUS
Ich bin ein Priester des Sonnengottes.

EURYDIKE
Du bist es nicht mehr, mein Schatz.

ORPHEUS
Meinetwegen. Aber ich verbitte mir, daß man in meinem Hause vom Mond oder von der Mondgöttin spricht. *Schweigen.*

EURYDIKE
Wenn du wüßtest, wie wenig Bedeutung diesen Mond- und Sonnengeschichten zukommt!

ORPHEUS
Madame ist natürlich über solche Dinge erhaben.

EURYDIKE
Wenn ich sprechen könnte ...

ORPHEUS
Ich habe den Eindruck, als ob du für jemand, der nicht sprechen kann, eigentlich ziemlich viel sprächest! Außerordentlich viel, viel zu viel! EURYDIKE *weint. – Pause.*

HEURTEBISE
Sie haben Ihre Frau zum Weinen gebracht.

ORPHEUS *drohend zu* HEURTEBISE
Sie! *Er wendet sich um.*

EURYDIKE
Oh!

HEURTEBISE
Nehmen Sie sich in acht!

ORPHEUS
Das ist Madames Schuld! Sie brächte einen Toten dazu, sich umzudrehen!

EURYDIKE
Es wäre besser gewesen, tot zu bleiben. *Schweigen.*

ORPHEUS
Wohin kämen wir, wenn Madame immer wieder auf den Mond käme? Das frage ich Sie! Die Epoche des Pferdes würde von vorne anfangen.

HEURTEBISE
Sie übertreiben ...

ORPHEUS
Ich übertreibe?

HEURTEBISE
Ja.

ORPHEUS
Und selbst zugegeben, daß ich übertreibe ... *Er wendet sich um.*

EURYDIKE
Vorsicht!

HEURTEBISE *zu* EURYDIKE
Ruhe! Weinen Sie nicht. Die Schwierigkeit der Situation macht uns alle nervös. Orpheus, beherrschen Sie sich doch etwas mehr, sonst gibt's noch ein Unglück.

ORPHEUS
Und selbst zugegeben, daß ich übertreibe; wer hat angefangen?

EURYDIKE
Ich nicht!

ORPHEUS
Du nicht?! Du nicht?! *Er wendet sich um.*

EURYDIKE UND HEURTEBISE
Oh!

HEURTEBISE
Sie sind gefährlich, mein Lieber.

ORPHEUS
Sie haben recht. Das Einfachste ist also wohl, daß ich vom Tisch aufstehe und euch von meiner Gegenwart befreie, da ihr mich für so gefährlich haltet. *Er steht auf.* EURYDIKE *und* HEURTEBISE *halten ihn am Jackett fest.*

EURYDIKE
Mein Freund ...

HEURTEBISE
Orpheus! ...

ORPHEUS
Nein, nein, laßt mich.

HEURTEBISE
Seien Sie vernünftig.

ORPHEUS
Ich werde sein, wie es mir zu sein beliebt.

EURYDIKE
Bleib! *Sie zieht ihn; er verliert das Gleichgewicht und sieht sie an.*

Er stößt einen Schrei aus. EURYDIKE, *versteinert, erhebt sich. Ihr Gesicht drückt Entsetzen aus, das Licht schwindet.* EURYDIKE *versinkt langsam und verschwindet. Dann wird das Licht wieder hell.*

HEURTEBISE
Das mußte ja so kommen!

ORPHEUS *blaß, ohne Kraft, mit einer Grimasse falscher Ungeniertheit, gespielter Erleichterung*
Uff! Man fühlt sich besser.

HEURTEBISE
Wie?

ORPHEUS
Man atmet auf.

HEURTEBISE
Er ist verrückt!

ORPHEUS, *seine Gequältheit mehr und mehr unter Zorn verbergend*
Mit den Weibern muß man sich energisch zeigen, mein Lieber. Man muß ihnen beweisen, daß man sich von ihren Kapricen nicht unterkriegen läßt! Daß man sich nicht an der Nase herumführen läßt!

HEURTEBISE
Na, das ist stark! Sie wollen mir zu verstehen geben, Sie hätten Eurydike absichtlich angesehen?

ORPHEUS
Bin ich ein Mann, der etwas aus Versehen tut?

HEURTEBISE
An Dreistigkeit fehlt es Ihnen nicht! Sie haben natürlich aus Versehen den Blick auf Eurydike gerichtet. Sie haben das Gleichgewicht verloren. Sie haben den Kopf aus Versehen zu ihr hingewandt; ich hab's ja selbst mit angesehen.

ORPHEUS
Ich habe das Gleichgewicht absichtlich verloren. Ich habe den Kopf absichtlich hingewandt und verbitte mir, daß man mir widerspricht. *Schweigen.*

HEURTEBISE
Na, wenn Sie den Kopf absichtlich hingewandt haben, dann gratuliere ich Ihnen zu einem solchen Verhalten nicht.

ORPHEUS
Ich kann ohne Ihre Gratulation auskommen! Aber ich gratuliere mir selber, daß ich meinen Kopf absichtlich zu meiner Frau hingedreht habe. Das ist besser, als wenn irgend jemand versuchen wollte, die Köpfe der Frauen anderer Leute zu verdrehen!

HEURTEBISE
Soll diese Wendung sich auf mich beziehen?

ORPHEUS
Beziehen Sie sie, auf wen Sie mögen.

HEURTEBISE
Sie sind wirklich allzu ungerecht. Niemals habe ich mir erlaubt, Ihrer Frau den Hof zu machen! Sie hätte mich auch schnell genug aus dem Haus gewiesen! Ihre Frau war das Vorbild einer Frau. Sie mußten Sie ein erstes Mal verlieren, um das zu bemerken, und jetzt haben Sie sie ein zweites Mal verloren, auf eine elende und tragische Weise verloren; Sie stürzen sich selbst ins Verderben, haben eine Tote getötet, haben wohlgemuten Herzens etwas Nichtwiedergutzumachendes begangen! Denn sie ist tot, tot, von neuem getötet, und wird niemals wiederkommen.

ORPHEUS
Was Sie nicht sagen!

HEURTEBISE
Wieso, »was ich nicht sage«?

ORPHEUS
Na, haben Sie je erlebt, daß eine Frau zeternd vom Tisch aufgesprungen und weggelaufen wäre, ohne alsbald wieder zu erscheinen und sich ganz gemütlich wieder hinzusetzen?

HEURTEBISE
Ich lasse Ihnen fünf Minuten Zeit, um Ihr Unglück einigermaßen zu erfassen. ORPHEUS *schleudert seine Serviette zu Boden, erhebt sich, geht um den Tisch herum, betrachtet den Spiegel, berührt ihn, wendet sich der Tür zu und hebt den Brief auf.*

ORPHEUS *öffnet den Brief*
Was ist denn das?

HEURTEBISE
Eine schlechte Nachricht?

ORPHEUS
Ich kann es nicht lesen, der Brief scheint in Spiegelschrift geschrieben zu sein.

HEURTEBISE
Das ist ein Mittel, um die Handschrift zu verstellen. Lesen Sie also im Spiegel.

ORPHEUS *vorm Spiegel, liest*
»Monsieur, verzeihen Sie, wenn ich Ihnen anonym schreibe. Aglaonice hat entdeckt, daß in dem Satz, den Sie dem Preisgericht eingesandt haben: ›Steigst aus unterirdischem Dunkel retour, Eurydike, charmante Kameradin –‹

eine grobe Beleidigung für das Preisrichterkollegium enthalten ist. Das beleidigende Wort ergibt sich, wenn man die Anfangsbuchstaben der einzelnen Wörter Ihres Satzes zusammenfügt: ›Steigst aus unterirdischem Dunkel retour, Eurydike, charmante Kameradin.‹ –: S... A... U... D... R... E... C... K... Aglaonice hat die Jury zu der Überzeugung gebracht, Sie seien ein gefährlicher Mystifikateur. Sie hat alle Frauen der Stadt gegen Sie aufgewiegelt. Ein enormer Haufe wildgewordener Weiber wälzt sich unter Aglaonices Führung gegen Ihre Villa. Die Bacchantinnen eröffnen den Zug und verlangen stürmisch Ihren Kopf. Retten Sie sich, verbergen Sie sich! Verlieren Sie keine Minute!
Eine Person, die Ihnen wohlwill.«

HEURTEBISE
Daran ist gewiß kein wahres Wort.

Man hört aus der Entfernung Trommeln, die sich nähern und einen wilden Rhythmus schlagen.

ORPHEUS
Hören Sie?

HEURTEBISE
Trommeln.

ORPHEUS
Die Trommeln der Bacchantinnen! Eurydike hatte das richtige Gefühl: Heurtebise, dieses Pferd hat mich reingelegt!

HEURTEBISE
Man steinigt keinen Menschen um eines Wortes willen...

ORPHEUS
Aber dieses Wort ist ein Vorwand, unter dem sich ein tiefer Haß verbirgt, ein geradezu religiöser Haß! Aglaonice lauert auf ihre Stunde. Ich bin verloren!

HEURTEBISE
Die Trommeln kommen näher.

ORPHEUS
Warum habe ich diesen Brief nicht schon früher bemerkt? Wann hat der Briefträger ihn denn gebracht?

HEURTEBISE
Orpheus, die Schuld liegt bei mir! Der Briefträger hat den Brief unter die Tür geschoben, während Sie in der Unterwelt waren. Die Rückkehr Ihrer Frau hat mich so bewegt, daß ich vergessen habe, Sie auf den Brief aufmerksam zu machen. Retten Sie sich!

ORPHEUS
Zu spät.

Die Verhexung des ORPHEUS *durch das Zauberpferd ist jetzt zu Ende.* ORPHEUS *verklärt sich.*

HEURTEBISE
Verbergen Sie sich irgendwo im Haus, ich werde sagen, Sie seien verreist...

ORPHEUS
Das hat jetzt keinen Sinn mehr, Heurtebise, alles kommt, wie es kommen muß.

HEURTEBISE
Ich werde Sie mit Gewalt retten!

ORPHEUS
Ich weigere mich.

HEURTEBISE
Das ist Wahnsinn!

ORPHEUS
Der Spiegel ist hart. Er hat mich den Brief lesen lassen. Ich weiß, was mir zu tun bleibt.

HEURTEBISE
Was wollen Sie tun?

ORPHEUS
Wieder zu Eurydike.

HEURTEBISE
Das können Sie nicht.

ORPHEUS
Ich kann es.

HEURTEBISE
Selbst wenn es Ihnen gelänge, so fingen doch die Szenen zwischen euch sofort wieder von neuem an.

ORPHEUS *in Ekstase*
Nicht, wo sie mir winkt, zu ihr zu kommen!

HEURTEBISE
Sie leiden, Orpheus! Ihr Gesicht krampft sich schmerzlich zusammen. Ich kann nicht zulassen, daß Sie mutwillig ins Verderben gehen.

ORPHEUS
Oh, diese Trommeln, diese Trommeln. Sie kommen näher, Heurtebise, sie donnern, sie toben und krachen, sie sind gleich da.

HEURTEBISE
Sie haben schon das Unmögliche getan, Orpheus!

ORPHEUS
Zum Unmöglichen bin ich verpflichtet.

HEURTEBISE
Sie haben anderen Kabalen widerstanden.

ORPHEUS
Bis aufs Blut habe ich noch nicht widerstanden ...

HEURTEBISE
Sie erschrecken mich ... *Das Gesicht des* HEURTEBISE *drückt eine überirdische Freude aus.*

ORPHEUS
Was denkt der Marmor, aus dem der Bildhauer ein Meisterwerk bildet? Er denkt: »Man schlägt mich, man zerstört mich, man beschimpft mich, ich bin verloren!« Dieser Marmor ist dumm. Das Leben haut mich zu, Heurtebise! Es macht ein Meisterwerk. Ich muß seine Schläge ertragen, ohne sie zu begreifen. Ich muß die Schläge mit bewußtem Einverständnis hinnehmen, mich ruhig hinhalten, selbst mithelfen, mitarbeiten und das Leben sein Werk vollenden lassen.

HEURTEBISE
Die Steine!

Steine kommen durch die klirrend zerbrechenden Fensterscheiben geflogen und fallen ins Zimmer.

ORPHEUS
Scherben! Scherben bedeuten Glück! ... Glück! Ich werde die Büste erhalten, die ich wollte.

Ein Stein zerbricht den Spiegel

HEURTEBISE
Der Spiegel!

ORPHEUS
Nicht den Spiegel! *Er stürzt auf den Balkon.*

HEURTEBISE
Die Weiber werden Sie steinigen! *Man hört Geschrei und Trommelwirbel.*

ORPHEUS *mit dem Rücken zum Publikum, auf dem Balkon; er neigt sich hinüber*
Meine Damen! *Tobende Trommelwirbel* Meine Damen! *Tobende Trommelwirbel* Meine Damen! *Tobende Trommelwirbel.*

Er stürzt nach rechts, nach dem unsichtbaren Teil des Balkons. Die Trommeln überdröhnen seine Stimme. Finsternis. HEURTEBISE *sinkt auf die Knie und verbirgt sein Gesicht.*

Plötzlich fliegt ein Gegenstand durchs Fenster und fällt ins Zimmer. Das ist der Kopf des ORPHEUS. *Er rollt nach rechts hinüber und bleibt im Vordergrund liegen.* HEURTEBISE *stößt einen schwachen Schrei aus. Die Trommeln entfernen sich.*

Zehnte Szene

HEURTEBISE – KOPF DES ORPHEUS, *dann* EURYDIKE

KOPF DES ORPHEUS *spricht mit der Stimme eines Schwerverwundeten*
Wo bin ich? Wie dunkel es ist! ... Wie der Kopf mir schwer ist. Und mein Körper, der ganze Körper tut mir weh. Ich bin wohl vom Balkon heruntergefallen, gerade auf den Kopf. Und mein Kopf? ... Ich spreche von meinem Kopf... Wo ist er denn, mein Kopf? Eurydike, Heurtebise! Helft mir! Wo seid ihr? Zündet die Lampe an. Eurydike! Ich sehe meinen Körper nicht. Ich habe keinen Kopf und keinen Körper mehr. Ich begreife es nicht mehr. Und so

Leurs tambours! Heurtebise, le cheval m'a joué.

leerer Raum überall. Erklärt mir doch! Weckt mich auf! Zu Hilfe! Zu Hilfe! Eurydike! *Wie wehklagend* Eurydike!... Eurydike... Eurydike... Eurydike... Eurydike... Eurydike...

EURYDIKE *tritt auf, aus dem Spiegel hervorkommend. Sie bleibt stehen, wo sie ist.*

EURYDIKE
Mein Liebling?

KOPF DES ORPHEUS
Eurydike... Bist du's?

EURYDIKE
Ja, ich.

KOPF DES ORPHEUS
Wo ist mein Körper? Wo habe ich meinen Körper gelassen?

EURYDIKE
Such nicht. Reg dich nicht auf, gib mir die Hand.

KOPF DES ORPHEUS
Wo ist mein Kopf?

EURYDIKE *nimmt den unsichtbaren Körper des* ORPHEUS *an der Hand*
Ich halte deine Hand in meiner Hand. Komm mit, hab keine Angst. Laß dich führen...

KOPF DES ORPHEUS
Wo ist mein Körper?

EURYDIKE
Bei mir. Gegen mich gepreßt. Jetzt kannst du mich nicht mehr sehen, und ich hab' die Erlaubnis, dich mitzunehmen.

KOPF DES ORPHEUS
Und mein Kopf, Eurydike... mein Kopf... wo habe ich meinen Kopf gelassen?

EURYDIKE
Sei still, Geliebter, denk nicht mehr an deinen Kopf...

EURYDIKE *und der unsichtbare Körper des* ORPHEUS *versinken im Spiegel.*

Elfte Szene

HEURTEBISE – KOPF DES ORPHEUS, *dann der* POLIZEIKOMMISSAR, *der* GERICHTSSCHREIBER

Es klopft an die Tür – Schweigen. Es klopft wieder – Schweigen.

STIMME DES KOMMISSARS
Im Namen des Gesetzes!

HEURTEBISE
Wer ist da?

STIMME DES KOMMISSARS
Die Polizei. Öffnen Sie, oder ich sprenge die Tür mit Gewalt.

HEURTEBISE
Ich öffne... *Er stürzt zum* KOPF DES ORPHEUS, *hebt ihn auf, zögert einen Augenblick, setzt ihn dann auf den Sockel und öffnet die Tür. Während der Türflügel den Sockel verdeckt, setzt der Schauspieler, der die Rolle des* ORPHEUS *spielt, seinen eigenen Kopf an die Stelle des Pappkopfes.*

KOMMISSAR
Warum haben Sie nicht gleich auf meine erste Aufforderung hin geöffnet?

HEURTEBISE
Herr Richter ...

KOMMISSAR
Kommissar!

HEURTEBISE
Herr Kommissar, ich bin ein Freund der Familie ... Ich war noch unter dem Schock einer begreiflichen Erregung ...

KOMMISSAR
Ein »Schock«! Was für ein Schock?

HEURTEBISE
Ich muß Ihnen sagen, daß ich im Augenblick des Dramas mit Orpheus allein war.

KOMMISSAR
Was für ein Drama?

HEURTEBISE
Orpheus' Ermordung durch die Bacchantinnen.

KOMMISSAR *sich nach dem Gerichtsschreiber umsehend*
Auf diese Version war ich gefaßt ... Und ... die Frau des Opfers ... Wo ist sie? Ich möchte sie mit Ihnen konfrontieren.

HEURTEBISE
Sie ist abwesend.

KOMMISSAR
Immer besser und besser.

HEURTEBISE
Sie hatte die eheliche Wohnung sogar völlig verlassen.

KOMMISSAR

Sieh mal einer an! *Zum Schreiber* Wollen Sie sich an diesen Tisch setzen *er weist auf den Tisch zur Linken* und Protokoll führen?

Der SCHREIBER *setzt sich zurecht. Papier, Federn werden vorbereitet. Er wendet dem Spiegel den Rücken zu.* HEURTEBISE *steht aufrecht neben dem Spiegel. Um es bequem zu haben, zieht der* SCHREIBER *den Tisch zurück (rückwärts an die Wand heran), und zwar so, daß dieser Tisch den Zugang zur Tür unmöglich macht.*

HEURTEBISE

Ich habe ...

SCHREIBER

Still!

KOMMISSAR

Gehen wir in der vorgeschriebenen Ordnung vor! Sprechen Sie nur dann, wenn Sie gefragt werden. Wo ist der Körper?

HEURTEBISE

Welcher Körper?

KOMMISSAR

Wo ein Verbrechen ist, ist auch ein Körper, ein »corpus delicti«! Ich frage Sie, wo sich der Körper befindet?

HEURTEBISE

Aber Herr Kommissar, es ist kein Körper mehr da! Er ist von diesen wahnsinnigen Frauen zerfetzt, geköpft, weggerissen worden.

KOMMISSAR

Zunächst dispensiere ich Sie davon, ein beleidigendes Urteil abzugeben. Über Frauen, die einen priesterlichen

Kultus ausüben! Zweitens ist Ihre Art der Darstellung widerlegt durch die Bekundung von fünfhundert Augenzeuginnen.

HEURTEBISE
Sie behaupten also...

KOMMISSAR
Schweigen Sie!

HEURTEBISE
Ich...

KOMMISSAR *mit anmaßend wichtigtuerischem Tonfall*
Schweigen Sie! Und hören Sie genau zu, was ich jetzt sage, mein Guter. Auf den heutigen Tag fällt eine Sonnenfinsternis. Diese Sonnenfinsternis hat einen gewaltigen Umschwung der öffentlichen Meinung zugunsten des Orpheus herbeigeführt. Man legt Trauerkleidung an um seinetwillen, man organisiert seinen Triumph. Die Behörden verlangen, daß seine sterbliche Hülle den berufenen Organen des Staates übergeben werde. Nun, die Bacchantinnen haben Orpheus auf seinem Balkon erscheinen sehen, mit Blut bedeckt und laut um Hilfe rufend. Ganz entsetzt – denn sie beabsichtigten mit ihrer Demonstration nichts anderes, als ihm eine kleine Katzenmusik darzubringen – ganz entsetzt, sage ich, wären sie zu seinem Beistand die Treppe hinaufgeflogen, wenn er nicht – so erzählen die Damen selbst – und fünfhundert Münder bezeugen es übereinstimmend –, wenn er nicht, sagte ich, tot vor ihren Augen niedergesunken wäre.
Der Tatbestand ist mithin folgender:
Die genannten Damen organisieren einen harmlos-polemischen Gänsemarsch. Sie erscheinen hier mit dem Ruf: »Nieder mit Orpheus!« Plötzlich öffnet sich das Fenster,

Orpheus stürzt blutüberströmt auf den Balkon und ruft um Hilfe. Schon wollen die Damen die Stufen hinaufeilen – es ist zu spät, Orpheus fällt tot hin, und der ganze Trupp – vergessen wir nicht, daß es sich um Frauen handelt ... um Frauen, die gerne lärmen und kreischen, aber eine Heidenangst haben vor blutigen Szenen –, und der ganze Trupp, sagte ich, macht kehrt und nimmt den Weg nach der Stadt zurück. Sonnenfinsternis. Die Stadt sieht in dieser Verfinsterung einen Zornesausbruch des Sonnengottes, weil man einen seiner früheren Priester zu verspotten gewagt hat. Die Behörden eilen den Frauen entgegen, und diese erzählen ihnen, durch den Mund ihrer Wortführerin Aglaonice, das seltsame Verbrechen, dessen Zeugen sie geworden sind. Nun will die ganze Stadt sich an den Ort der Tat stürzen. Strenge Maßnahmen müssen ergriffen werden, um jegliche Unordnung im Keim zu ersticken, und man beauftragt mich mit der Untersuchung des Falles, mich, den Polizeichef, mich, der Sie jetzt verhört und der es nicht zu dulden gewillt ist, daß man ihn wie einen Feldhüter behandelt! Lassen Sie sich das gesagt sein!

HEURTEBISE
Aber ich habe Sie doch nicht ...

SCHREIBER
Schtt. Still! Sie sind nicht gefragt.

KOMMISSAR
Gehen wir in der vorgeschriebenen Weise vor. *Zum* SCHREIBER Wie weit war ich gekommen?

SCHREIBER
Die Büste! Ich erlaube mir, Sie an die Büste zu erinnern.

KOMMISSAR
Ach ja. *Zu* HEURTEBISE Sie gehören zum Hause?

HEURTEBISE
Ich bin ein Freund des Hauses.

KOMMISSAR
Man wünscht für die große, öffentliche Huldigungsfeier eine Büste des Orpheus. Kennen Sie vielleicht eine?

HEURTEBISE *wendet sich nach der Tür und schließt sie. Man sieht den Kopf auf dem Sockel. Der* KOMMISSAR *und der* SCHREIBER *wenden sich um.*

KOMMISSAR
Sie ist nicht ähnlich.

HEURTEBISE
Es ist ein sehr schönes Stück.

KOMMISSAR
Von wem?

HEURTEBISE
Das weiß ich nicht.

KOMMISSAR
Steht denn kein Name auf dieser Büste?

HEURTEBISE
Nein.

KOMMISSAR *zum* SCHREIBER
Schreiben Sie auf: »Mutmaßlicher Kopf des Orpheus.«

HEURTEBISE
Nein, so nicht! Daß die Büste Orpheus darstellt, darüber besteht kein Zweifel. Die Ungewißheit bezieht sich nur auf den Urheber, auf den Bildhauer.

KOMMISSAR
Also schreiben Sie: »Kopf des Orpheus, von X.« *Zu* HEURTEBISE Ihr Name?

HEURTEBISE
Wie beliebt?

SCHREIBER
Man fragt Sie nach Ihrem Namen.

KOMMISSAR
Denn was den Beruf angeht, da bin ich nicht irrezuführen! Man hat Augen, die beobachten können. *Er nähert sich dem* HEURTEBISE *und tippt gegen die Fensterscheiben in seinem Gestell* Sie sind Glaser, mein Bester!

HEURTEBISE *lächelnd*
Glaser, ich gestehe es.

KOMMISSAR
Ja, gestehen, nur alles gestehen – ja, das ist immer noch das beste System der Verteidigung!

SCHREIBER
Halten zu Gnaden, Herr Kommissar, aber wenn wir ihn nach seinen Papieren fragten?...

KOMMISSAR
Sehr richtig! *Er setzt sich* Ihre Papiere?

HEURTEBISE
Ich... ich habe keine.

KOMMISSAR
Oh! Was?

SCHREIBER
Oh, oh!

KOMMISSAR
Sie verlassen Ihre Wohnung ohne Ausweispapiere? Wo haben Sie denn Ihre Papiere? Wo wohnen Sie?

HEURTEBISE
Ich wohne ... das heißt, genauer: Ich wohnte ...

KOMMISSAR
Ich frage Sie nicht, wo Sie wohnten; ich frage Sie vielmehr nach Straße und Hausnummer Ihres gegenwärtigen Wohnsitzes.

HEURTEBISE
Meines gegenwärtigen? ... Gegenwärtig befinde ich mich ... ohne Wohnsitz.

KOMMISSAR
Ohne Papiere! Ohne Wohnsitz. Na ja! Spezifizierte Vagabundage! Ein reiner Landstreicher! Ihre Sache ist klar, mein Freund ... Ihr Alter?

HEURTEBISE
Ich bin ... *Er zögert.*

KOMMISSAR *stellt das Verhör an, indem er dem zu Verhörenden den Rücken zuwendet, die Augen zum Himmel gerichtet, nervös mit dem Fuß wippend, wie es examinierende Professoren zu tun pflegen*
Ich nehme doch an, daß Sie wenigstens ein Alter haben ...

KOPF DES ORPHEUS
Achtzehn Jahre.

SCHREIBER
Siebzehn Jahre ...

KOPF DES ORPHEUS
Achtzehn Jahre.

KOMMISSAR
Geboren in ...

SCHREIBER
Einen Augenblick bitte, Herr Kommissar! Ich radiere nur schnell die Sieben wieder aus. *Er radiert.*

EURYDIKE *kommt zur Hälfte aus dem Spiegel hervor.*

EURYDIKE
Heurtebise ... Heurtebise! Ich weiß, wer Sie sind! Kommen Sie, kommen Sie mit mir, wir warten auf Sie. Wir vermissen Sie schon lange. HEURTEBISE *zögert.*

KOPF DES ORPHEUS
Gehen Sie nur, Heurtebise. Gehen Sie rasch! Folgen Sie meiner Frau. Ich werde für Sie antworten. Ich werde was Beliebiges erfinden.

HEURTEBISE *taucht in den Spiegel.*

Zwölfte Szene

KOPF DES ORPHEUS – DER POLIZEIKOMMISSAR – DER GERICHTSSCHREIBER

SCHREIBER
Herr Kommissar: Wieder zu Ihren Diensten!

KOMMISSAR
Geboren in ...

KOPF DES ORPHEUS
Maisons-Laffitte.

KOMMISSAR
Maison-la ... wie?

KOPF DES ORPHEUS
Maisons-Laffitte, mit Doppel-f und Doppel-t.

KOMMISSAR
Da Sie mir nun gnädigst Ihren Geburtsort zu sagen geruht haben, so werden Sie mir doch auch Ihren Namen nicht länger vorenthalten wollen, was? Also, Sie heißen?

KOPF DES ORPHEUS
Jean.

KOMMISSAR
Jean, und wie weiter?

KOPF DES ORPHEUS
Jean Cocteau.

KOMMISSAR
Coc ...

KOPF DES ORPHEUS *buchstabierend*
C ... o ... c ... t ... e ... a ... u. Cocteau.

KOMMISSAR
Dieser Name klingt verdächtig genug. Na, Sie sind ja auch ein höchst fragwürdiges Individuum, das sich völlig obdachlos herumtreibt. Oder ist es Ihnen jetzt vielleicht gefällig, uns Ihre Adresse zu verraten? ...

KOPF DES ORPHEUS
Rue d'Anjou, Nummer 10.

KOMMISSAR
Sie beginnen, Vernunft anzunehmen.

SCHREIBER
Die Unterschrift ...

KOMMISSAR

Ja, haben Sie einen Federhalter bereit? *Zu* HEURTEBISE Kommen Sie her, Sie sollen unterschreiben. Na, aber 'n bißchen rasch: Wir fressen Sie ja nicht gleich auf. *Er wendet sich um* Oh!

SCHREIBER

Was ist denn los?

KOMMISSAR

Zum Teufel! Der Delinquent ist verschwunden.

SCHREIBER

Na, das ist aber 'n Wunder!

KOMMISSAR

Wunder? Was soll das nun für ein Wunder sein?! Es gibt keine Wunder! *Er geht mit großen Schritten auf und ab* Ich glaube nicht an Wunder! Eine Sonnenfinsternis ist eine Sonnenfinsternis. Ein Tisch ist ein Tisch. Ein Delinquent ist ein Delinquent. Gehen wir in der vorgeschriebenen Ordnung vor. Diese Tür...

SCHREIBER

Unmöglich, Herr Kommissar! Jemand, der zu dieser Tür hätte hinauswollen, der hätte ja meinen Stuhl hier beiseite drängen müssen.

KOMMISSAR

Bleibt das Fenster.

SCHREIBER

Zum Fenster... da hätte er doch an uns vorbei gemußt! Übrigens antwortete der Delinquent auf Ihre Fragen doch immer weiter! Er hat ja bis zur letzten Minute geantwortet.

KOMMISSAR

Also?

SCHREIBER
Also, ich begreife die Sache nicht.

KOMMISSAR
Es muß hier irgendwo ein geheimer Ausgang existieren. Ein Ausgang, dessen Existenz dem Mörder – denn diese Flucht liefert uns den endgültigen Beweis für sein Verbrechen – dessen Existenz dem Mörder, sagte ich, offenbar bekannt gewesen ist. Untersuchen Sie die Wände. *Der* SCHREIBER *klopft die Wände ab.*

SCHREIBER
Die Wand klingt nirgends hohl.

KOMMISSAR
Gut! Da dieser Bengel sich so wenig gentlemanlike von uns verabschiedet hat, so wollen wir ihm auch nicht länger den Gefallen tun, ihn unter seinen eigenen Augen zu suchen. *Aus vollem Halse schreiend* Ich habe Männer rings um das Haus postiert! Er kann draußen nicht zwei Schritte gehen, ohne gefaßt zu werden. Und sollte er aus Trotz in seinem Schlupfwinkel verharren wollen, nun, so werden meine Leute ihn belagern und aushungern, bis er schließlich doch aus dem Bau herauskriecht. Kommen Sie.

SCHREIBER
Ist das eine Geschichte!

KOMMISSAR
Es ist absolut keine Geschichte! Sie sehen überall »Geschichten«, wo es nicht im geringsten welche gibt! *Sie gehen ab.*

Während sie hinausgehen und der Türflügel die Büste verbirgt, setzt der Schauspieler des ORPHEUS *an die Stelle seines eigenen Kopfes wieder den falschen Kopf auf den Sockel. Die Bühne bleibt eine kurze Weile leer.*

KOMMISSAR *zurückkommend*
Wir haben ja vergessen, die Büste mitzunehmen.

SCHREIBER
Man soll nie mit leeren Händen nach Hause kommen.

KOMMISSAR
Also nehmen Sie sie. *Der* SCHREIBER *nimmt den Kopf, sie gehen ab.*

Dreizehnte Szene

(im Himmel)

EURYDIKE – ORPHEUS – HEURTEBISE

Das Bühnenbild steigt imaginär zum Himmel empor. Es treten ein durch den Spiegel: EURYDIKE *und* ORPHEUS. HEURTEBISE *führt sie. Sie betrachten ihr Haus, als ob sie es zum ersten Mal sähen. Sie setzen sich zu Tisch.* EURYDIKE *weist dem* HEURTEBISE *den Platz zu ihrer Rechten an. Sie lächeln. Ihr ganzes Wesen atmet Ruhe.*

EURYDIKE
Du wünschtest Wein, glaube ich, mein Liebling.

ORPHEUS
Warte, zuerst das Gebet. *Er erhebt sich ebenso wie* EURYDIKE *und* HEURTEBISE – *er betet* Lieber Gott wir danken Dir, daß Du uns unser Heim und unsere Ehe als einziges Paradies angewiesen hast und daß Du uns so die Tür zu Deinem Paradies aufgestoßen hast. Wir danken Dir, daß Du uns Heurtebise gesandt hast, und wir bekennen uns schuldig, unseren Schutzengel nicht erkannt zu haben. Wir danken Dir, daß Du Eurydike erlöst hast, weil sie aus Liebe den Teufel in

Gestalt eines Pferdes getötet hat und dabei selbst ums Leben kam. Wir danken Dir, daß Du mich erlöst hast, weil ich der Poesie gedient habe und weil die Poesie und Du ein- und dasselbe sind. Amen. *Sie setzen sich wieder.*

HEURTEBISE
Darf ich Ihnen einschenken?

ORPHEUS *ehrfurchtsvoll*
Lassen Sie es Eurydike tun ... EURYDIKE *gießt* ORPHEUS *ein.*

HEURTEBISE
Vielleicht kommen wir jetzt endlich zu unserem Mittagessen ...

Der Vorhang fällt.

Villefranche-sur-mer, 24. September 1925

Anmerkungen zur Inszenierung

Der Spiegel läßt die Schauspieler durch eine Öffnung aus- und eintreten, die auf der Höhe des Bühnenrahmens in die Kulissen führt. Diese Öffnung verbirgt sich hinter einer spiegelnden Deckfläche.

Die Büchernische muß ein kleines Fach haben, durch das man tatsächlich ein Buch schieben kann. Über dem Bücherregal läßt sich aus einem Schlitz ein Stück Papier entnehmen.

In dem Sockel kniet der Schauspieler auf einem Kissen, so daß nur der Kopf hervorschaut und die Nische füllt.

Das Pferd besteht aus dem Vorderteil eines Pferds, einem Pferdekopf mit stark gekrümmtem Hals; diese Verkleidung hat ein Mann im Trikot übergestülpt. Die Boxtür verdeckt Oberschenkel und Brust.

Ein schwarzer Vorhang an einer Vorhangstange gestattet es, die Nische zu verschließen.

Das Waschbecken ist eine wirklichkeitsgetreu gemalte Kulisse.

Wenn Heurtebise so tut, als arbeite er, schafft er zuerst Platz vor dem Fenster, indem er den gedeckten Tisch rechts an die Wand stellt. Dann, auf den Satz hin: »Steigen Sie auf diesen Stuhl«, nimmt er den Stuhl, der hinter dem Tisch steht, und stellt ihn in den Rahmen der Glastür. Auf ihn setzt er seinen linken Fuß, und den rechten Fuß auf einen Schemel, der hinter dem Türflügel verborgen ist. Er hebt die Arme zu den Fensterscheiben hin. Ein Bühnenarbeiter hält ihn an einem unsichtbaren Gürtel, dessen Befestigungsring unter dem Glasergestell hervorsteht. So fliegt er, wenn Orpheus den Stuhl wegnimmt. Auf dieses sehr einfache System ist Pitoëff gekommen, und seine Wirkung ist außerordentlich.

Heurtebise trägt in seinem Glaserkasten verschiedene Arten von Glasscheiben. Sein Kopf hebt sich vor dem Hintergrund einer Glimmerscheibe ab. Die Scheiben in seinem Rücken sind aus spiegelndem Material und werfen nach allen Seiten Lichtreflexe.

In den Kulissen, von der Seite zum Hof her, hört man das dumpfe Geräusch einer elektrischen Maschine. (Man kann dafür einen Staubsauger verwenden.)

Wenn Madame la Mort, die Todesgöttin, Eurydikes Zimmer betritt, nimmt sie ihre Augenbinde ab. Ein Bühnenarbeiter reicht ihr die Taube; sie ergreift die Taube bei den Füßen, damit sie mit den Flügeln schlägt. Madame la Mort erscheint. Raphael schneidet den Faden ab. Sie verschwindet hinter dem linken Glastürflügel, wo man ihr die Taube abnimmt, und tritt rückwärts auf die Terrasse zurück; ihre Gestik gibt zu verstehen, sie habe eben die Taube fortfliegen lassen.*

Nach dem Satz von Heurtebise: »Ich bringe ihn her, das verspreche ich Ihnen«, wird das Licht schwächer und milchig. Wenn sich diese Aquariumsbeleuchtung stabilisiert hat, tritt Madame la Mort auf. Als erstes sieht man ihren Arm aus dem Spiegel hervorkommen, dann den linken Arm der Gehilfen vor den Gehilfen selbst.

Beim Abgang ist Madame la Mort in Eile, eine Sekunde lang versteinert sie mit ausgestreckter Hand vor dem Spiegel. Gleiches bei ihren Gehilfen.

Wenn der Zwischenvorhang fällt, sollte man, ehe der Vorhang sich wieder hebt, noch ein wenig warten, falls die Zuschauer klatschen, damit dieser abstrakte Kartentrick nicht nach einem aufführungstechnischen Mißgeschick aussieht.

Eurydikes Verschwinden. In einem Theater ohne Falltür schwächt man das Licht entsprechend ab. Eurydike erhebt sich mit einem Ausdruck des Entsetzens und versinkt langsam hinter dem Tisch. Sobald die Bühne völlig im Dunkeln liegt, wird Orpheus, der an der Tür zu Eurydikes Zimmer steht, das Ende eines schwarzen Stoffs gereicht. Er spannt den Stoff bis zum Tisch, so kann Eurydike ungesehen verschwinden. Mit einem Ruck wird der Stoff zurück in die Kulissen gezogen, und die volle Beleuchtung flammt auf. Dieses ganze Manöver dauert nur einen Augenblick. Auch in einem Theater, das über eine Falltür verfügt, muß Eurydike langsam verschwinden, und mit ihr muß das Licht abnehmen.

* Es braucht wohl nicht eigens gesagt zu werden, daß es in dem Stück kein einziges Symbol gibt. Nichts als schmucklose Sprache, als ein *Gedicht in Aktion*. Die Taube ist nur ein Gemeinplatz.

Drei Musiker genügen für den Ansturm der Bacchantinnen. Einer an Trommel und Becken, ein weiterer an der Jazztrommel, ein dritter an der Pauke. Die Rhythmen müssen beängstigend wirken, dem Tam-Tam der Wilden gleichen.

Nachdem Orpheus ein drittes Mal »Meine Damen!« gerufen hat, veranstalten die Trommeln einen Höllenlärm. Man hört Fensterscheiben klirren, etwas Schweres zu Boden fallen und einen Stuhl umkippen. Eine kleine, rechts an der Bühnenrampe verborgene Lampe geht an. In solcher Beleuchtung werden im Grévin-Museum* die Verbrechen präsentiert. Auf dem Boden, nahe der Tischdecke, sieht man den Kopf, der von dem Weiß des umgefallenen Stuhls absticht. Der Stuhl liegt umgekippt da, der Kopf wird während der Dunkelheit, die die Zuschauer erblinden läßt, an seinen Platz gelegt. Der Schauspieler kauert in der Kulisse und spricht von Eurydikes Zimmer her.

Wenn die Polizei gegen die Tür klopft und der Engel den Kopf aufhebt, ihn auf den Sockel stellt und die Tür öffnet, geht die volle Beleuchtung wieder an, und der Schauspieler setzt seinen eigenen Kopf an die Stelle des Pappschädels. Beim Abgang des Kommissars und des Gerichtsschreibers zieht sich der Schauspieler zurück und stellt den Pappkopf wieder auf.

* [*Anm. d. Hrsg.:* Pariser Wachsfigurenkabinett.]

DIE HÖLLENMASCHINE

STÜCK IN VIER AKTEN

Aus dem Französischen übersetzt
von Herbert Mühlbauer

... so daß ich mir (sollte mein Gehirn ein verhexter Spiegel sein?) kaum einen Typus von Schönheit vorstellen kann, der kein Unglück enthielte.

....

Mehr als einmal habe ich, wie alle meine Freunde, versucht, mich in einem System einzuschließen, um darin nach Herzenslust predigen zu können. Doch ein System ist eine Art von Verdammnis ... Ich bin wieder darauf zurückgekommen, in einer Naivität ohne Fehl Zuflucht zu suchen. Hier hat mein philosophisches Gewissen Ruhe gefunden.

CHARLES BAUDELAIRE

Die Götter existieren, alle Teufel!

J. C.

Widmung

für Marie-Laure und Charles de Noailles*

Ich habe oftmals wiederholt, eine Sache könne nicht gleichzeitig *sein* und *scheinen*. Dieses Credo verliert an Stimmigkeit, wenn es um das Theater geht, jenen ziemlich zweifelhaften Zauber, bei dem der *Schein* das Sagen hat, ganz wie auf den italienischen Deckengemälden die das Auge täuschende Darstellung den Ton angibt. Nun, niemand vermag besser alle Schätze dieses Zaubers zu Tage zu fördern als Christian Bérard, wenn er dem Realismus und den Stilisierungen seinen Sinn für die Wahrheit an sich entgegensetzt, für eine Wahrheit, die der Wirklichkeit mit Geringschätzung begegnet; diese unnachahmliche Methode hat sich nichts anderes vorgenommen, als mit jedem Schuß ins Schwarze zu treffen.

Zuerst schrieb ich für ihn eine Widmung, mit der ich ihm meinen Dank und meine Anerkennung aussprechen wollte; doch letztlich ist es nur folgerichtig, wenn wir beide gemeinsam das Ergebnis einer so tiefgehenden Zusammenarbeit Marie-Laure und Charles de Noailles widmen, diesem einzigartigen Künstlerehepaar, das Genie in seiner seltensten Gestalt besitzt: ich meine das Genie des Herzens.

* [*Anm. d. Hrsg.:* Der Vicomte und die Vicomtesse de Noailles waren mit Cocteau befreundet; Charles de Noailles hatte 1930 Cocteaus Film *Das Blut eines Dichters* finanziert.]

PERSONEN

ÖDIPUS
ANUBIS
TEIRESIAS
KREON
DAS GESPENST des Laius
DER JUNGE SOLDAT
DER SOLDAT
DER HAUPTMANN
DER BOTE aus Korinth
DER HIRTE des Laius
EIN KLEINER JUNGE aus dem Volk
DIE STIMME
JOKASTE
DIE SPHINX
DIE MATRONE
ANTIGONE
EIN KLEINES MÄDCHEN aus dem Volk
DIE STIMME eines Betrunkenen

DIE HÖLLENMASCHINE wurde am 10. April 1934 im Théâtre Louis Jouvet an den Champs-Elysées uraufgeführt; das Bühnenbild und die Kostüme hatte Christian Bérard entworfen.

DIE STIMME

»Den Vater wird er erschlagen, die Mutter nehmen zum Weibe.«

Um diese Prophezeiung des Apollon zu verhindern, setzt Jokaste, die Königin von Theben, ihren Sohn mit durchstochenen und gefesselten Füßen im Gebirge aus. Ein Hirte aus Korinth findet den Säugling und bringt ihn zu Polybius. Polybius und Merope, König und Königin von Korinth, klagen über ihre unfruchtbare Ehe. Das Kind, das Bären und Wölfe verschont haben, wegen seiner geschwollenen Füße Ödipus genannt, halten sie für ein Geschenk des Himmels und nehmen es an Kindes Statt an.

Als junger Mensch befragt Ödipus das Delphische Orakel.

Der Gott spricht: »Du wirst den Vater ermorden und die Mutter heiraten.«

Deshalb glaubt er, er müsse Polybius und Merope meiden. Die Angst vor Vatermord und Inzest treiben ihn ins Verhängnis.

Bei seinem Herumziehen begegnet er eines Tages am Kreuzweg der Straßen von Delphi und Aulis einem Gefährt. Ein Pferd stößt ihn. Es entsteht Streit, ein Diener bedroht ihn; er wehrt sich durch einen Hieb mit dem Stock. Der Schlag verfehlt sein Ziel, und er hat den Herrn erschlagen. Der tote Greis ist Laius, König von Theben. Der Vatermord ist geschehen. Das Gefolge fürchtet, in einen Hinterhalt geraten zu sein, und sucht das Weite. Ödipus ahnt nichts, er zieht weiter. Außerdem ist er jung, ein Schwärmer, bald hat er den Zwischenfall vergessen.

Als er einmal irgendwo rastet, erzählt man ihm von der Plage der Sphinx. Die Sphinx, »die geflügelte Jungfrau«, »die singende Hündin«, wütet unter der Jugend von Theben. Das Ungeheuer gibt ein Rätsel auf und tötet alle, die es nicht lösen können. Die Königin Jokaste, die Witwe des Laius, verspricht ihre Hand und ihre Krone dem Sieger über die Sphinx.

Mit der Begeisterung eines jungen Siegfried stürzt sich Ödipus in das Abenteuer. Die Neugierde, der Ehrgeiz verzehren ihn. Die Begegnung findet statt. Wie war diese Begegnung? Geheimnis. Doch es geschieht, daß der junge Ödipus als Sieger in Theben einzieht und die Königin zum Weib nimmt. Die Blutschande ist begangen.

Damit die Götter sich so recht amüsieren, muß ihr Opfer von sehr hoch herabstürzen. Jahre vergehen, voller Glück. Zwei Söhne, zwei Töchter machen die scheußliche Heirat noch ärger. Das Volk liebt seinen König. Aber das Unheil bricht los. Die Götter erheben Anklage gegen einen unbekannten Täter, daß er das Land beflecke, und verlangen seine Verfolgung. Unablässig nachforschend und wie berauscht von dem drohenden Unheil, gelangt Ödipus an das Ende der Sackgasse. Die Falle schließt sich. Alles wird klar. Jokaste erhängt sich an ihrer roten Schärpe. Mit der goldenen Brosche der erhängten Frau sticht sich Ödipus die Augen aus.

Sie sehen jetzt, meine Damen und Herren, eine der vollendetsten Maschinen, ein Uhrwerk, das, völlig aufgezogen, langsam, ein Menschenleben lang, abläuft, von den teuflischen Göttern erdacht zur mathematischen Vernichtung eines Menschen.

Erster Akt

Das Gespenst

WACHTPOSTEN *auf den Wällen von Theben. Hohe Mauern. Sturmnacht. Wetterleuchten. Man hört den Lärm und die Musik aus dem Volksviertel.*

DER JUNGE SOLDAT
Die lassen sich's gut gehen.

DER SOLDAT
Sie probieren's.

DER JUNGE SOLDAT
Schließlich tanzen sie doch die ganze Nacht.

DER SOLDAT
Weil sie nicht schlafen können, gehen sie tanzen.

DER JUNGE SOLDAT
Das ist doch egal, sie besaufen sich und haben Weiber und bringen die Nacht im Puff rum, während ich mit dir da auf und ab spazieren darf. – Ach Gott, ich halt's nicht mehr aus! Ich halt's nicht mehr aus! Ich halt's ganz einfach nicht mehr aus!

DER SOLDAT
Desertier doch!

DER JUNGE SOLDAT
O nein! Mein Entschluß steht fest! Ich laß mich als Freiwilliger gegen die Sphinx anwerben.

DER SOLDAT
Wozu?

DER JUNGE SOLDAT
Wozu! Wozu! Nur irgend etwas tun! Nur Schluß mit dieser entnervenden, dieser entsetzlichen Untätigkeit.

DER SOLDAT
Und die Angst?

DER JUNGE SOLDAT
Was für Angst?

DER SOLDAT
Die Angst, daß ... eben die Angst. – Ich habe schon viel Ärgeres gesehen als du und ganz andere Leute, die Angst hatten. Wenn der Herr freilich die Sphinx besiegen will und auf den Haupttreffer hofft ...

DER JUNGE SOLDAT
Warum eigentlich nicht? Der einzige, der der Sphinx entkommen ist, ist ein Idiot geworden, na schön. Aber wenn das, was er faselt, wahr wäre ... Nimm an, es handelt sich um ein Rätsel. Nimm an, ich errate es. Nimm nur mal an ...

DER SOLDAT
Aber, du armes, kleines Kalb, so denk doch daran, daß Hunderte und Hunderte Kerle, die wer waren, die stark und gescheit und alles mögliche waren, ihre Haut lassen mußten, und da willst du, du jämmerlicher kleiner Rekrut ...

DER JUNGE SOLDAT
Ich werde gehen! Ich werde gehen! Ich kann nicht mehr die Steine an dieser Mauer zählen und diese Musik hören und dein dreckiges Maul sehen und ... *Er stampft mit dem Fuß auf.*

DER SOLDAT

Bravo, mein Held! Ich habe schon darauf gewartet, daß dir die Nerven durchgehen. Ich finde es ganz sympathisch. Also geh, jammere nicht mehr... beruhigen wir uns... *Er pfeift.*

DER JUNGE SOLDAT

Hab mich gern!

DER SOLDAT *stößt mit seiner Lanze gegen die Mauer neben den* JUNGEN SOLDATEN. DER JUNGE SOLDAT *starrt unbeweglich gegen die Mauer.*

DER SOLDAT

Was hast du denn?

DER JUNGE SOLDAT

Hast du nichts gehört?

DER SOLDAT

Nein... Oder?

DER JUNGE SOLDAT

Ach... ich meinte... ich hatte geglaubt...

DER SOLDAT

Du bist noch feucht hinter den Ohren... Was hast du denn?... Was verdrehst du die Augen?

DER JUNGE SOLDAT

Es ist zu dumm... Es schien mir, als ob ich einen Schlag gehört hätte. Ich glaubte, sie wäre da.

DER SOLDAT

Die Sphinx?

DER JUNGE SOLDAT

Nein, die Erscheinung, das Gespenst.

DER SOLDAT

Das Gespenst! Unser liebes Gespenst des Laius? Und da kriegst du gleich Bauchweh? Das wäre noch schöner!

DER JUNGE SOLDAT

Entschuldige.

DER SOLDAT

Entschuldigen, du jämmerlicher Rekrut! Sei doch nicht blöd! Erstens besteht die Möglichkeit, daß das Gespenst nach der Geschichte von gestern gar nicht mehr kommt. Und überhaupt, was soll ich entschuldigen? Nimm dich ein bißchen zusammen! Das Gespenst, das hat uns doch kaum Angst gemacht! Also, vielleicht das erste Mal... aber dann, pah!... Das war ein guter Kerl von einem Gespenst, beinah ein Kamerad, eine angenehme Abwechslung. Schau, wenn dich schon der Gedanke an das Gespenst in die Höhe fahren läßt, so kommt das nur davon, daß du mit den Nerven fertig bist wie ich und ganz Theben, Reiche und Arme, außer den paar Bonzen, die an allem verdienen. Der Krieg, das ist schon kein Spaß, aber glaubst du, es ist ein Jux, gegen einen Feind zu kämpfen, den man überhaupt nicht kennt? Langsam kriegt man die Orakel, die vergnügten Opfer und die tragischen Mütter über. Glaubst du, ich würde dich frozzeln, wie ich es getan habe, wenn ich nicht auch mit den Nerven fertig wäre, glaubst du, daß mir die Nerven durchgehen würden und die würden saufen und tanzen und singen? Sie würden auf beiden Ohren schlafen, und wir würden unsern Freund, das Gespenst, erwarten und würfeln.

DER JUNGE SOLDAT

Sag mal...

DER SOLDAT

Na, was?

DER JUNGE SOLDAT
Was glaubst du, wie sie ausschaut ... die Sphinx?

DER SOLDAT
Hör doch auf mit der Sphinx! Wenn ich wüßte, wie sie ausschaut, wäre ich nicht heute nacht mit dir auf Posten.

DER JUNGE SOLDAT
Manchmal heißt es, daß sie nicht größer ist als ein Hase und daß sie furchtsam ist und daß sie einen ganz kleinen Frauenkopf hat. Aber ich glaube, daß sie Kopf und Brust einer Frau hat und daß sie mit den jungen Leuten schläft.

DER SOLDAT
Also geh, beruhige dich und denk nicht mehr dran.

DER JUNGE SOLDAT
Vielleicht fragt sie gar nicht, rührt einen nicht einmal an. Man begegnet ihr, schaut sie an und stirbt vor Liebe.

DER SOLDAT
Das fehlte noch, daß du dich in diese Landplage verliebst. Übrigens, die Landplage ... unter uns, willst du wissen, was ich von dieser Landplage halte? ... Es ist ein Vampir! Ein ganz gewöhnlicher Vampir! Ein Biedermann, der sich versteckt und dem die Polizei nicht das Handwerk legen kann.

DER JUNGE SOLDAT
Ein Vampir mit einem Frauenkopf?

DER SOLDAT
Was? Der da? ... Nein, nein, nein! Ein alter Vampir, ein richtiger! Mit einem riesigen Bart und einem Bauch! Der einem das Blut aussaugt! Deshalb bringt man ja auch den Familien die Leichen alle mit derselben Wunde, an derselben Stelle, am Hals, nach Hause! Und jetzt geh hin und schau sie dir an, wenn du noch Lust hast.

DER JUNGE SOLDAT
Du glaubst, daß ...

DER SOLDAT
Ich glaube, daß ... ich glaube, daß ... Achtung, der Hauptmann!

Sie erheben sich und stellen sich habtacht mit dem Gesicht zum Zuschauerraum. DER HAUPTMANN *tritt auf und verschränkt die Arme.*

DER HAUPTMANN
Rührt euch! ... Nun, meine Helden! ... Also, da sieht man die Gespenster?

DER SOLDAT
Zu Befehl! ...

DER HAUPTMANN
Halten Sie das Maul! Sie sprechen, wenn ich Sie frage! Welcher von euch beiden hat gewagt ...

DER JUNGE SOLDAT
Ich, Herr Hauptmann.

DER HAUPTMANN
Zum Teufel! Wer hat da zu reden? Wollen Sie das Maul halten? Wer von euch beiden hat gewagt, unter Umgehung des Dienstweges eine Meldung, die den Dienst betrifft, zu erstatten? Indem er mich überging? Antwortet!

DER SOLDAT
Herr Hauptmann, das war nicht seine Schuld, er wußte ...

DER HAUPTMANN
Bist du's oder ist er's?

DER JUNGE SOLDAT
Wir sind es beide, aber ich habe ...

DER HAUPTMANN

Ruhe! Ich frage dich, wieso der Oberpriester davon Kenntnis erlangt hat, was heute nacht auf diesem Posten geschehen ist, und ich nicht?

DER JUNGE SOLDAT

Da bin ich schuld, Herr Hauptmann. Mein Kamerad wollte nichts sagen. Aber ich habe geglaubt, daß man das sagen muß, und da die ganze Sache mit dem Dienst nicht zusammenhängt... schließlich weil... ich habe alles seinem Onkel erzählt, die Frau von seinem Onkel ist nämlich die Schwester einer Wäscherin der Königin, und ihr Bruder ist im Tempel des Teiresias.

DER SOLDAT

Deshalb, Herr Hauptmann, habe ich gesagt, es ist meine Schuld.

DER HAUPTMANN

Genug! Schreit mir nicht die Ohren voll! Also die Geschichte hat mit dem Dienst nichts zu tun? Sehr gut, sehr gut! Und diese famose Geschichte, die mit dem Dienst nichts zu tun hat, ist eine Gespenstergeschichte, was? –

DER SOLDAT

Jawohl, Herr Hauptmann.

DER HAUPTMANN

Während der Nacht ist euch also auf Posten ein Gespenst erschienen und hat euch gesagt... was hat euch eigentlich das Gespenst gesagt...

DER JUNGE SOLDAT

Es hat uns gesagt, daß es der Geist des Königs Laius sei und daß er seit seiner Ermordung schon mehrere Male versucht habe zu erscheinen und daß er uns bitte, schleunigst, mit jedem Mittel, die Königin Jokaste und Teiresias zu warnen.

DER HAUPTMANN

Schleunigst! Da schau her! Was für ein liebenswürdiges Gespenst! Und ... habt ihr ihn nicht zum Beispiel gefragt, warum er euch die Ehre seines Besuches machte und nicht gleich bei der Königin oder bei Teiresias erschienen ist?

DER SOLDAT

Doch, Herr Hauptmann, das habe ich ihn gefragt. Er hat gesagt, daß es ihm nicht freisteht, sich zu offenbaren, wo er will, und daß überhaupt für Personen, die eines gewaltsamen Todes gestorben sind, Festungswälle der geeignetste Ort zum Erscheinen wären wegen der Kloaken.

DER HAUPTMANN

Wegen der Kloaken?

DER SOLDAT

Jawohl, Herr Hauptmann. Er hat gesagt, wegen der Kloaken, weil sich nirgends sonst so schöne Nebel bilden.

DER HAUPTMANN

Verdammt! Das ist ein Geist mit Erfahrung, der kein Geheimnis aus seinem Wissen macht. Hat er euch sehr erschreckt oder nur ein bißchen? Und wie sah er denn aus? Was für einen Kopf hatte er? Wie war er denn angezogen? – Wo stand er denn, und wie hat er geredet? Blieb er lang oder nicht? Habt ihr ihn öfters gesehen? Auch wenn diese Geschichte nichts mit dem Dienst zu tun hat – ich muß gestehen, ich bin neugierig, Näheres von euch über die Gebräuche der Gespenster zu hören.

DER JUNGE SOLDAT
In der ersten Nacht, da war es ein wenig schauerlich, Herr Hauptmann, das muß ich zugeben. Sie müssen sich vorstellen, daß er sehr rasch erscheint, so wie ein Licht aufflammt, dort, mitten an der Mauer.

DER SOLDAT
Wir haben ihn miteinander gesehen.

DER JUNGE SOLDAT
Gesicht und Körper hat man nur schlecht erkennen können, vor allem sah man den Mund, wenn er offen war, und ein Büschel von einem weißen Bart und einen großen roten Fleck, ein lebhaftes Rot, ganz nahe beim rechten Ohr. Er drückte sich schwer aus und kam nicht dazu, seine Sätze zu Ende zu sprechen. Aber da fragen Sie besser meinen Kameraden, Herr Hauptmann, der hat mir nämlich erklärt, warum der arme Mann nie zu einem Ende kam.

DER SOLDAT
Oh, Herr Hauptmann, das ist keine Hexerei. Er verbrauchte seine ganze Kraft, um zu erscheinen, das heißt, seine neue Gestalt zu verlassen, um seine alte anzunehmen, damit wir ihn sehen können. Der Beweis dafür ist, daß er jedesmal, wenn er ein bißchen weniger schlecht sprach, durchsichtig wurde, und dann sah man die Mauer dahinter.

DER JUNGE SOLDAT
Und sobald er schlecht sprach, sah man ihn sehr gut. Aber man sah ihn schlecht, wenn er gut sprach und wenn er dieselbe Sache wiederholte. »Die Königin Jokaste... man muß... man muß... die Königin... die Königin... die Königin Jokaste... man muß die Königin warnen... ich bitte euch, liebe Leute,... ich bitte euch... ich... ich...

liebe Leute... ich euch... man muß... man muß... ich bitte euch, warnen, liebe Leute, ich bitte euch... die Königin, die Königin Jokaste... die Königin Jokaste warnen... warnen, liebe Leute... warnen... liebe Leute... liebe Leute...«, so hat er immer geredet.

DER SOLDAT

Und man sah, er hatte Angst, daß er verschwinden könnte, bevor er alles zu Ende gesagt hätte.

DER JUNGE SOLDAT

Und hör mal, erinnerst du dich? Jedesmal dieselbe Sache: der rote Fleck verschwindet zuletzt. Es schaut aus, als wäre ein Feuerzeichen auf der Mauer.

DER SOLDAT

Alles, was wir da lang erzählen, spielt sich in einer Minute ab.

DER JUNGE SOLDAT

Er ist fünfmal an derselben Stelle erschienen, jede Nacht knapp vor der Morgendämmerung.

DER SOLDAT

Nur die letzte Nacht, da war sein Erscheinen nicht wie sonst, und nachher... kurz und gut, da haben wir uns herumgeschlagen, und mein Kamerad hat beschlossen, alles zu Hause zu sagen.

DER HAUPTMANN

Schau, schau! Und wieso war denn das Erscheinen »nicht so wie sonst«, daß es, wenn ich richtig verstanden habe, einen Streit zwischen euch veranlaßt hat...

DER SOLDAT

Also, Herr Hauptmann, Sie wissen, so auf Wache stehen ist kein Vergnügen.

DER JUNGE SOLDAT
Wir hatten das Gespenst schon früher erwartet.

DER SOLDAT
Wir wetteten, wir sagten ...

DER JUNGE SOLDAT
... wird kommen ...

DER SOLDAT
Wird nicht kommen ...

DER JUNGE SOLDAT
Wird kommen.

DER SOLDAT
Wird nicht kommen ... und sehen Sie, es ist komisch zu sagen; es wäre direkt eine Erleichterung gewesen, es zu sehen.

DER JUNGE SOLDAT
Man war es schon gewohnt, möchte ich sagen.

DER SOLDAT
... Schließlich glaubt man schon, daß man es sieht, wenn man es auch nicht sieht. Man sagt sich: Da rührt sich was! Die Mauer ist beleuchtet! Hast du nichts gesehen? – Nein! Aber ja! ... Da, da, wenn ich dir sage ... Die Mauer ist nicht geheuer, schau, paß auf, paß auf! –

DER JUNGE SOLDAT
Und man paßt auf, man schaut sich die Augen aus, und man wagt sich nicht mehr zu rühren.

DER SOLDAT
Man lauert auf den geringsten, kleinsten Unterschied.

DER JUNGE SOLDAT
Wenn es endlich da ist, dann atmet man auf, und dann hat man vor dem Ganzen keine Angst mehr.

DER SOLDAT
Neulich warteten wir und warteten, wir schauten uns die Augen aus und glaubten schon, daß er sich nicht mehr zeigt, bis er auf einmal erscheint, ganz sacht, nicht so schnell wie die ersten Nächte, und wie er sichtbar ist, sagt er seine Sätze und erzählt uns recht und schlecht eine gräßliche Geschichte, eine Geschichte von Mord, eine Geschichte, die er Lebenden gegenüber nicht richtig ausdrücken kann. Er sprach von Orten, wo er hingehen darf, und von Orten, wo er nicht hingehen darf, und daß er dort hingegangen wäre, wo er nicht hätte hingehen dürfen, und daß er ein Geheimnis wisse, das er nicht wissen dürfe, und daß man ihm draufkommen werde und ihn bestrafen, und schließlich werde man ihm verbieten zu erscheinen, so daß er nie wieder erscheinen könne. *Mit feierlicher Stimme* »Ich werde meinen letzten Tod sterben«, das sagte er, »und es wird aus sein, aus. – Ihr seht, es ist keine Minute zu verlieren. Lauft! Warnt die Königin! Sucht Teiresias! Habt Mitleid!« Er flehte demütig, und der Tag brach an. Und er blieb da.

DER JUNGE SOLDAT
Wir glaubten, daß er plötzlich verrückt geworden sei.

DER SOLDAT
Aus seinen verworrenen Reden hat man entnehmen können, daß er aus irgendeinem Grund seinen Aufenthaltsort verlassen hat ... daß er nicht mehr weiß, wie er verschwinden kann, und daß er verloren ist. Man sah genau, wie er dieselben Zeremonien machte, um unsichtbar zu werden,

wie sonst, um sichtbar zu bleiben, und es gelang ihm einfach nicht. Auf einmal bittet er uns, wir sollten ihn beschimpfen, weil, wenn man Gespenster zum Verschwinden bringen will, sagte er, dann muß man sie beschimpfen. Das Dümmste war, daß wir uns nicht getraut haben. Ein paar Mal rief er: »Los, los, junger Mann, beschimpfen Sie mich doch! Glauben Sie mir, genieren Sie sich nicht ... Kommen Sie schon!« Ich bin mir ganz blöd vorgekommen.

DER JUNGE SOLDAT
Wir wußten immer weniger, was wir tun sollten!

DER SOLDAT
Ja, wirklich! Dabei ist das nicht unsere schwache Seite, auf die Obern zu schimpfen.

DER HAUPTMANN
Zu liebenswürdig. Danke für die »Obern«.

DER SOLDAT
Oh, Herr Hauptmann! Sie habe ich nicht gemeint ... Ich wollte von Fürsten reden, von gekrönten Häuptern, von Ministern, von der Regierung, von den Mächtigen. Die waren schon an vielen Ungerechtigkeiten schuld ... Aber der König war so ein braves Gespenst, der arme König Laius, daß uns die groben Worte nicht aus der Kehle gingen. Und dann trieb er uns an und wir, wir stotterten: »So geh doch! Geh doch! Altes Rindvieh!« Nur harmloses Zeug eben.

DER JUNGE SOLDAT
Sie müssen wissen, Herr Hauptmann, »altes Rindvieh«, das ist ein freundschaftlicher Spitzname unter Soldaten.

DER HAUPTMANN
Gut, wenn man das weiß.

DER SOLDAT

»Geh doch! Geh doch! Laus...! Rind...!« Armes Gespenst! Es blieb hängen zwischen Leben und Tod und starb vor Angst wegen der Hähne und der Sonne. Dann haben wir plötzlich gesehen, daß die Mauer wieder Mauer wurde und daß der rote Fleck verschwand. Wir waren hin vor Müdigkeit.

DER JUNGE SOLDAT

Noch in der Nacht habe ich mich entschlossen, mit seinem Onkel zu reden, weil er sich weigerte, ihm das zu sagen.

DER HAUPTMANN

Es macht keinen sehr pünktlichen Eindruck, euer Gespenst.

DER SOLDAT

Herr Hauptmann, vielleicht zeigt es sich überhaupt nicht mehr.

DER HAUPTMANN

Ich störe es.

DER SOLDAT

Nein, aber nach der Geschichte von gestern...

DER HAUPTMANN

Es ist sehr höflich, euer Gespenst, nach allem, was ihr mir erzählt habt. Ich bin überzeugt, es wird erscheinen. Denn erstens ist die Höflichkeit der Könige die Pünktlichkeit, und dann soll ja nach eurer geistreichen Theorie die Höflichkeit der Gespenster darin bestehen, daß sie Menschengestalt annehmen.

DER SOLDAT

Schon möglich, Herr Hauptmann, aber es ist genauso möglich, daß es bei den Gespenstern gar keine Könige mehr gibt und daß man bei ihnen eine Minute leicht mit einem Jahrhundert verwechseln könnte. Und wenn nun das Gespenst statt heute abend erst in tausend Jahren erscheint...

DER HAUPTMANN
Mir scheint, Sie sind ein rechter Querkopf, mein Junge, und meine Geduld hat ihre Grenzen. Ich sage Ihnen, das Gespenst wird erscheinen. Ich sage Ihnen, daß meine Gegenwart es stört, und ich sage Ihnen, daß Leute, die nicht hergehören, nicht am Wehrgang herumzulaufen haben.

DER SOLDAT
Jawohl, Herr Hauptmann.

DER HAUPTMANN *schreiend*
Also, Gespenst oder nicht Gespenst, ich befehle euch, dafür zu sorgen, daß mir auch keiner, ohne das Losungswort zu wissen, da herumstrolcht! Verstanden?

DER SOLDAT
Zu Befehl, Herr Hauptmann.

DER HAUPTMANN
Und vernachlässigt nicht euren Dienst. Abtreten!

Die beiden SOLDATEN *stehen habtacht und salutieren.*

DER HAUPTMANN *sich noch einmal zurückwendend*
Und keine Sperenzchen! Ich habe ein Auge auf euch. *Ab.*

Lange Pause.

DER SOLDAT
Na denn.

DER JUNGE SOLDAT

Der hat geglaubt, wir wollen ihm einen Bären aufbinden!

DER SOLDAT

Nein, mein Lieber, er glaubt, daß man uns einen Bären aufbindet.

DER JUNGE SOLDAT

Uns?

DER SOLDAT

Ja, mein Lieber. Ich weiß diese Sachen alle sehr genau durch meinen Onkel. – Die Königin ist ganz nett, aber im Grund genommen liebt man sie nicht, man hält sie für ein bißchen ... *Er klopft sich auf die Stirn* Es heißt, daß sie hysterisch ist und einen ausländischen Akzent hat und daß sie unter dem Einfluß des Teiresias steht. Teiresias rät der Königin zu allem, was ihr nur irgendwie schaden könnte. Machen Sie dies, machen Sie das ... Sie erzählt ihm ihre Träume, sie fragt ihn, ob sie mit dem rechten oder mit dem linken Fuß aufstehen soll, und er führt sie an der Nase herum und leckt dem Bruder die Schuhsohlen und tut mit bei den Komplotten gegen die Schwester. Ja, das ist schon ein sauberes Pack! Ich möchte wetten, daß der Hauptmann geglaubt hat, das Gespenst sei vom gleichen Wasser wie die Sphinx: ein Schwindel der Priester, um Jokaste herzulocken und ihr einzureden, was man ihr einreden will.

DER JUNGE SOLDAT

Aber nein?

DER SOLDAT

Da schaust du! Jawohl, das ist schon so ... *Mit sehr leiser Stimme* Aber ich für meine Person, ich glaube an das Gespenst, das sage ich dir; aber gerade deshalb, weil ich dran glaube, und sie nicht dran glauben, die dort, *Geste* rate ich dir, ruhig zu sein. Denk an die Dienstbeschreibung: »Hat schon Beweise für eine Intelligenz weit über seinem Rang abgelegt.«

DER JUNGE SOLDAT
Wenn jetzt aber unser König ...

DER SOLDAT
Unser König! ... Unser König! ... Moment ... Ein toter König ist nicht dasselbe wie ein lebendiger König, Beweis: wenn unser König Laius noch lebte, glaubst du nicht, daß er sich dann schon selber zu helfen wüßte und nicht erst zu dir kommen müßte, damit du ihm seine Geschäfte in der Stadt erledigst?

Die beiden SOLDATEN *entfernen sich auf der Mauer nach links.*

DIE STIMME DER JOKASTE *am Fuße der Treppe, sie spricht mit starkem ausländischem Akzent*
Noch eine Treppe! Ich hasse diese Treppen! Was sollen denn alle diese Treppen? Man sieht überhaupt nichts! Wo sind wir?

DIE STIMME DES TEIRESIAS
Aber, Majestät, Sie wissen ja, was ich von diesem verrückten Spaziergang halte und daß nicht ich es bin ...

DIE STIMME DER JOKASTE
Halten Sie den Mund, Zizi. Wenn Sie den Mund aufmachen, kommen nur Dummheiten heraus. Da haben Sie sich aber auch den rechten Moment für eine Strafpredigt ausgesucht.

DIE STIMME DES TEIRESIAS
Sie hätten einen anderen Führer nehmen sollen. Ich bin fast blind.

DIE STIMME DER JOKASTE
Ich möchte wissen, wozu Sie ein Wahrsager sind! Sie wissen ja nicht einmal, wo die Stufen sind! Ich werde mir ein Bein brechen! Es wird Ihre Schuld sein, Zizi, Ihre Schuld, wie immer!

TEIRESIAS
Meine Augen erlöschen zugunsten eines inneren Auges, eines Auges, das andere Dienste leistet, als Stufen zu zählen.

JOKASTE
Jetzt ist er auch noch wegen seines Auges eingeschnappt. Ach Gott! Ich habe Sie ganz gern, Zizi, aber diese Stufen machen mich wahnsinnig. Ich mußte herkommen, Zizi, wirklich!

TEIRESIAS
Majestät! ...

JOKASTE
Seien Sie nicht starrköpfig! Ich wußte ja nicht, daß es diese gräßlichen Stufen da gibt. Ich werde sie rücklings hinaufgehen. Sie halten mich auf. Haben Sie keine Angst. Ich führe Sie, aber auf die Stufen kann ich nicht schauen, sonst falle ich unweigerlich hin. Nehmen Sie meine Hände. Also los! *Sie erscheinen* Da ... da ... da ... vier, fünf, sechs, sieben ...

JOKASTE *kommt auf die Plattform und wendet sich nach links.* TEIRESIAS *tritt auf das Ende ihrer Schärpe. Sie stößt einen Schrei aus.*

TEIRESIAS
Was haben Sie?

JOKASTE
Ihr Fuß, Zizi! Sie sind mir auf die Schärpe gestiegen.

TEIRESIAS
Verzeihen Sie mir ...

JOKASTE
Jetzt macht er sich noch darüber Sorgen! Aber ich habe nichts gegen dich ... nur gegen die Schärpe! Ich bin von Dingen umgeben, die mich hassen! Den ganzen Tag will mich diese Schärpe erwürgen. Einmal verhängt sie sich in den Beinen, dann verwickelt sie sich in den Speichen des Triumphwagens, und dann trittst du wieder drauf herum. Es ist wie verhext. Ich habe Angst vor ihr und wage sie nicht wegzutun. Es ist schrecklich! Es ist schrecklich! Sie wird mich noch töten!

TEIRESIAS
Da sehen Sie, in welchem Zustand Ihre Nerven sind.

JOKASTE
Und was ist dein inneres Auge wert? – Hast du die Sphinx gefunden? Hast du die Mörder des Laius gefunden? Hast du das Volk beruhigt? Man stellt mir Wachen vor die Türen und läßt mich allein mit Dingen, die mich hassen, die meinen Tod wollen!

TEIRESIAS
Auf eine gewöhnliche Tratscherei ...

JOKASTE
Ich spüre die Dinge! Ich spüre die Dinge besser als ihr alle! *Sie zeigt auf ihren Bauch* Ich spüre sie da. Hat man alles Menschenmögliche getan, um die Mörder des Laius zu entdecken?

TEIRESIAS
Majestät wissen sehr gut, daß die Sphinx die Nachforschungen unmöglich machte.

JOKASTE

Ich will Ihnen was sagen: Über die Eingeweide Ihrer Hühner kann ich nur lachen ... Ich spüre es da ... daß Laius leidet und daß er sich beklagen will. Ich habe beschlossen, diese Geschichte aufzuklären und diesen jungen Soldaten anzuhören. Und ich werde ihn hören. Ich bin Ihre Königin, Teiresias, vergessen Sie das nicht.

TEIRESIAS

Mein kleines Lämmchen, du mußt einen armen Blinden verstehen, der dich anbetet, der über dich wacht und der will, daß du in deinem Zimmer schläfst, statt in einer Sturmnacht auf dem Wall einem Gespenst nachzulaufen.

JOKASTE *geheimnisvoll*

Ich schlafe nicht.

TEIRESIAS

Sie schlafen nicht?

JOKASTE

Nein, Zizi, ich schlafe nicht, die Sphinx, der Mord an Laius haben meine Nerven ruiniert. Du hast recht, mir das zu sagen. Ich schlafe nicht mehr, und es ist besser so, denn wenn ich für eine Minute einschlafe, so habe ich einen Traum, immer denselben, und dann bin ich den ganzen Tag krank.

TEIRESIAS

Hast du nicht mich, deine Träume zu deuten?

JOKASTE

Die Gegend, in der der Traum spielt, erinnert ein wenig an diese Plattform. Ich werde ihn dir erzählen. Ich bin auf, bei Nacht. Ich wiege eine Art Säugling. Auf einmal wird dieser Säugling zu einer klebrigen Masse, die mir durch die Finger rinnt. Ich stoße ein Geheul aus und versuche, diese Masse wegzuwerfen, aber ... ach ... Zizi ... wenn du wüßtest, wie ekelhaft das ist ... Dieses Ding, diese Masse, bleibt an mir kleben, und wenn ich mich endlich frei glaube, so kommt die Masse mit größter Schnelligkeit zurück und spritzt in mein Gesicht. Und diese Masse ist lebendig. Sie hat so etwas wie einen Mund, der sich an meinen Mund preßt. Und sie gleitet überall hin: sie sucht meinen Schoß, meine Schenkel. Wie abscheulich.

TEIRESIAS
Beruhigen Sie sich.

JOKASTE
Ich will nicht mehr schlafen, Zizi ... Ich will nicht mehr schlafen. Hör die Musik. Woher kommt sie? Auch die können nicht mehr schlafen, sie probieren's mit dieser Musik. Sie haben Angst, Zizi ... und sie haben recht. Sie müssen von schrecklichen Dingen träumen und wollen nicht schlafen. Was soll diese Musik? ... Warum erlaubt man diese Musik? ... Habe ich etwa Musik, damit ich nicht einschlafe? Ich wußte gar nicht, daß diese Lokale die ganze Nacht offen sind. Was soll dieser Skandal, Zizi? ... Kreon muß da Ordnung schaffen. Er muß diese Musik verbieten. Dieser Skandal da muß aufhören.

TEIRESIAS
Majestät, ich beschwöre Sie, beruhigen Sie sich und gehen Sie nach Hause, Ihnen fehlt der Schlaf, Sie sind außer sich. Wir haben schließlich selbst die Musik befohlen, damit das Volk nicht sein Selbstvertrauen verliert, im Interesse der Moral. Es würde Verbrechen geben ... und Ärgeres, wenn sie nicht unten in allen Kneipen tanzten.

JOKASTE
Tanze ich vielleicht?

TEIRESIAS
Das ist nicht dasselbe. Sie tragen Trauer um Laius.

JOKASTE
Alle tragen Trauer, Zizi! Alle! Alle! Alle! Und sie tanzen, und ich darf nicht! Das ist zuviel der Ungerechtigkeit. Ich will...

TEIRESIAS
Es kommt jemand, Majestät!

JOKASTE
Ach Gott, Zizi, ich fürchte mich, ich bin mit meinem ganzen Schmuck ausgegangen.

TEIRESIAS
Haben Sie keine Angst. Am Wachtposten trifft man keine Strolche. Es ist sicher eine Patrouille.

JOKASTE
Vielleicht ist es der Soldat, den ich suche.

TEIRESIAS
Bewegen Sie sich nicht! Wir werden es schon herauskriegen!

Die beiden SOLDATEN *treten auf. Sie bemerken* JOKASTE *und* TEIRESIAS.

DER JUNGE SOLDAT
Sei still, es spricht wer.

DER SOLDAT
Wo kommen denn die her? *Laut* Halt, wer da?

TEIRESIAS *zur* KÖNIGIN
Da haben wir uns Scherereien eingehandelt... *laut* Hören Sie, meine Lieben...

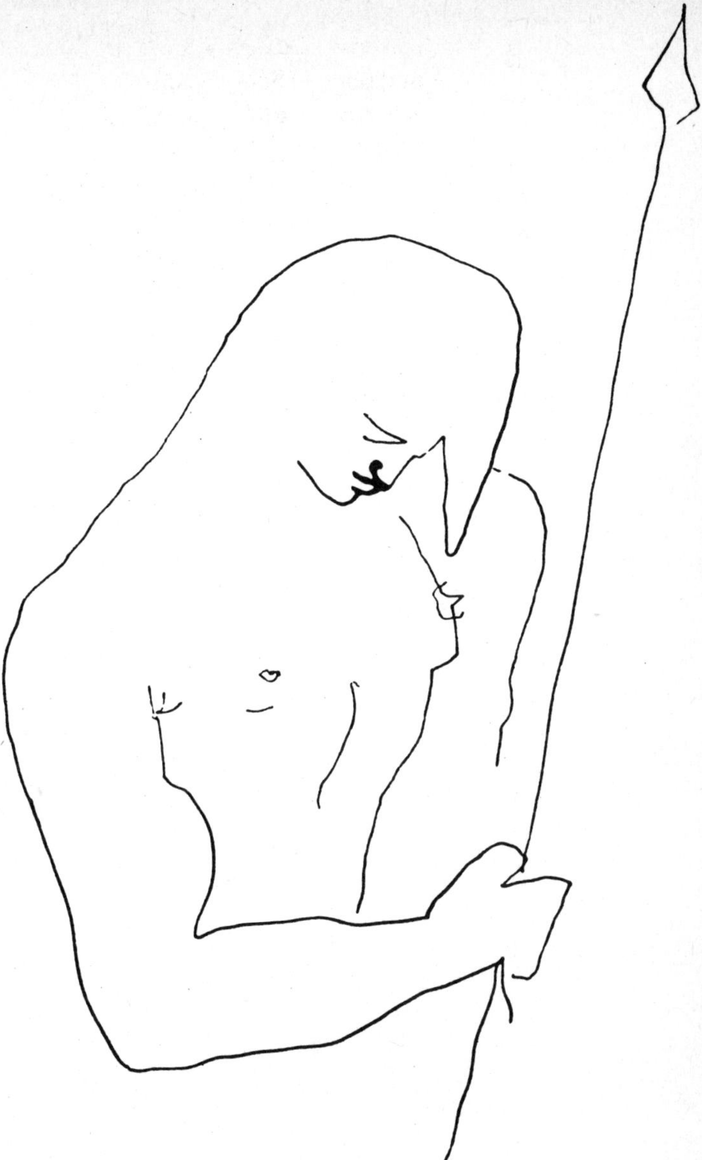

DER JUNGE SOLDAT
Parole?

TEIRESIAS
Sehen Sie, Majestät, man muß die Parole wissen. Sie haben uns in eine unmögliche Situation gebracht.

JOKASTE
Parole? Wozu? Was für eine Parole? Sie sind lächerlich, Zizi. Ich werde mit ihnen reden.

TEIRESIAS
Majestät, ich beschwöre Sie. Er hat seine Instruktion. Die Wachen werden Sie nicht erkennen und mir nicht glauben. Das ist sehr gefährlich.

JOKASTE
Was für eine rege Phantasie Sie haben! Sie nehmen alles gleich tragisch.

DER SOLDAT
Sie besprechen sich. Vielleicht wollen sie über uns herfallen.

TEIRESIAS *zu den* SOLDATEN
Sie brauchen sich nicht zu fürchten. Ich bin alt und fast blind. Lassen Sie mich meine Anwesenheit und die meiner Begleiterin hier am Wehrgang erklären.

DER SOLDAT
Keine Ausreden. Wir wollen die Parole.

TEIRESIAS
Einen Moment. Einen Moment. Hören Sie, meine Guten, haben Sie schon einmal ein Goldstück gesehen?

DER SOLDAT
Bestechungsversuch. *Er geht langsam nach links zum Wehrgang, um aufzupassen, und läßt den* JUNGEN SOLDATEN *bei* TEIRESIAS.

TEIRESIAS
Sie irren sich. Ich wollte sagen: Haben Sie schon das Bild der Königin auf einem Goldstück gesehen?

DER JUNGE SOLDAT
Ja.

TEIRESIAS *dreht sich um, zeigt auf die* KÖNIGIN, *die die Sterne zählt und deren Profil sich vom Himmel abhebt*
Und Sie erkennen sie nicht?

DER JUNGE SOLDAT
Ich sehe nicht recht, was diese ältere Dame da mit unserer Königin, die ganz jung ist, zu tun haben soll.

JOKASTE
Was sagt er?

TEIRESIAS
Er sagt, er finde Majestät zu jung, um Königin zu sein ...

JOKASTE
Wie komisch!

TEIRESIAS *zum* SOLDATEN
Holen Sie mir Ihren Hauptmann.

DER SOLDAT
Nicht nötig. Ich habe Befehle. Ziehen Sie ab, und zwar schnell.

TEIRESIAS
Sie werden von mir noch hören!

JOKASTE
Zizi, was ist denn noch? Was sagt er?

DER HAUPTMANN *tritt auf.*

DER HAUPTMANN
Was ist denn los?

DER JUNGE SOLDAT
Herr Hauptmann, da laufen so zwei Gestalten herum, ohne die Parole zu wissen.

DER HAUPTMANN *dreht sich zu* TEIRESIAS
Wer seid ihr? *Plötzlich ihn erkennend* Eminenz! – *Er verneigt sich tief* Verzeihen ...

TEIRESIAS *seufzt erleichtert auf*
Danke, Hauptmann. Ich habe schon geglaubt, daß der gute Junge uns verhaften wird.

DER HAUPTMANN
Eminenz, können Sie mir verzeihen? – *Zum* JUNGEN SOLDATEN Idiot! Verschwind!

DER JUNGE SOLDAT *gesellt sich zu seinem Kameraden am linken Rand der Bühne.*

DER SOLDAT *zum* JUNGEN SOLDATEN
Hui! Da haben wir aber daneben gehauen!

TEIRESIAS
Brüllen Sie ihn nicht an! Er befolgte seine Instruktion!

DER HAUPTMANN
Ein solcher Besuch. An diesem Ort! Was kann ich für Eure Hoheit tun?

TEIRESIAS *weist auf die* KÖNIGIN
Ihre Majestät ...!

DER HAUPTMANN *fällt auf die Knie, in respektvoller Distanz*
Majestät!

JOKASTE
Lassen Sie die Etikette! Wer von der Wache hat das Gespenst gesehen?

DER HAUPTMANN
Der junge Nichtsnutz, der sich erlaubte, Eminenz Teiresias anzuflegeln, und wenn Majestät ...

JOKASTE
Schau, Zizi, wenn das kein Glück ist; ich habe recht gehabt, herzukommen ... *Zum* HAUPTMANN Sagen Sie ihm, er soll zu mir kommen.

DER HAUPTMANN *zu* TEIRESIAS
Ich weiß nicht, ob die Königin Wert darauf legt, daß der junge Soldat selbst das berichtet. Es wäre besser, wenn das sein Hauptmann machte. Wenn er allein mit Ihrer Majestät spricht, riskiert ...

JOKASTE
Was ist denn los, Zizi?

TEIRESIAS
Der Hauptmann hat mich darauf aufmerksam gemacht, daß er der Vertraute seiner Leute sei und daß er gewissermaßen als Dolmetscher dienen könne.

JOKASTE
Schick den Hauptmann zum Teufel! Kann der Junge reden oder nicht? Er soll herkommen!

TEIRESIAS *leise zum* HAUPTMANN
Bestehen Sie nicht darauf. Die Königin ist sehr nervös.

DER HAUPTMANN
Bitte ... *Er geht zu den* SOLDATEN, *zum* JUNGEN SOLDATEN Die Königin wünscht dich zu sprechen. Aber nimm deine Zunge in acht. Ich werde dir das schon heimzahlen, mein Lieber.

JOKASTE
Kommen Sie her!

DER HAUPTMANN *stößt den* JUNGEN SOLDATEN
Also vorwärts! Geh doch, du Trottel, marsch! Du wirst nicht gefressen! Verzeihen Sie ihm, Majestät, unsere jungen Kerle sind im Hofzeremoniell nicht sehr bewandert.

JOKASTE *zu* TEIRESIAS
Bitte diesen Menschen, uns mit den Soldaten allein zu lassen.

TEIRESIAS
Aber Majestät...

JOKASTE
Da gibt's kein »aber, Majestät« ... Wenn der Hauptmann noch eine Minute bleibt, gebe ich ihm einen Fußtritt.

TEIRESIAS
Hören Sie, Hauptmann. *Er zieht ihn ein wenig zur Seite* Die Königin wünscht mit dem Posten allein zu bleiben, der die Sache gesehen hat. Sie hat Launen. Sie würde es Ihnen übel vermerken, und ich könnte nichts daran ändern.

DER HAUPTMANN
Na schön. Ich lasse Sie allein. Ich, wenn ich bliebe, dann ... na ... ich weiß, Sie haben meinen Rat nicht nötig, Eminenz. Aber unter uns gesagt, mißtrauen Sie dieser Geschichte vom Gespenst ... *Er verneigt sich* Eminenz ... *lange Verneigung vor der* KÖNIGIN, *er geht zu den* SOLDATEN Du! Die Königin wünscht mit deinem Kameraden allein zu sein.

JOKASTE
Wer ist der andere? Hat er auch das Gespenst gesehen?

DER JUNGE SOLDAT
Jawohl, Majestät, wir waren zusammen auf Wache.

JOKASTE
Dann bleibt er. Er bleibt da! Ich werde ihn rufen, wenn ich ihn brauche. Gute Nacht, Hauptmann, Sie können gehen.

DER HAUPTMANN *zu den* SOLDATEN
Wir sprechen uns noch ... *Ab.*

TEIRESIAS *zur* KÖNIGIN
Sie haben den Hauptmann tödlich verletzt.

JOKASTE
Der soll ruhig auch mal an die Reihe kommen. Gewöhnlich werden die gemeinen Soldaten tödlich verletzt und nicht die Offiziere. *Zum* JUNGEN SOLDATEN Wie alt bist du?

DER JUNGE SOLDAT
Neunzehn Jahre.

JOKASTE
Gerade sein Alter! So alt wäre er jetzt auch. Ist er nicht hübsch? Komm ein wenig näher! Schau mal, Zizi, was für Muskeln! Ich könnte diese Knie anbeten. An den Knien sieht man die Rasse. So sähe er jetzt auch aus ... Ist er nicht schön? ... Zizi, greif diesen Bizeps an, das fühlt sich an wie Stahl ...

TEIRESIAS
Ach, Majestät, Sie sehen ihn. Ich bin da nicht kompetent. Ich bin fast blind ...

JOKASTE
Da, greif, greif das an ... Er hat Schenkel wie ein Pferd. Er weicht zurück. Hab keine Angst ... Der Papa ist blind ... Gott weiß, was er sich denkt, der Arme! Er wird ganz rot! Er ist bewundernswert! Er ist neunzehn Jahre alt!

DER JUNGE SOLDAT
Ja, Majestät.

JOKASTE *macht ihn nach*
Ja, Majestät! Ist er nicht süß? Ach, so ein Elend. Er weiß vielleicht nicht einmal, daß er schön ist. *Als spräche sie zu einem Kind* Also, du hast das Gespenst gesehen?

DER JUNGE SOLDAT
Ja, Majestät.

JOKASTE
Das Gespenst des König Laius?

DER JUNGE SOLDAT
Ja, Majestät. Der König hat uns gesagt, daß er der König sei.

JOKASTE
Zizi ... was weißt du schon mit deinen Hühnern und deinen Sternen? ... Hör den Kleinen an ... Und was sagte der König?

TEIRESIAS *zieht die* KÖNIGIN *weg*
Majestät! Haben Sie Mißtrauen, diese hitzköpfigen jungen Leute sind leichtgläubig ... streberisch ... seien Sie mißtrauisch! Sind Sie sicher, daß der junge Mann das Gespenst gesehen hat, und angenommen, er hat das Gespenst gesehen, daß es das Gespenst Ihres Gatten gewesen ist?

JOKASTE
Zizi, Sie sind unausstehlich und verderben einem jede Freude. Immer hemmen Sie die Begeisterung, hindern Sie die Wunder mit Ihrer Intelligenz und Ihrer Ungläubigkeit. Lassen Sie mich diesen Jungen allein befragen, ich bitte Sie darum. Predigen können Sie nachher. *Zum* JUNGEN SOLDATEN Höre ...

DER JUNGE SOLDAT
Majestät ...

JOKASTE *zu* TEIRESIAS
Ich werde gleich genau wissen, ob er Laius gesehen hat. *Zum* JUNGEN SOLDATEN Wie hat er gesprochen?

DER JUNGE SOLDAT
Er sprach schnell und viel, Majestät, viel, er redete durcheinander und kam nicht dazu, das zu sagen, was er wollte.

JOKASTE
Das ist er! Mein armer Liebling! Aber warum hier am Wall? In dieser stinkenden ...

DER JUNGE SOLDAT
Das ist es ja, Majestät! Das Gespenst sagt, daß es gerade wegen der Sümpfe und Nebel hier erscheinen kann.

JOKASTE
Wie interessant! Teiresias, das haben Sie bei Ihrem Geflügel nie herausgebracht. Und was sagte er?

TEIRESIAS
Aber, Majestät, fragen Sie ihn wenigstens anständig. Sie bringen den jungen Kerl ja ganz durcheinander.

JOKASTE
Ganz recht, Zizi, ganz genau. *Zum* JUNGEN SOLDATEN Wie war er? Wie habt ihr ihn gesehen?

DER JUNGE SOLDAT
An der Mauer, Majestät. Es war wie eine Art durchsichtige Statue. Man sah hauptsächlich den Bart, das schwarze Loch des Mundes, der spricht, und einen roten Fleck auf der Schläfe, einen lebhaften roten Fleck.

JOKASTE
Einen Blutfleck!

DER JUNGE SOLDAT
Natürlich! Daran haben wir gar nicht gedacht!

JOKASTE
Das ist eine Wunde! Das ist schrecklich. LAIUS *erscheint* Und was sagte er? – Habt ihr irgend etwas verstanden?

DER JUNGE SOLDAT
Das war sehr schwer, Majestät! Mein Kamerad hat bemerkt, daß es ihm viel Mühe machte zu erscheinen und daß er jedesmal, wenn er bemüht war, sich deutlich auszudrücken, verschwand. Er wußte einfach nicht, wie er's anstellen sollte.

JOKASTE
Der Ärmste!

DAS GESPENST
Jokaste! Jokaste! Mein Weib Jokaste! *Sie sehen und hören es nicht während der ganzen Szene.*

TEIRESIAS *zu den* SOLDATEN
Und habt ihr nichts deutlich verstehen können?

DAS GESPENST
Jokaste!

DER SOLDAT
Oh, ja, Eminenz! Man begriff, daß er Sie vor einer Gefahr warnen wollte: Sie sollten achtgeben, die Königin und Sie. Aber das ist auch alles. Das letzte Mal hat er erzählt, daß er Geheimnisse erfahren habe, die er nicht wissen dürfe, und daß er nicht mehr erscheinen könne, wenn man ihm draufkomme.

DAS GESPENST
Jokaste! Teiresias! Seht Ihr mich nicht? Hört Ihr mich nicht?

JOKASTE
Und sonst sagte er nichts? Deutlicher hat er sich nicht ausgedrückt?

DER SOLDAT
Ja, Majestät, vielleicht hat er sich in unserer Gegenwart nicht deutlicher ausdrücken wollen. Er verlangte nach Ihnen. Deshalb hat mein Kamerad versucht, Sie zu benachrichtigen.

JOKASTE
Die braven Jungens. Und ich bin gekommen. Ich würde ihn schon verstehen. Da – *Geste* würde ich ihn spüren. Da, siehst du, Zizi, mit deinen Zweifeln! Und sagen Sie, kleiner Soldat, wo erscheint der Geist? Ich will den Platz genau wissen.

DAS GESPENST
Schau mich an! Hör mich an, Jokaste! Wachen, ihr habt mich doch immer gesehen! Warum sieht mich niemand? Es ist eine Qual! Jokaste! Jokaste!

DER SOLDAT *hat sich während dieser Sätze an die Stelle begeben, wo das* GESPENST *sich zeigt, er berührt es mit der Hand*
Da ist es. – *Er klopft an die Mauer* Da, an der Mauer.

DER JUNGE SOLDAT
Oder vor der Mauer. Man kann das nicht gut unterscheiden.

JOKASTE
Aber warum erscheint er diese Nacht nicht? Glaubt ihr, daß er noch kommen kann?

DAS GESPENST
Jokaste! Jokaste! Jokaste!

DER SOLDAT

Majestät, ich glaube nicht, nach dem Auftritt von gestern. Ich fürchte, daß er einen Krach gehabt hat und daß Eure Majestät zu spät kommen.

JOKASTE

Welches Unglück! Ewig zu spät! Zizi, ich werde immer als letzte im Königreich benachrichtigt. Alles verlorene Zeit mit Ihren Hühnern und Ihren Orakeln! Schnelles Handeln und Hellsichtigkeit hätte es gebraucht. Wir werden nichts wissen, nichts! Katastrophen wird es geben, schreckliche Katastrophen. Und das wird Ihre Schuld sein, Zizi! Ihre Schuld, wie immer.

TEIRESIAS

Majestät, wie können Sie vor diesen Leuten ...

JOKASTE

Jawohl, ich sage es vor diesen Leuten. Ich werde mich vielleicht genieren? Der König Laius, der tote König Laius hat vor diesen Leuten gesprochen. Er hat nicht zu Ihnen gesprochen, Zizi, und nicht zu Kreon. Er hat sich nicht im Tempel offenbart. Er ist hier am Wachtposten erschienen, bei diesen Leuten, bei dem Jungen da, der neunzehn Jahre alt ist und schön ist und genauso aussieht, wie ...

TEIRESIAS

Ich beschwöre Sie ...

JOKASTE

Es ist wahr, meine Nerven, Sie müssen begreifen. Die Gefahren, der Geist, die Musik, der Verwesungsgeruch ... Und dazu noch das Gewitter. Ich ersticke, Zizi, ich ersticke!

DAS GESPENST

Jokaste! Jokaste!

JOKASTE
Mir scheint, ich höre meinen Namen. Sagt... Habt ihr nichts gehört?

TEIRESIAS
Mein kleines Häschen! Sie können nicht mehr. Der Tag bricht an. Sie stehen da und phantasieren. Wissen Sie, ob diese ganze Geschichte vom Gespenst nicht bloß der Einbildung dieser jungen Leute entsprungen ist, auf der Wacht, wenn sie sich zwingen, nicht einzuschlafen, wenn sie in dieser morastischen niederdrückenden Umgebung sind?

DAS GESPENST
Jokaste! Hab Mitleid. Hör mich doch! Schau mich doch an! Liebe Leute, seid so gut! Haltet die Königin zurück! Teiresias! Teiresias!

TEIRESIAS *zum* JUNGEN SOLDATEN
Treten Sie ein wenig zurück. Ich will mit der Königin sprechen. *Der* JUNGE SOLDAT *geht zu seinem Kameraden.*

DER SOLDAT
Fein, mein Sohn! Jetzt haben wir's. Die hat einen Narren an dir gefressen. Unsere Königin knutscht dich ab.

DER JUNGE SOLDAT
Halts Maul!

DER SOLDAT
Dein Glück ist gemacht. Vergiß deine Kameraden nicht.

TEIRESIAS
Hören Sie! Die Hähne! Das Gespenst kommt nicht mehr. Gehen wir nach Hause.

JOKASTE
Du hast gesehen, wie schön er ist.

TEIRESIAS
Weck nicht die traurigen Erinnerungen auf, mein Täubchen. Wenn du einen Sohn hättest ...

JOKASTE
Wenn ich einen Sohn hätte, wäre er schön und stark. Er würde die Rätsel lösen, er würde die Sphinx erschlagen. – Er würde als Sieger wiederkehren.

TEIRESIAS
Und Sie könnten ihn nicht heiraten.

JOKASTE
Die kleinen Buben sagen alle: »Ich will wiederkommen, wenn ich groß bin, und meine Mama heiraten.« Das ist gar nicht schlecht, Teiresias. Kannst du dir ein süßeres Beisammensein vorstellen, süßer und grausamer zugleich und stolzer auf sich, als zwischen einem Sohn und einer jungen Mutter? Hörst du, Zizi, die ganze Zeit, als ich den Körper dieses jungen Soldaten berührte – die Götter wissen, was er geglaubt hat, der Arme –, habe ich gemeint, ich müsse ohnmächtig werden. Er wäre jetzt neunzehn Jahre alt. Gerade so alt wie dieser junge Soldat. Wissen wir, ob ihm Laius nicht erschienen ist, weil er ihm so ähnlich sieht?

DAS GESPENST
Jokaste! Jokaste! Jokaste! Teiresias! Teiresias!

TEIRESIAS *zu den Soldaten*
Meine Lieben, denken Sie, daß es noch Sinn hat, zu warten?

DAS GESPENST
Habt Mitleid!

DER SOLDAT
Ehrlich gesagt, nein, Eminenz. Die Hähne krähen. Es wird nicht mehr erscheinen.

DAS GESPENST
Gnade! Bin ich denn unsichtbar? Könnt ihr mich nicht sehen?

JOKASTE
Also, ich werde folgen. Aber ich bin glücklich, daß ich den Jungen gefragt habe! Du mußt erfahren, wie er heißt und wo er wohnt. *Sie begibt sich gegen die Treppe* Zizi ... Diese Musik macht mich krank. Hör zu: Jetzt gehen wir zurück durch die große Stadt, durch die kleinen Gassen und schauen uns die Lokale an!

TEIRESIAS
Majestät, was stellen Sie sich vor?

JOKASTE
Ach, geht es wieder los! Es macht mich wahnsinnig, wahnsinnig! Wahnsinnig und verrückt. Ich trage doch einen Schleier, Zizi. Wie soll mich jemand erkennen?

TEIRESIAS
Mein Täubchen, Sie haben selbst gesagt, daß sie mit Ihrem ganzen Schmuck aus dem Palast gegangen sind. Ihre Brosche allein hat Perlen, groß wie ein Ei.

JOKASTE
Ich bin ein Opfer. Die anderen können lachen, tanzen, sich amüsieren. Glaubst du, ich lasse die Brosche zu Hause, die jedermann in die Augen sticht? – Ruf den Posten her, sag ihm, er soll mir helfen, die Stiegen hinabzusteigen. Sie, Sie kommen uns nach ...

TEIRESIAS
Aber Majestät, da doch die Berührung des jungen Menschen Sie so erregt hat ...

JOKASTE
Er ist jung, er ist stark, er wird mir helfen, und ich werde mir nicht das Genick brechen, gehorchen Sie wenigstens einmal Ihrer Königin.

TEIRESIAS
Hallo ... Nicht er ... Ja, du ... Hilf der Königin die Stiege hinabsteigen.

DER SOLDAT
Na, mein Alter!

DER JUNGE SOLDAT
Jawohl, Eminenz. *Kommt zur* KÖNIGIN.

DAS GESPENST
Jokaste! Jokaste! Jokaste!

JOKASTE
Er ist schüchtern. Und die Treppen hassen mich, die Treppen, die Brosche, die Schärpe. Ach ja, sie hassen mich, sie wollen meinen Tod. *Ein Schrei* Ah!

DER JUNGE SOLDAT
Der Königin ist schlecht?

TEIRESIAS
Aber nein, Blödian! Ihr Fuß, Ihr Fuß!

DER JUNGE SOLDAT
Was für ein Fuß?

TEIRESIAS
Ihr Fuß auf dem Ende der Schärpe der Königin. Sie hätten die Königin beinahe erwürgt.

DER JUNGE SOLDAT
Um Gottes willen!

JOKASTE
Zizi, Sie sind der Gipfel an Lächerlichkeit. Armer Liebling. Da behandelst du ihn wie einen Meuchelmörder, weil er auf meiner Schärpe herumgestiegen ist genau wie du. Machen Sie sich nichts draus, mein Sohn, Eminenz ist komisch. Er läßt keine Gelegenheit vorübergehen, mich zu ärgern.

TEIRESIAS
Aber Majestät...

JOKASTE
Sie sind es, der sich hier ungeschickt benimmt. Kommen Sie her. Danke, mein Junge. Schicken Sie Ihren Namen und Ihre Adresse in den Tempel... Eins,... zwei... drei... vier... Es ist prachtvoll... Siehst du, Zizi, wie ich hinuntergehe? Elf... zwölf... Zizi, Sie folgen; es kommen noch zwei Stufen. *Zum* SOLDATEN Danke, jetzt brauche ich Sie nicht mehr. Helfen Sie dem Großvater.

JOKASTE *verschwindet mit* TEIRESIAS *rechts. Man hört die Hähne.*

DIE STIMME DER JOKASTE
Durch Ihre Schuld werde ich nie wissen, was mein armer Laius wollte.

DAS GESPENST
Jokaste!

DIE STIMME DES TEIRESIAS
Das ist alles sehr unbestimmt.

DIE STIMME DER JOKASTE
Was? Sehr unbestimmt? Sie sind unbestimmt mit Ihrem inneren Auge. – Der Junge da sagt, was er gesehen hat, und er hat den König gesehen. Haben Sie den König gesehen?

DIE STIMME DES TEIRESIAS
Aber...

DIE STIMME DER JOKASTE
Haben Sie ihn gesehen?... Nein... also... Das ist doch... es ist doch... es heißt... *Die Stimmen verlieren sich.*

DAS GESPENST
Jokaste! Teiresias! Habt Mitleid!

DIE BEIDEN SOLDATEN *stehen wieder beisammen und erblicken das* GESPENST
Oh! Der Geist!

DAS GESPENST
Endlich! Ich bin gerettet! Was habe ich gerufen und gefleht...

DER SOLDAT
Sie waren da?...

DAS GESPENST
Während Ihrer ganzen Unterhaltung mit der Königin und Teiresias. Warum war ich denn unsichtbar?

DER JUNGE SOLDAT
Ich lauf' sie holen.

DER SOLDAT
Bleib!

DAS GESPENST
Was? Sie halten ihn auf.

DER JUNGE SOLDAT
Laß mich doch...

DER SOLDAT
Wenn der Tischler kommt, wackelt der Sessel nicht mehr, wenn du zum Schuster kommst, tut dir die Sandale nicht

mehr weh, wenn du zum Arzt gehst, hast du keine Schmerzen mehr. Hol sie! Sie brauchen bloß zu kommen, und das Gespenst wird verschwinden!

DAS GESPENST
Schau mal an! Diese einfachen Leute, wissen die nicht, worauf die Priester nie kommen?

DER JUNGE SOLDAT
Ich werde gehen.

DAS GESPENST
Es ist zu spät... bleiben Sie. Es ist zu spät. Ich bin verloren. Sie kommen schon. Sie wollen mich festnehmen. Ach, sehen Sie! Hilfe! Hilfe! Schnell: Verständigt die Königin, daß ein junger Mann sich Theben nähert und daß er auf keinen Fall... Nicht! Nicht!... Gnade! Gnade! Sie halten mich! Zu Hilfe! Es ist aus!... Ich... Ich... Gnade!... Ich... ich... *Langes Schweigen. Die beiden* SOLDATEN *hören nicht auf, den Platz an der Mauer anzustarren, an dem das* GESPENST *verschwunden ist.*

DER SOLDAT
Gar nicht komisch!

DER JUNGE SOLDAT
Nein!

DER SOLDAT
Diese Geschichte ist uns zu hoch, mein Lieber!

DER JUNGE SOLDAT
Aber so viel bleibt klar, dieser Kerl wollte, koste es, was auch immer, ohne Rücksicht auf Todesgefahr seine Frau vor etwas warnen, was sie bedroht. Es ist meine Pflicht, zur Königin oder zum Oberpriester zu gehen und Wort für Wort mitzuteilen, was wir gehört haben.

DER JUNGE SOLDAT

Du willst die Königin vernaschen? DER JUNGE SOLDAT *zuckt die Achseln* Paß auf... Er hätte ihnen erscheinen und mit ihnen reden können, als sie da waren. Wir haben ihn gut gesehen, aber sie haben ihn nicht gesehen, und selbst uns haben sie gehindert, ihn zu sehen. Wenn das denn nicht der Gipfel ist! Das beweist, daß die toten Könige zu ganz gewöhnlichen Privatleuten werden. Armer Laius! Jetzt weiß er, wie leicht es ist, bei den Großen dieser Erde Gehör zu finden!

DER JUNGE SOLDAT

Aber wir?

DER SOLDAT

Wir! Es ist keine Hexerei, die Verbindung mit Menschen herzustellen, mein Kälbchen! Aber siehst du... die Hauptleute, die Königinnen, die Priester... sie gehen immer zu früh weg und kommen immer zu spät, wenn's passiert.

DER JUNGE SOLDAT

Was passiert?

DER SOLDAT

Weiß ich das?... Ich versteh schon, wie ich's meine, und das ist die Hauptsache.

DER JUNGE SOLDAT

Und du würdest nicht zur Königin gehen?

DER SOLDAT

Ich sage dir eins: Sollen sich doch die Fürsten mit den Fürsten herumschlagen und die Gespenster mit den Gespenstern und die Soldaten mit den Soldaten. *Trompetenstöße.*

Vorhang

Zweiter Akt

Ödipus' Begegnung mit der Sphinx

DIE STIMME

Meine Damen und Herren! Wir wollen uns vorstellen, daß wir die Zeit zurückdrehen können und an einem anderen Ort die Minuten noch einmal erleben, die wir eben mitsammen erlebt haben. Denn das Gespenst des Laius versucht, Jokaste auf einer Terrasse auf den Wällen von Theben zu warnen, gerade zur selben Zeit, da Ödipus und die Sphinx einander auf einem Hügel, der die Stadt beherrscht, begegnen. Dieselben Trompetenstöße, derselbe Mond, dieselben Sterne, der gleiche Hahnenschrei.

Bühnenbild

Ein einsamer Platz auf einer Anhöhe, die Theben beherrscht. Mondlicht. Die Straße nach Theben (von rechts nach links) führt über den Vordergrund. Man errät, daß sie um einen großen vorspringenden Felsen herumführt, der sich am Boden der Bühne hinzieht und im wesentlichen die Dekoration links bildet. Im Hintergrund die Trümmer eines kleinen Tempels, eine verfallene Mauer. In der Mitte der Mauer soll ein unzerstörter Sockel den Eingang in den Tempel darstellen, der die Reste eines Fabelwesens trägt, einen Flügel, eine Pfote, einen Schweif.

Zerstörte Säulen. Für die Schatten des ANUBIS *und der* NEMESIS *bei Aktschluß spricht eine Schallplatte den Dialog, die Schauspielerin stellt das tote junge Mädchen mit einem Schakalskopf dar.*

Bei Aufgehen des Vorhanges sitzt ein junges, weißgekleidetes MÄDCHEN *auf den Trümmern. Der Kopf eines* SCHAKALS, *dessen Körper hinter dem des* MÄDCHENS *unsichtbar bleibt, ruht auf ihrem Schoß. Trompeten aus der Ferne.*

DIE SPHINX
Hörst du?

DER SCHAKAL
Ich höre.

DIE SPHINX
Das ist das letzte Signal, wir sind frei.

ANUBIS *erhebt sich, man sieht, daß der Schakalskopf ihm gehört*
Das ist das erste Signal. Es kommen noch zwei, bevor die Tore von Theben geschlossen werden.

DIE SPHINX
Es ist das letzte, das letzte, ich bin ganz sicher.

ANUBIS
Sie sind sicher, weil Sie ersehnen, daß die Tore geschlossen werden. Aber leider, mein Dienst verpflichtet mich, Ihnen zu widersprechen. Wir sind noch nicht frei. Es ist das erste Signal. Wir müssen warten.

DIE SPHINX
Habe ich mich wirklich geirrt?

ANUBIS
Ganz zweifellos! Sie haben sich geirrt.

DIE SPHINX
Anubis!

ANUBIS
Sphinx?

DIE SPHINX
Ich habe genug vom Töten. Ich habe genug vom Todbringen.

ANUBIS
Gehorchen wir. Das Geheimnis hat seine Geheimnisse. Die Götter besitzen ihre Götter. Wir haben die unsern. Sie haben die ihren. Das nennt man die Unendlichkeit.

DIE SPHINX
Siehst du, Anubis, der zweite Trompetenstoß läßt auf sich warten. Du irrst dich, gehen wir weg ...

ANUBIS
Sie wollen, daß diese Nacht ohne Leichen zu Ende geht?

DIE SPHINX
Ach, und wie! Ja! Ich zittere, daß trotz dieser späten Stunde noch jemand kommt.

ANUBIS
Sie werden empfindsam.

DIE SPHINX
Geht dich das was an?

ANUBIS
Regen Sie sich doch nicht gleich auf.

DIE SPHINX
Warum muß man ewig handeln ohne Zweck, ohne Ziel, ohne Begreifen? Nur ein Beispiel: Warum der Hundekopf? Warum der Gott des Todes in der Gestalt, die ihm die leichtgläubigen Menschen beilegen? Was macht ein Gott aus Ägypten in Griechenland? Und warum gerade ein Gott mit einem Hundekopf?

ANUBIS
Ich finde den Einfall, die Gestalt einer Frau anzunehmen, wenn Sie den Leuten mit Ihren Fragen kommen, einfach bewundernswert.

DIE SPHINX
Das ist keine Antwort.

ANUBIS
So antworte ich: daß die Logik uns verpflichtet, den Menschen in der Gestalt zu erscheinen, unter der sie sich uns vorstellen, ohne die sie nichts sehen würden als Leere. Ferner: daß Ägypten, Griechenland, der Tod, die Vergangenheit, die Zukunft keinen Sinn für uns haben, daß Sie sehr gut wissen, zu welcher Arbeit mein Schakalsgebiß bestimmt ist, daß es von der Weisheit unserer Gebieter zeugt, wenn sie mich leibhaftig werden ließen in einer unmenschlichen Gestalt, die mich hindert, den Kopf zu verlieren, und sei es auch nur der Kopf eines Hundes, denn ich bin Ihr Wächter, und ich schätze, wenn sie Ihnen bloß einen gewöhnlichen Wachhund mitgegeben hätten, so wären wir jetzt in Theben, ich an der Leine und Sie in der Mitte eines Rudels junger Leute.

DIE SPHINX
Du redest dummes Zeug.

ANUBIS
Führen Sie sich doch vor Augen, daß alle die Opfer, die dem Mädchengesicht, das Sie angenommen haben, Gefühle entlocken, nichts sind als Nullen, die von einer Tafel gelöscht werden, selbst wenn jede dieser Nullen ein aufgerissener Mund war, der um Hilfe schrie.

DIE SPHINX
Es ist möglich. Aber hier entgleiten uns unsere göttlichen Rechenoperationen. Hier töten wir. Hier sterben die Toten. Hier muß ich töten. *Die* SPHINX *hat während des Sprechens den Blick zu Boden gerichtet. Bei ihren Worten hat* ANUBIS *die Ohren gespitzt, den Kopf gedreht und ist ohne Lärm über die Ruinen, wo er verschwindet, ausgerissen.*

Indessen hebt die SPHINX *die Augen, sie sucht ihn und befindet sich Aug in Auge mit einer Gruppe, die von links im Vordergrund auftritt und die* ANUBIS *gewittert hat. Die Gruppe besteht aus einer alten Frau aus Theben, ihrem kleinen Sohn und ihrer kleinen Tochter. Die Frau zieht das Mädchen nach. Der Junge geht vor ihr.*

DIE MATRONE
Schau, wo du deine Füße hinsetzt! Vorwärts! Schau nicht hinter dich! Laß deine Schwester! Vorwärts... *Sie bemerkt die* SPHINX, *gegen die der Junge stolpert* Paß auf! Ich habe dir gesagt, du sollst schauen, wo du hinsteigst. Oh, verzeihen Sie, er schaut nie, wo er hingeht... Er hat Ihnen doch nicht weh getan?

DIE SPHINX
Nein, nein, gar nicht.

DIE MATRONE
Ich habe nicht erwartet, so spät noch jemanden auf meinem Weg zu treffen.

DIE SPHINX
Ich bin fremd, erst vor kurzem nach Theben gekommen, jetzt kehre ich zu einer Verwandten zurück, die da auf dem Land wohnt, und habe mich verirrt.

DIE MATRONE
Arme Kleine! Und wo wohnt sie denn, Ihre Verwandte?

DIE SPHINX
In der Nähe des zwöften Meilensteines.

DIE MATRONE
Gerade von da komme ich her! Ich war bei meinem Bruder zum Mittagessen eingeladen. Vor dem Abendbrot hat er mich dann nicht mehr fortgelassen. Und dann plaudert man noch und plaudert, und jetzt kann ich mitten in der Nacht nach Hause gehen mit diesen Fratzen, die schon im Gehen schlafen.

DIE SPHINX
Gute Nacht.

DIE MATRONE
Gute Nacht. *Mit veränderter Stimme* Und hören Sie... beeilen Sie sich auf der Straße. Ich weiß, eigentlich haben weder Sie noch ich etwas zu fürchten... Aber ich werde nicht früher aufatmen, bevor ich nicht innerhalb der Mauern bin.

DIE SPHINX
Haben Sie Angst vor Räubern?

DIE MATRONE
Räuber? Gerechte Götter, was könnten sie mir nehmen? Nein, nein, meine Kleine. Woher sind Sie denn? Man sieht, daß Sie nicht aus der Stadt sind. Es wäre gut, wenn es sich um Räuber handelte. Es handelt sich um die Sphinx.

DIE SPHINX
Sie glauben wirklich an diese Geschichten, eine erfahrene Frau wie Sie?

DIE MATRONE
Diese Geschichten! Wie jung Sie sind! – Die Jugend ist ungläubig. Ja, ja. Und auf einmal ist das Unglück da. Von der

Sphinx will ich gar nicht reden. Aber schauen Sie, in meiner Familie ... Mein Bruder, von dem ich jetzt nach Hause gehe ... *Sie setzt sich und senkt die Stimme* ... er hat eine große, schöne, blonde Frau geheiratet, eine Frau aus dem Norden. Eines Nachts wacht er auf – und was findet er? Seine Frau liegt da, ohne Kopf und ohne Herz, sie war ein Vampir. Nach dem ersten Schrecken überlegt mein Bruder nicht lange, er holt ein Ei und legt es unter das Kopfkissen seiner Frau. So verhindert man nämlich, daß die Vampire in ihre Körper zurückkehren. – Plötzlich hört er klagende Stimmen. Es waren der Kopf und das Herz, die wie wahnsinnig durch das Zimmer flatterten und meinen Bruder anflehten, das Ei wegzunehmen. Mein Bruder weigerte sich, und der Kopf ging von Klagen zu Wut über, von Wut zu Tränen und von Tränen zu Liebkosungen. Kurz, der Dummkopf von meinem Bruder nahm das Ei weg und ließ die Frau zurückkehren. Er weiß jetzt, daß seine Frau ein Vampir ist, und meine Söhne machen sich über ihren Onkel lustig. Sie behaupten, daß er den Vampir erfunden hat, um zu verbergen, daß ihm seine Frau ganz einfach durchgegangen ist, daß er sie zurückkommen ließ, daß er ein Feigling ist und daß er sich schämt. Aber ich weiß, daß meine Schwägerin ein Vampir ist. Ich weiß es ... Und meine Söhne laufen Gefahr, solche Ausgeburten der Hölle zu heiraten, weil sie hartnäckig darauf bestehen, an solche Dinge nicht zu glauben ... Nun, und die Sphinx, verzeihen Sie, wenn ich Sie beleidige, da muß man schon so wie Sie und meine Söhne sein, daß man nicht dran glaubt.

DIE SPHINX
Ihre Söhne ...?

DIE MATRONE
Nicht der Rotzlöffel, der vor Ihre Füße gefallen ist. Ich meine meinen anderen Sohn, den siebzehnjährigen ...

DIE SPHINX
Sie haben mehrere Söhne?

DIE MATRONE
Ich hatte vier. Es blieben mir drei: sieben, sechzehn und siebzehn Jahre. Und ich versichere Ihnen, seit dieser verfluchten Bestie ist das Haus unbewohnbar geworden.

DIE SPHINX
Ihre Söhne streiten sich?

DIE MATRONE
Liebes Fräulein, ich muß Ihnen sagen, es ist schwer, sich zu vertragen. Der Sechzehnjährige beschäftigt sich mit Politik. Die Sphinx, sagt er, ist ein Vorwand, um die armen Leute zu betrügen. Früher einmal, da hat es vielleicht solche Dinge gegeben wie eure Sphinx – so redet mein Sohn –, jetzt ist eure Sphinx tot. Die hier ist eine Waffe in den Händen der Priester und ein Vorwand zum Schikanieren für die Polizei. Man schnürt dem Volk den Hals zu, man plündert es aus, man terrorisiert es und schiebt das Ganze auf die Sphinx. Die Sphinx hat einen breiten Rücken. Die Sphinx ist daran schuld, daß man vor Hunger krepiert, daß die Preise steigen, daß Räuberbanden das Land unsicher machen, die Sphinx ist daran schuld, daß nichts weitergeht, daß niemand sich um die Regierung kümmert, daß die Bankrotte nicht aufhören, daß die Fremden, die Geld ausgeben, nicht mehr in die Stadt kommen. Man muß ihn nur sehen, wie er auf den Tisch steigt, schreiend, gestikulierend, mit dem Fuß stampfend. Und er klagt die Schuldigen an, er predigt Aufruhr, er ruft die Anarchisten auf, und die Namen, die er aus vollem Hals herumschreit, werden uns alle noch an den Galgen bringen. Unter uns ... glauben Sie mir, was ich Ihnen sage, Fräulein: ich weiß, daß es die

Sphinx gibt. Aber man macht mit ihr Geschäfte. Es muß eine starke Hand kommen, ein Diktator!

DIE SPHINX
Und der Bruder Ihres jungen Diktators?

DIE MATRONE
Ach, der ist ganz anders. Er verachtet seinen Bruder, er verachtet mich, er verachtet die Stadt, er verachtet die Götter, er verachtet alles. Man fragt sich, wo er das her hat, was er einem auftischt. Er sagt, die Sphinx würde ihn interessieren, wenn sie tötete um des Tötens willen, aber unsere Sphinx sei aus der Clique der Zauberer mit ihren Orakelsprüchen und sie interessiere ihn nicht.

DIE SPHINX
Und Ihr vierter Sohn? Seit wann tragen Sie Trauer?

DIE MATRONE
Es ist jetzt bald ein Jahr her, daß ich ihn verloren habe. Er war gerade neunzehn geworden.

DIE SPHINX
Arme Frau!... Und woran ist er gestorben?

DIE MATRONE
Ja, gestorben ist er... an der Sphinx.

DIE SPHINX *dunkel*
Ah!...

DIE MATRONE
Mein junger Sohn konnte leicht sagen, daß er ein Opfer der Umtriebe der Polizei geworden ist... Nein, nein, ich irre mich nicht. Er ist an der Sphinx gestorben. Ach, Fräulein, wenn ich hundert Jahre alt werde, ich werde das Bild immer sehen. Eines Morgens, er war nachts nicht nach Hause

gekommen, da glaubte ich, er klopfe an der Tür: Ich öffne und sehe die Sohlen seiner armen Füße und dann den ganzen Körper und sehr weit, sehr weit sein armes, kleines Gesicht und im Nacken, da hat er eine große Wunde, aus der schon kein Blut mehr fließt. Auf einer Tragbahre bringt man ihn zu mir zurück. Sehen Sie, ich habe »ach!« gemacht und bin in Ohnmacht gefallen... So ein Unglück, verstehen Sie, kann man nicht mehr vergessen. Seien Sie froh, daß Sie nicht aus Theben sind und daß Sie um keinen Bruder zu zittern haben... Seien Sie froh... Der Kleine, der Redner, will ihn rächen. Was soll das nützen? Aber er haßt die Priester, und mein armer Sohn war unter ihren Opfern.

DIE SPHINX
Opfern?

DIE MATRONE
Ja, in den ersten Monaten, als es die Sphinx gab, sandte man Militär aus, die blühende Jugend zu rächen, die man bald überall tot fand, aber die Kompanie kam unverrichteter Dinge zurück. Die Sphinx blieb unauffindbar. Dann tauchte das Gerücht auf, daß die Sphinx Rätsel aufgäbe: da hat man die Jungen von der Schulbank geopfert. Die Priester haben nämlich erklärt, daß die Sphinx Opfer verlange. Drauf hat man die Jüngsten, die Schwächsten, die Schönsten ausgewählt.

DIE SPHINX
Arme Frau.

DIE MATRONE
Ich sage es Ihnen noch einmal, wir brauchen eine starke Hand, Fräulein! Die Königin Jokaste ist noch jung, von weitem hält man sie für neunundzwanzig, dreißig Jahre. –

Ein Herr muß vom Himmel fallen, der sie heiratet, der die Bestie erschlägt, der den Schacher bestraft, der Kreon und Teiresias in Ketten legt, der die Finanzen wieder in Ordnung bringt, der die Moral des Volkes wieder herstellt, der es liebt, der uns ganz einfach rettet, nicht wahr, uns endlich rettet …

DER SOHN
Mama!

DIE MATRONE
Laß mich!

DER SOHN
Mama … sag, Mama, wie schaut die aus, die Sphinx?

DIE MATRONE
Ich weiß es nicht … *zur* SPHINX Und jetzt ist es so weit, daß sie uns die letzten Groschen herauspressen wollen, um den Toten der Sphinx ein Ehrenmal zu errichten. Glauben Sie, daß uns das die Toten wiedergibt?

DER SOHN
Mama … wie schaut die aus, die Sphinx?

DIE SPHINX
Der Arme! Seine Schwester schläft. Komm her … *Der* SOHN *wühlt sich in das Kleid der* SPHINX.

DIE MATRONE
Belästige die Dame nicht.

DIE SPHINX
Lassen Sie ihn. *Sie streichelt seinen Nacken.*

DER SOHN
Mama, ist die Dame die Sphinx?

DIE MATRONE
Was bist du nicht für ein Dummkopf. *Zur* SPHINX Verzeihen Sie ihm. In diesem Alter wissen sie noch nicht, was sie reden. *Sie steht auf* Ja! *Sie nimmt ihre kleine eingeschlafene* TOCHTER *auf ihre Arme* Also vorwärts! Marsch, Kinder!

DER SOHN
Mama, ist diese Dame die Sphinx? Sag, Mama, ist die Sphinx diese Dame? Ist das die Sphinx?

DIE MATRONE
Genug. Frag nicht so dumm! *Zur* SPHINX Gute Nacht, Fräulein. Entschuldigen Sie, daß ich so ins Reden gekommen bin. Es hat mich gefreut, mit Ihnen ein wenig plaudern zu können ... Und seien Sie vorsichtig. *Trompeten* ... Rasch! Das zweite Signal. Beim dritten bleiben wir draußen.

DIE SPHINX
Beeilen Sie sich! Auch ich werde laufen. Sie haben mir Angst gemacht.

DIE MATRONE
Glauben Sie mir, wir werden in Frieden leben, wenn ein Mann mit einer starken Hand uns von dieser Plage erlöst. *Rechts ab.*

DER SOHN *draußen*
Sag, Mama, wie schaut die aus, die Sphinx? War das nicht diese Dame? Sag, was ist denn dann die Sphinx?

DIE SPHINX *allein*
Eine Plage!

ANUBIS *kommt aus den Ruinen*
Dieses alte Weib hat uns gerade noch gefehlt!

DIE SPHINX
Seit zwei Tagen bin ich traurig, seit zwei Tagen schleppe ich mich dahin, mit der Sehnsucht, daß dieses Grauen ein Ende nimmt.

ANUBIS
Nehmen Sie sich zusammen. Beruhigen Sie sich.

DIE SPHINX
Höre. Das Gelübde, das ich tue, und die Umstände, die es mir ermöglichen, noch ein letztes Mal meinen Sockel zu besteigen. Ein junger Mann wird den Hügel heraufkommen. Ich werde ihn lieben. Er wird keine Angst haben. Das Rätsel, das ich ihm geben werde, wird er beantworten wie unsresgleichen. Ant-wor-ten wird er, Anubis, und ich werde tot herabstürzen.

ANUBIS
Sagen wir: Ihre sterbliche Gestalt wird tot herabstürzen.

DIE SPHINX
Und gerade in dieser Gestalt wollte ich fortleben, um ihn glücklich zu machen.

ANUBIS
Es ist erfreulich, zu sehen, daß aus einer großen Göttin nie eine kleine Frau werden kann.

DIE SPHINX
Siehst du, daß ich recht habe: Das Signal, das wir hörten, war das letzte.

ANUBIS
Tochter der Menschen! Mit Ihnen kommt man aber auch nie zu einem Ende. Nein, nein und nein! *Er entfernt sich und steigt auf eine umgestürzte Säule* Dieser Trompetenstoß war der zweite. Es muß noch einer kommen, bevor Sie frei sind. Oh!

DIE SPHINX
Was hast du?

ANUBIS
Schlechte Nachricht.

DIE SPHINX
Ein Wanderer?

ANUBIS
Ein Wanderer.

DIE SPHINX *folgt* ANUBIS *auf die Säule und blickt in die Kulisse links*
Es ist unmöglich, unmöglich. Ich weigere mich, diesen jungen Mann zu befragen. Es ist unnütz. Verlange es nicht von mir.

ANUBIS
Ich muß sagen, wenn Sie einer jungen Irdischen gleichen, dann sieht er einem jungen Gott sehr ähnlich.

DIE SPHINX
Was für ein Gang, Anubis! Und diese Schultern! Er kommt her!

ANUBIS
Ich verstecke mich. Vergessen Sie nicht, daß Sie die Sphinx sind. Ich überwache Sie. Ich erscheine beim leisesten Wink.

DIE SPHINX
Anubis, ein Wort...

ANUBIS
Still, er ist da! *Er versteckt sich.*

ÖDIPUS *tritt im Hintergrund links auf, er geht mit gesenktem Kopf und hebt ihn plötzlich.*

ÖDIPUS

Oh, Verzeihung ...

DIE SPHINX

Ich habe Sie erschreckt ...

ÖDIPUS

Eigentlich ... nein ... aber ich habe geträumt, ich war hundert Wegstunden von hier, und auf einmal ...

DIE SPHINX

Sie haben mich für ein Tier gehalten?

ÖDIPUS

Fast.

DIE SPHINX

Fast? Fast ein Tier, das ist die Sphinx.

ÖDIPUS

Ich gebe es zu.

DIE SPHINX

Sie geben zu, mich für die Sphinx gehalten zu haben. Danke.

ÖDIPUS

Ich habe meinen Irrtum rasch eingesehen ...

DIE SPHINX

Zu liebenswürdig. Für einen jungen Mann soll es nicht sehr angenehm sein, sich plötzlich Nase an Nase mit der Sphinx zu befinden.

ÖDIPUS

Und für ein junges Mädchen?

DIE SPHINX

Junge Mädchen greift sie nicht an.

ÖDIPUS

Weil die jungen Mädchen die Plätze vermeiden, die sie häufig besucht, und meiner Ansicht nach kaum die Gewohnheit haben, nach Tagesende allein auszugehen.

DIE SPHINX

Lieber Freund, kümmern Sie sich um Ihre Angelegenheiten und lassen Sie mich meinen Weg gehen.

ÖDIPUS

Welchen Weg?

DIE SPHINX

Sie sind sonderbar. Wieso sollte ich denn einem Fremden den Grund meines Spazierganges erzählen?

ÖDIPUS

Und wenn ich den Grund errate?

DIE SPHINX

Sie machen mir Spaß.

ÖDIPUS

Der Grund: Ist es nicht die Neugierde, die alle die modernen jungen Mädchen verheert, die Neugierde, zu wissen, wie die Sphinx aussieht? Ob sie wirklich Tatzen, einen Schnabel und Flügel hat? Ob sie einem Tiger oder einem Geier ähnlich sieht?

DIE SPHINX

Aber, aber …

ÖDIPUS

In Theben spricht jeder nur von den Verbrechen der Sphinx. Wer hat sie gesehen? Niemand. Dem, der sie entdeckt, verspricht man ganz märchenhafte Belohnungen. Die Feiglinge zittern. Die jungen Männer sterben … Aber das scheint ein junges Mädchen wie Sie gerade zu reizen, sich den Verordnungen zum Trotz in das verbotene Gebiet zu wagen und sich zu unterstehen, was sich vernünftige Leute nie erdreisten würden, dem Ungeheuer nachzuspüren, es in seinem Schlupfwinkel zu ertappen, ihm ins Aug zu schaun.

DIE SPHINX

Sie sind auf einer falschen Spur, ich sage es Ihnen noch einmal. Ich kehre zu einer Verwandten zurück, die auf dem Land wohnt, und da ich vergaß, daß es die Sphinx gibt und daß die Umgebung von Theben nicht mehr sicher ist, so ließ ich mich eine Minute auf den Stein dieser Ruine nieder. Sehen Sie, daß Sie mit Ihrer Ansicht auf dem Holzweg sind?

ÖDIPUS

Schade! Seit einiger Zeit treffe ich nur mehr gewöhnliche Leute. Ich erhoffte etwas Besonderes. Entschuldigen Sie.

DIE SPHINX

Gute Nacht!

ÖDIPUS

Gute Nacht! *Er geht an ihr vorbei, kommt aber zurück* Also, Fräulein, selbst auf die Gefahr hin, daß ich Ihnen allmählich auf die Nerven falle, stellen Sie sich vor, ich kann Ihnen nicht glauben, und Ihre Anwesenheit in diesen Ruinen macht mich immer neugieriger.

DIE SPHINX

Sie sind unglaublich!

ÖDIPUS

Denn wenn Sie ein junges Mädchen wie die anderen wären, so hätten Sie schon längst die Füße in die Hand genommen.

DIE SPHINX
Sie werden immer komischer, mein Junge.

ÖDIPUS
Es schien mir so wunderbar, in einem jungen Mädchen einen würdigen Rivalen zu finden.

DIE SPHINX
Einen Rivalen? Sie suchen also die Sphinx?

ÖDIPUS
Und wie ich sie suche! Sehen Sie, seit einem Monat bin ich unterwegs und habe keine Mühen gescheut; ich gebe zu, ich war Ihnen gegenüber ein wenig unhöflich, aber ich war so begierig, nach Theben zu kommen, daß ich meine Begeisterung an die erstbeste Säule geschrieben hätte, und nun stellt sich mir an Stelle dieser Säule ein junges, weißes Mädchen in den Weg. Ich konnte nicht anders, ich mußte mit ihr darüber reden, was mich beschäftigt, und bei ihr dieselbe Sehnsucht voraussetzen, die ich habe.

DIE SPHINX
Aber mir scheint, als Sie mich plötzlich vor sich stehen sahen, da waren Sie schlecht auf Ihrer Hut für einen Mann, der sich mit dem Feind messen will.

ÖDIPUS
Sie haben recht. Ich träumte von Ruhm, und die Bestie hätte mir etwas tun können. Morgen, in Theben, da rüste ich mich, und los geht die Jagd.

DIE SPHINX
Sie lieben den Ruhm?

ÖDIPUS
Ich weiß nicht, ob ich den Ruhm liebe, ich liebe die Menge, die einen umjubelt, die Trompeten, die Fahnen, die im

Wind knattern, die Fahnen, die man schwingt, die Sonne, das Gold, den Purpur, das Glück, den Kampf überhaupt: Leben!

DIE SPHINX
Das nennen Sie Leben?

ÖDIPUS
Und Sie?

DIE SPHINX
Ich nicht. Ich muß sagen, daß ich eine ganz andere Auffassung vom Leben habe.

ÖDIPUS
Und zwar?

DIE SPHINX
Lieben. Geliebt sein von denen, die man liebt.

ÖDIPUS
Ich werde mein Volk lieben, und es wird mich lieben.

DIE SPHINX
Der Marktplatz ist kein häuslicher Herd.

ÖDIPUS
Der Marktplatz spielt keine Rolle. In Theben sucht das Volk einen Mann. Wenn ich die Sphinx töte, werde ich dieser Mann sein. Die Königin Jokaste ist Witwe, ich werde sie heiraten ...

DIE SPHINX
Eine Frau, die Ihre Mutter sein könnte!

ÖDIPUS
Hauptsache, sie ist es nicht.

DIE SPHINX

Glauben Sie, daß eine Königin und ein Volk sich dem Erstbesten ausliefern werden?

ÖDIPUS

Wird der Besieger der Sphinx der Erstbeste sein? Ich kenne die Belohnung. Die Königin Jokaste ist ihm versprochen. Lachen Sie nicht, bitte ... Ich muß Ihnen etwas sagen. Ich muß Ihnen erklären, daß mein Traum kein ganz gewöhnlicher Traum ist. Mein Vater ist König von Korinth. Mein Vater und meine Mutter setzten mich in die Welt, als sie schon alt waren, und so bin ich an einem langweiligen Hof aufgewachsen. Zu viel Liebe, zu viel Behaglichkeit reizt in mir ich weiß nicht welchen Dämon zu Abenteuern. Ich begann dahinzusiechen, mich zu verzehren, bis mir eines Abends ein Betrunkener zurief, daß ich ein Bastard sei und widerrechtlich den Platz eines ehelichen Kindes eingenommen hätte. Es gab Streit, Raufereien und am nächsten Tag beschloß ich, trotz der Tränen der Merope und des Polybius, die Heiligtümer zu besuchen und die Götter zu befragen. Alle antworteten mir mit demselben Orakel: »Du wirst den Vater erschlagen und die Mutter heiraten.«

DIE SPHINX

Was?

ÖDIPUS

Ja ... ja ... Das erste Mal nimmt einem dieses Orakel den Atem. Aber ich habe einen gesunden Verstand. Ich kam drauf, daß das ja ganz ausgeschlossen sei, und da dachte ich mich an die Stelle der Götter und Priester und kam zu folgendem Resultat: Entweder barg das Orakel eine weniger schwere Deutung, die es zu verstehen galt, oder die Priester, die sich von Tempel zu Tempel durch Vögel verständigen, fanden einen Vorteil, dieses Orakel dem Gott in den Mund zu legen und mich von der Macht zu entfernen. Kurz, ich vergaß rasch meine Angst, und, ich gebe es zu, ich benützte diese Drohung mit Vatermord und Blutschande, um dem Hof den Rücken zu kehren und meine Sehnsucht nach dem Unbekannten zu stillen.

DIE SPHINX

Jetzt muß ich mich für töricht halten. Ich bitte Sie um Verzeihung, daß ich mich über Sie ein wenig lustig gemacht habe. Verzeihen Sie mir, Prinz?

ÖDIPUS

Geben wir uns die Hand. Darf ich Sie nach Ihrem Namen fragen? Ich heiße Ödipus. Ich bin neunzehn Jahre alt.

DIE SPHINX

Was ist daran gelegen? Lassen Sie meinen Namen, Ödipus. Sie werden die großen Namen lieben ... der eines kleinen, siebzehnjährigen Mädchens wird Sie nicht interessieren.

ÖDIPUS

Sie sind boshaft.

DIE SPHINX

Sie beten den Ruhm an. Und doch, wäre es nicht die sicherste Art, das Orakel zu vereiteln, wenn Sie eine Frau heirateten, die jünger ist als Sie?

ÖDIPUS

Das hätte ich Ihnen nicht zugetraut. Sie reden wie eine Mutter aus Theben, wo sich für die Töchter im heiratsfähigen Alter bald keine jungen Männer mehr finden lassen.

DIE SPHINX

Das hätte ich Ihnen nicht zugetraut, so plump und gemein zu reden.

ÖDIPUS

Dann wäre ich die Straßen entlang gelaufen, hätte die Berge und Flüsse überstiegen, um eine Gattin zu nehmen, die bald eine Sphinx sein wird, ärger als die Sphinx, eine Sphinx mit Brüsten und Krallen.

DIE SPHINX

Ödipus!

ÖDIPUS

Nein! Ich werde mein Glück versuchen. Nehmen Sie diesen Gürtel. Er wird Ihnen ermöglichen, bis zu mir vorzudringen, wenn ich die Bestie getötet haben werde.

DIE SPHINX

Haben Sie schon getötet?

ÖDIPUS

Einmal. Es war am Kreuzweg, wo sich die Straßen von Delphi und Aulis schneiden. Ich marschierte wie vorhin. Ein Wagen kam heran, von einem Greis gelenkt, gefolgt von vier Dienern. Als ich an dem Gespann vorüberging, scheut ein Pferd, stößt mich an und wirft mich gegen einen der Diener. Dieser Schwachkopf hebt die Hand gegen mich. Ich habe mit dem Stock erwidern wollen, aber er bückt sich, und ich treffe den Greis auf die Schläfe. Er stürzt... die Pferde gehen durch, sie schleifen ihn auf der Erde. Ich eile nach, die entsetzten Diener laufen davon. Und ich bleibe allein mit der Leiche eines Greises, die blutet, und den Pferden, die sich verhängt haben und sich wälzen und wiehern und die Beine brechen. Es war gräßlich... gräßlich...

DIE SPHINX

Ja, nicht wahr, es ist gräßlich, zu töten...

ÖDIPUS
Wirklich, es war nicht meine Schuld, und ich denke nicht mehr daran. Jetzt muß ich die Hindernisse überspringen, Scheuklappen tragen, hart bleiben. Mein Ziel über alles.

DIE SPHINX
Leben Sie wohl, Ödipus. Wir Frauen fallen Helden nur in den Arm. Trennen wir uns. Ich glaube, daß wir uns nichts Besonderes mehr zu sagen haben.

ÖDIPUS
Helden in den Arm fallen! Sie schauen nicht so aus.

DIE SPHINX
Und wenn die Sphinx Sie tötete?

ÖDIPUS
Wenn ich mich nicht irre, hängt ihr Tod von einer Art Verhör ab, bei dem ich zu antworten habe. Wenn ich das Rätsel löse, kann sie mich nicht einmal berühren, sie stirbt.

DIE SPHINX
Und wenn Sie es nicht lösen?

ÖDIPUS
Dank meiner traurigen Jugend habe ich Studien gemacht, die mich den Taugenichtsen von Theben gegenüber wohl deutlich in Vorteil setzen!

DIE SPHINX
Das wird Ihnen viel nützen.

ÖDIPUS
Ich glaube nicht, daß das einfältige Untier gefaßt ist, sich mit dem Schüler der besten Gelehrten von Korinth Aug in Auge zu befinden.

DIE SPHINX
Sie haben auf alles eine Antwort. Schade! Denn ich muß gestehen, Ödipus, ich habe eine Schwäche: die Schwachen gefallen mir, und ich hätte gern an Ihnen eine Schwäche gefunden.

ÖDIPUS
Leben Sie wohl.

DIE SPHINX *macht einen Schritt wie um ihn zu verfolgen und bleibt stehen, kann aber einen Schrei nicht unterdrücken, sie läßt bis zu ihrem »Ich, ich« die Augen nicht aus den Augen des* ÖDIPUS, *ihr Blick ist wie der eines Raubvogels, starr, fest, weit, wie aus Lidern, die nicht zittern.*

DIE SPHINX
Ödipus?

ÖDIPUS
Bitte?

DIE SPHINX
Ein letztes Wort. Bis auf weiteres wird nichts anderes Ihren Geist beschäftigen, nichts anderes Ihr Herz schlagen lassen, nichts anderes Ihre Seele bewegen als die Sphinx?

ÖDIPUS
Nichts anderes bis auf weiteres.

DIE SPHINX
Und wird er ... oder die, die sie zu ihr bringen könnte ... ich will sagen, Ihnen helfen könnte ... ich will sagen, die Ihnen diese Begegnung vielleicht erleichtern könnte ... wird er oder sie in Ihren Augen gewinnen, könnte Ihnen das nahegehen, ein Gefühl in Ihnen erwecken?

ÖDIPUS
Sicher, aber was meinen Sie?

DIE SPHINX
Und wenn ich, ich, wenn ich Ihnen ein Geheimnis ausliefere, ein ungeheures Geheimnis?

ÖDIPUS
Sie scherzen!

DIE SPHINX
Ein Geheimnis, das Ihnen möglich macht, mit dem Rätsel der Rätsel in Verbindung zu treten, mit der Bestie in Menschengestalt, mit der »singenden Hündin«, wie man sie nennt, mit der Sphinx?

ÖDIPUS
Was? Sie?... Sie?... Habe ich richtig geraten, hat Ihre Neugierde sie entdeckt?... Aber nein! Ich mache mich lächerlich! Das ist die List einer Frau, die will, daß ich zurückkomme.

DIE SPHINX
Gute Nacht.

ÖDIPUS
Verzeihung –

DIE SPHINX
Nicht nötig...

ÖDIPUS
Ich bin ein Narr, der sich niederkniet und Sie beschwört, ihm zu verzeihen.

DIE SPHINX
Sie sind ein eitler Tropf, der seiner vertanen Chance nachtrauert und sie zurückzubekommen versucht.

ÖDIPUS
Ich bin ein eitler Tropf, ich schäme mich. Bleiben Sie, ich glaube Ihnen, ich höre Ihnen zu. Aber wenn Sie mir einen Streich gespielt haben, werde ich Ihnen die Haare ausreißen und Sie zwicken und kneifen bis aufs Blut!

DIE SPHINX
Kommen Sie her. *Sie führt ihn zur Vorderseite des Sockels* Schließen Sie die Augen. Schwindeln Sie nicht. Zählen Sie bis fünfzig.

ÖDIPUS *mit geschlossenen Augen*
Geben Sie acht.

DIE SPHINX
Jeder auf sich.

ÖDIPUS *zählt. Man spürt, daß etwas Außerordentliches vor sich geht. Die* SPHINX *springt hinauf durch die Ruinen, verschwindet hinter der Mauer und erscheint plötzlich aus dem Sockel, d. h. sie scheint mit den Resten der Figur des Fabelwesens verwachsen, den Oberkörper auf ihre Ellbogen gestützt, den Kopf erhoben; die Schauspielerin steht dazu aufrecht und zeigt nur ihren Oberkörper und ihre Arme, die in Fellhandschuhen stecken. Ihre Hände sind in die Kante verkrallt, aus den Trümmern der Flügel wachsen neue Schwingen, unendlich groß, matt leuchtend, die die Trümmer vervollständigen und mit ihnen verwachsen scheinen. Man hört* ÖDIPUS *»47, 48, 49« zählen, eine kleine Pause machen und 50 rufen. Er dreht sich um.*

ÖDIPUS
Sie!

DIE SPHINX *mit ferner, starker, schrecklicher, lachender Stimme*
Ich! Ich! Die Sphinx!

ÖDIPUS
Ich träume!

DIE SPHINX

Du träumst nicht, Ödipus. Da hast du, was du willst. Du willst es, du hast es gewollt. Schweig. Hier befehle ich. Komm her.

ÖDIPUS, *die Arme am Körper, wie gelähmt, versucht wütend sich freizumachen.*

DIE SPHINX

Vorwärts! ÖDIPUS *sinkt in die Knie* Wenn du nicht mehr gehen kannst, spring, tanze ... es ist gut, daß ein Held sich ein wenig lächerlich macht. Vorwärts ... geh, geh ... Sei ruhig. Es ist niemand da, der dich sieht.

ÖDIPUS *windet sich vor Wut, kriecht auf den Knien vorwärts.*

DIE SPHINX

So ist es gut. Halt! Und jetzt ...

ÖDIPUS

Und jetzt beginne ich, Ihre Methoden zu verstehen und die Kunststücke, mit denen Sie die Wanderer beschwatzen und erwürgen.

DIE SPHINX

... und jetzt will ich dir ein Schauspiel geben. Ich will dir zeigen, was sich hier ereignen würde, wenn du der erstbeste hübsche Jüngling aus Theben wärest und nicht das Glück hättest, mir zu gefallen.

ÖDIPUS

Ich weiß Ihre Liebenswürdigkeit zu schätzen. *Er bäumt sich auf. Man sieht, daß er gegen einen Zauber kämpft.*

DIE SPHINX

Ergib dich! Versuche nicht, dich aufzubäumen, Widerstand zu leisten! Ergib dich! Wenn du Widerstand leistest, wirst du nichts erreichen, als daß meine Aufgabe noch heikler wird und ich Gefahr laufe, dir weh zu tun.

ÖDIPUS

Ich werde Widerstand leisten. *Er schließt die Augen und dreht den Kopf weg.*

DIE SPHINX

Sinnlos, die Augen zu schließen und den Kopf wegzudrehen. Denn was ich tue, wirkt nicht auf das Ohr und nicht auf das Auge. Aber geschickter als ein Blinder, schneller als das Netz der Gladiatoren, gewandter als der Blitz, starrsinniger als ein Kutscher, plumper als eine Kuh, eifriger als ein Schüler, der das A-B-C lernt, besser ausgerüstet als ein Richter, gefräßiger als die Insekten, blutgieriger als Raubvögel, geheimnisvoller als das Ei, erfinderischer als die Henker in Asien, unberechenbarer als das Herz, frecher als ein Falschspieler, verhängnisvoller als die Sterne, listiger als die Schlange, die ihre Beute mit Geifer bespritzt – so sondere ich meinen Faden ab, zieh ihn aus mir, laß ihn aus, spule ab, wickle ab, wickle wieder auf, so, daß ich die Knoten nur wollen muß, um sie zu knüpfen, und nur an sie denken, um sie zu spannen ... oder sie wieder zu lösen, so fein, daß du es ... nicht bemerkst, so heimtückisch, daß du dir wie das Opfer eines Giftes vorkommst, so scharf, daß eine Ungeschicklichkeit von mir dich verstümmeln würde, so gespannt, daß ein Bogen zwischen uns eine himmlische Melodie singen könnte, gekräuselt wie das Meer ... wie eine Woge, wie die Rose, elastisch wie ein Tintenfisch, verworren wie ein Traum und ... vor allem – unsichtbar, unsichtbar und majestätisch wie das Leben im Körper der Statuen – einen Faden, der dich mit der Geschwindigkeit der tollen Arabesken fallenden Honigs umstrickt.

ÖDIPUS

Lassen Sie mich aus!

DIE SPHINX

Und ich spreche, ich arbeite, ich spule ab, ich wickle auf, ich berechne, ich denke nach, ich flechte, ich stricke, ich spinne, ich kreuze, ich ziehe durch und wieder zurück, ich knöpfe zu, knöpfe auf und wieder zu, der kleinste Knopf, den ich brauche, um dich wieder herauszulösen, darf mir bei Todesstrafe nicht entgehen, und ich presse, ich lasse los, ich mache einen Fehler, ich fange wieder von vorne an, ich zögere, ich mache es gut, verwickle mich, wickle mich aus, schnüre auf, schlinge ineinander, bessere aus, und ich mache es fertig, ich klebe zusammen, ich fessle, ich binde, ich häufe Fesseln an, bis du dich von den Fußspitzen bis zu den Haarwurzeln von den Ringen eines einzigen Reptils umstrickt glaubst, dessen geringste Atmung die deine abschneidet, daß du leblos bist wie ein Arm, auf dem ein Schläfer eingeschlafen ist.

ÖDIPUS *mit schwacher Stimme*

Lassen Sie mich. Gnade!

DIE SPHINX

Und du würdest um Gnade flehen und dich nicht schämen, denn du wärest nicht der erste, und ich habe schon Hochmütigere nach ihrer Mutter schreien gehört und Unverschämtere von Tränen geschüttelt gesehen, und am unauffälligsten waren noch die Schwächsten, denn sie wurden auf der Straße ohnmächtig. Und ich kam mir vor wie ein Einbalsamierer, in dessen Händen die Toten betrunken sind und nicht wissen, wie sie geradestehen sollen.

ÖDIPUS

Merope!... Mutter!...

DIE SPHINX

Dann würde ich dir befehlen, ein wenig näherzukommen, und würde dir helfen, deine Füße loszubringen. Da! Und ich würde dich prüfen. Ich würde dich fragen ... zum Beispiel: Was für ein Wesen geht auf vier Beinen am Morgen, auf zwei Beinen am Mittag, auf drei Beinen am Abend? ... Und du würdest suchen, und durch das viele Suchen würde dein Verstand auf einem kleinen Medaillon, wie du es als Kind um den Hals getragen hast, Platz haben, und du würdest entweder irgendeine Ziffer wiederholen oder die Sterne zwischen den zerstörten Säulen zählen, und dann würde ich dir die Lösung des Rätsels sagen:
Dieses Wesen ist der Mensch, der auf vier Beinen geht, solange er ein Kind ist, auf zwei Beinen als Erwachsener und, wenn er alt ist, mit einem Stock als drittes Bein.

ÖDIPUS

Das ist zu blöd!

DIE SPHINX

Du würdest schreien: »Das ist zu blöd!« Das sagen alle. Aber da dieser Satz deine Niederlage besiegelt, so würde ich Anubis, meinen Helfer rufen. Anubis!

ANUBIS, *die Arme verschränkt, den Kopf zur Seite, erscheint und steigt rechts auf den Sockel.*

ÖDIPUS

Oh, Herrin ... Oh, Herrin! ... Oh! Nicht! Nicht! Nicht! Nicht! Herrin!

DIE SPHINX

Ich würde dich in die Knie zwingen. Also vorwärts ... Da her ... Sei gescheit. Und du würdest den Kopf beugen ... und Anubis würde sich auf dich stürzen. Er würde seinen

Wolfsrachen aufreißen. ÖDIPUS *stößt einen Schrei aus* Ich habe gesagt: du würdest beugen ... er würde sich stürzen ... er würde aufreißen ... Habe ich nicht immer ausdrücklich so gesagt? Warum schreist du so? Warum machst du so ein entsetztes Gesicht? Es war ein Spiel, Ödipus, ganz einfach ein Spiel. Du bist frei.

ÖDIPUS

Frei! *Er rührt eine Hand, einen Fuß, er steht auf, er taumelt, er hält sich die Hand an die Stirn.*

ANUBIS

Verzeihen Sie, Sphinx. Dieser Mensch kann nicht von hier weggehen, ohne die Probe bestanden zu haben.

DIE SPHINX

Aber ...

ANUBIS

Prüfe ihn ...

ÖDIPUS

Aber ...

ANUBIS

Schweig ... Prüfe diesen Menschen. *Schweigen.* ÖDIPUS *dreht sich um. Steht unbeweglich.*

DIE SPHINX

Ich werde ihn befragen ... ich werde ihn befragen ... es ist gut. *Mit einem letzten Blick der Verwunderung auf* ANUBIS Was für ein Wesen geht auf vier Beinen am Morgen, auf zwei Beinen am Mittag, auf drei Beinen am Abend?

ÖDIPUS

Das ist der Mensch! Der hinkriecht auf vier Beinen, solange er klein ist, der auf zwei Beinen geht, wenn er erwachsen ist, und sobald er ein Greis ist, sich mit einem Stock als drittes Bein hilft. *Die* SPHINX *rollt sich am Sockel zusammen,* ÖDIPUS *wendet sich gegen rechts* Sieger! *Er läuft rasch nach rechts ab.*

DIE SPHINX *gleitet über die Säule, verschwindet hinter der Mauer und kommt ohne Flügel zurück*
Ödipus! Wo ist er? Wo ist er?

ANUBIS
Weg! Entflohen. Er läuft, daß ihm der Atem ausbleibt, um seinen Sieg zu verkünden.

DIE SPHINX
Ohne einen Blick auf mich, ohne ein Wort der Rührung, ohne ein Zeichen der Dankbarkeit?

ANUBIS
Haben Sie etwas anderes erwartet?

DIE SPHINX
Der Dummkopf! Er hat ja gar nicht verstanden!

ANUBIS
Nichts verstanden!

DIE SPHINX
Kss, kss, Anubis! – Faß, faß, schau, lauf schnell, friß ihn, Anubis, friß ihn!

ANUBIS
Nichts hat sich geändert. Jetzt sind Sie wieder eine Frau, und ich bin wieder ein Hund.

DIE SPHINX
Verzeih. Ich verliere den Kopf, ich bin töricht. Meine Hände zittern. Ich habe Fieber. Ich möchte ihn gerne mit einem Sprung einholen, ihm ins Gesicht spucken, ihn kratzen, ihn entstellen, ihn mit den Füßen treten, ihn kastrieren, ihm lebendig die Haut abziehen!

ANUBIS
Jetzt erkenne ich Sie wieder.

DIE SPHINX
Hilf mir! Räche mich! Bleib nicht da stehen!

ANUBIS
Hassen Sie diesen Menschen wirklich?

DIE SPHINX
Ich hasse ihn.

ANUBIS
Und wenn ihn das Schlimmste ereilt, wird Ihnen das Schlimmste noch zu mild erscheinen?

DIE SPHINX
Zu mild.

ANUBIS *zeigt auf das Kleid der* SPHINX
Schauen Sie die Falten dieses Stoffes an. Legen Sie sie die eine gegen die andere. Und wenn Sie dann durch das Ganze eine Nadel stecken, wenn Sie die Nadel herausziehen, wenn Sie den Stoff glätten, bis alle Spuren der Falten verschwunden sind, glauben Sie, daß ein Dummkopf vom Land meinen wird, daß die Löcher, die sich von Abstand zu Abstand wiederholen, von einem einzigen Nadelstich herrühren?

DIE SPHINX
Sicher nicht.

ANUBIS
Das Leben der Menschen liegt wie zwischen den Falten der Ewigkeit. Für uns gilt das nicht. Vor meinen Augen liegt wie ein ausgebreitetes Tuch das Leben des Ödipus von seiner Geburt bis zu seinem Tod, und die Falten sind geglättet, die ihn hindern, sein Schicksal zu sehen.

DIE SPHINX
Sag, Anubis, sag, ich brenne. Was siehst du?

ANUBIS
Einstmals, da hatten Laius und Jokaste ein Kind. Das Orakel hat verkündet, daß dieses Kind eine Plage sein würde...

DIE SPHINX
Eine Plage...

ANUBIS
Ein Ungeheuer, eine eklige Bestie!

DIE SPHINX
Schneller, schneller!

ANUBIS
Jokaste fesselte ihn und ließ ihn im Gebirge aussetzen. Ein Hirte des Polybius fand ihn, nahm ihn auf, und da Merope und Polybius über ihre kinderlose Ehe unglücklich waren, ...

DIE SPHINX
Ich zittere vor Freude...

ANUBIS
... adoptierten sie ihn. Ödipus, Sohn des Laius, hat den Laius am Kreuzweg der drei Straßen erschlagen!

DIE SPHINX
Den Greis!

ANUBIS
Sohn der Jokaste, wird er Jokaste heiraten!

DIE SPHINX
Und ich sagte ihm noch »eine Frau, die Ihre Mutter sein könnte«, und er gab zur Antwort: »Hauptsache, sie ist es nicht!« Anubis, Anubis, es ist zu schön, zu schön!

ANUBIS

Er wird zwei Söhne haben, die einander erschlagen werden, zwei Töchter, deren eine sich erhängen wird. Jokaste wird sich erhängen ...

DIE SPHINX

Halt! Konnte ich mehr erhoffen? Anubis, stell dir die Hochzeit des Ödipus und der Jokaste vor, die Hochzeit des Sohnes mit der Mutter! Und wird er es bald erfahren?

ANUBIS

Bald genug!

DIE SPHINX

Was für ein Augenblick! Im vorhinein, mit Wonne genieße ich ihn. Ach, ich wünschte, dabeizusein!

ANUBIS

Sie werden dabeisein!

DIE SPHINX

Ist das möglich?

ANUBIS

Jetzt ist der Augenblick gekommen, Sie daran zu erinnern, wer Sie sind und wie lächerlich die Entfernung ist, die Sie von dieser kleinen Gestalt trennt, die mir gerade zuhört. – Sie, die Sie die Rolle der Sphinx auf sich genommen haben! Sie, die Göttin unter den Göttinnen! Sie, die Große unter den Großen! Sie, die Unerbittliche! Die Rache! Nemesis! *Er wirft sich anbetend nieder.*

DIE SPHINX

... Nemesis ... *Sie wendet den Rücken gegen den Saal und bleibt längere Zeit starr, die Hände auf der Brust gekreuzt, stehen. Plötzlich reißt sie sich aus dieser Starre und stürzt gegen den Hintergrund* Noch einmal, wenn ich ihn sehen kann, will ich meinen Haß weiden, will ich ihn von einer Falle in die andere laufen sehen wie eine hirnlose Ratte.

ANUBIS
Ist das die Göttin, die sich besonnen hat, oder eine eifersüchtige Frau?

DIE SPHINX
Die Göttin, Anubis, die Göttin ... Unsere Götter haben mir die Rolle der Sphinx zugeteilt, ich werde wissen, ihrer würdig zu sein.

ANUBIS
Endlich!

DIE SPHINX *beherrscht die Bühne, sie beugt sich vor, sie blickt sich um. Plötzlich dreht sie sich um. Die geringsten Zeichen der wütenden Größe, die sie verwandelten, sind verschwunden*
Du Hund, du hast mich belogen!

ANUBIS
Ich?

DIE SPHINX
Ja! Du! Lügner! Lügner! Schau auf die Straße: Ödipus ist umgekehrt, er läuft, er fliegt, er liebt mich, er hat mich verstanden!

ANUBIS
Sie wissen sehr gut, was sein Erfolg bedeutet und warum die Sphinx nicht tot ist.

DIE SPHINX
Schau, er springt von Stein zu Stein wie das Herz in meiner Brust.

ANUBIS

Überzeugt von seinem Triumph und Ihrem Tod, ist diesem jungen Windhund gerade eingefallen, daß er in seiner Hast die Hauptsache vergaß.

DIE SPHINX

Du Schuft! Du meinst, daß er nur meine Leiche holen kommt.

ANUBIS

Nicht die Ihre, meine kleine Furie, die der Sphinx. Er glaubt, die Sphinx getötet zu haben, er wird es beweisen müssen. Theben wird sich nicht mit Jägerlatein begnügen.

DIE SPHINX

Du lügst! Ich werde ihm alles sagen! Ich werde ihn warnen! Ich werde ihn retten! Ich werde ihn von Jokaste losbringen, von dieser verfluchten Stadt! – . . .

ANUBIS

Geben Sie acht.

DIE SPHINX

Ich werde reden.

ANUBIS

Er ist da. Lassen Sie ihn zu reden beginnen.

ÖDIPUS *außer Atem, tritt im Vordergrund rechts auf. Er sieht die* SPHINX *und* ANUBIS *dicht beisammenstehen. Er grüßt*

Ich bin glücklich zu sehen, daß sich die Unsterblichen nach ihrem Tod einer guten Gesundheit erfreuen.

DIE SPHINX

Was führt Sie hierher zurück?

ÖDIPUS

Zu holen, was mir gebührt. ANUBIS *macht eine Bewegung zur Brust des* ÖDIPUS, *der zurückfährt.*

DIE SPHINX

Anubis! *Sie befiehlt ihm mit einer Handbewegung, sie allein zu lassen. Er entfernt sich hinter die Mauer. Zu* ÖDIPUS Sie sollen es haben. Bleiben Sie, wo Sie sind. Der Besiegte ist eine Frau und bittet den Sieger um eine letzte Gnade.

ÖDIPUS

Verzeihen Sie, daß ich auf meiner Hut bin. Sie haben mich gelehrt, Ihren weiblichen Listen zu mißtrauen.

DIE SPHINX

Ich war die Sphinx! Nein, Ödipus ... Sie bringen meinen Leichnam nach Theben, und die Nachwelt wird Sie würdigen ... wie Sie es verdienen. Nein ... ich bitte Sie nur: Lassen Sie mich hinter diese Mauer gehen, um den Körper abzulegen, in dem ich mich, wenn ich ehrlich bin, seit einigen Minuten nicht wohl fühle.

ÖDIPUS

Bitte! Aber beeilen Sie sich. Die letzte Fanfare ... *Man hört einen Trompetenstoß* Da ... während ich rede, bläst man. Ich darf mich nicht aufhalten.

DIE SPHINX *hinter der Mauer*

Theben wird einen Helden nicht vor seinen Toren warten lassen.

ANUBIS *hinter der Mauer*

Beeilen Sie sich, beeilen Sie sich! Man könnte fast meinen, Sie erfinden Ausflüchte, um Zeit zu verschleppen.

DIE SPHINX *hinter der Mauer*

Bin ich die erste, Gott des Todes, die du nachdrücklich drängen mußt?

ÖDIPUS

Sie lassen sich reichlich Zeit, Sphinx.

DIE SPHINX *hinter der Mauer*
Das ist nur Ihr Vorteil, Ödipus. Meine Eile würde Ihnen einen bösen Streich spielen. Eine große Schwierigkeit gibt es noch: Wenn Sie nach Theben mit der Leiche eines jungen Mädchens anstatt eines Ungeheuers kommen, das die Leute erwarten, wird Sie die Menge steinigen.

ÖDIPUS
Sie haben recht! Die Frauen sind erstaunlich. Sie denken einfach an alles.

DIE SPHINX *hinter der Mauer*
Sie nennen mich »die Jungfrau mit den Krallen«, »die singende Hündin«... sie wollen meinen Rachen sehen. Machen Sie sich keine Sorge... Anubis! Mein treuer Hund! Hör zu: Da unsere Gestalten nichts sind als Masken, muß ich deinen Schakalkopf haben.

ÖDIPUS
Wunderbar!

ANUBIS *hinter der Mauer*
Tun Sie, was Sie wollen, wenn nur diese schändliche Komödie ein Ende nimmt und Sie zu sich kommen können.

DIE SPHINX *hinter der Mauer*
Ich werde nicht lange brauchen.

ÖDIPUS
Ich zähle bis fünfzig wie vorhin. Das ist meine Revanche.

ANUBIS
Warum zögern Sie denn noch?

DIE SPHINX
Schau, wie häßlich ich bin, ein Untier! Armer Junge... wenn ich ihn erschrecke!

ANUBIS
Seien Sie beruhigt, er wird nichts sehen.

DIE SPHINX
Ist er denn blind?

ANUBIS
Viele Menschen werden blind geboren und merken es nicht, bis ihnen eines Tages eine Wahrheit die Augen aufreißt.

ÖDIPUS
Fünfzig!

ANUBIS *hinter der Mauer*
Gehen Sie ... gehen Sie!

DIE SPHINX *hinter der Mauer*
Leb wohl Sphinx!

Man sieht das junge MÄDCHEN *mit einem Schakalkopf taumelnd hinter der Mauer hervorkommen. Es greift mit den Händen in die Luft und stürzt zu Boden.*

ÖDIPUS
Es war Zeit! *Er eilt hin, schaut sie nicht einmal an, rafft den Körper auf und tritt links in den Vordergrund. Er trägt den Körper mit ausgestreckten Armen vor sich her* Nein, nicht so. So hat doch dieser Komödiant in Korinth ausgesehen, den ich einen König spielen und den Leichnam seines Sohnes tragen gesehen habe. Das war eine übertriebene und lächerliche Pose. *Er versucht, den Körper unter seinem linken Arm zu halten. Auf dem Hügel, hinter den Ruinen erscheinen zwei riesige Gestalten mit strahlenden Flügeln: die Götter* Nein, man wird mich auslachen! Man wird sagen: Schau, ein Jäger, der von der Pirsch heimkommt und nichts getötet hat als seinen Hund!

ANUBIS *die Gestalt rechts*
Dieser Ödipus sollte ... sich wenigstens den Titel eines Halbgottes geben, damit er die letzten Flecken menschlichen Daseins von Ihrem göttlichen Körper nimmt.

NEMESIS *die Gestalt links*
Er ist so jung ...

ÖDIPUS
Herkules! Herkules warf den Löwen über die Schulter! ... *Er lädt den Körper auf seine Achsel* Ja, auf meine Schulter! Auf meine Schulter! Wie ein Halbgott!

ANUBIS *verschleiert*
Er ist einfach fa-bel-haft!

ÖDIPUS *beginnt nach rechts abzugehen. Er macht nach jedem Ausruf zwei Schritte*
Ich habe die scheußliche Bestie erschlagen!

NEMESIS *verschleiert*
Anubis, ich fühle mich sehr unbehaglich.

ANUBIS
Wir müssen nun gehen.

ÖDIPUS
Ich habe die Stadt gerettet!

ANUBIS
Vorwärts! Kommen Sie! Kommen Sie!

ÖDIPUS
Ich werde die Königin Jokaste heiraten!

NEMESIS
Die armen, armen, armen Menschen ... Ich kann nicht mehr, Anubis ... ich ersticke. Weg von der Erde!

ÖDIPUS
Ich werde König!

Ein Windstoß erfaßt die beiden großen Gestalten. Die Schleier flattern um sie. Der Tag bricht an. Man hört die Hähne.

Vorhang

Dritter Akt

Die Hochzeitsnacht

DIE STIMME

Von morgens bis in die Nacht zieht sich das Hochzeits- und Krönungsfest hin. Ein letztes Mal kommt die Menge, um der Königin und dem Besieger der Sphinx zuzujubeln.

Jeder geht nach Hause. Auf dem kleinen Platz vor dem Königsschloß hört man nur mehr das Plätschern des Springbrunnens. Ödipus und Jokaste befinden sich endlich allein im Brautgemach. Sie schlafen bereits, während sie noch stehen, und obwohl ihnen das Schicksal Zeichen auf Zeichen gibt, wird der Schlaf sie hindern, die Falle zu sehen, die sich auf ewig über ihnen schließt.

Die Bühne stellt das Zimmer JOKASTES *dar, rot wie ein kleiner Fleischerladen inmitten der Stadt. Ein großes Lager mit weißen Fellen bedeckt.*

Am Fußende des Bettes liegt der Balg eines Raubtiers. Links vom Bett steht eine Wiege. Im Vordergrund links führt eine Gittertüre auf einen Platz in Theben.

Rechts vorne ein mannshoher, beweglicher Spiegel. ÖDIPUS *und* JOKASTE *tragen die Krönungsgewänder. Vom Aufgehen des Vorhanges an bewegen sie sich wie in Zeitlupe unter dem Gewicht einer schweren Müdigkeit.*

JOKASTE *seufzt*
Ich bin wie tot! Du bist so voller Tatendrang! Ich habe Angst, daß dir dieses Zimmer wie ein Käfig, wie ein Gefängnis vorkommt.

ÖDIPUS
Aber Liebling! Das Zimmer einer Frau! Ein Zimmer, das nach Parfum riecht, dein Zimmer! Nach diesem anstrengenden Tag, nach all den Aufzügen, den Zeremonien, der Menge, die noch unter unseren Fenstern nicht aufhörte, uns zuzujubeln...

JOKASTE
Nicht uns zuzujubeln!... Dir zuzujubeln... dir...

ÖDIPUS
Das ist dasselbe.

JOKASTE
Wahrheit muß sein, mein kleiner Sieger. Mich hassen sie. Meine Kleider reizen sie, mein Tonfall, das Dunkel meiner Augen, das Rot meiner Lippen, meine Lebhaftigkeit, alles reizt sie.

ÖDIPUS
Kreon reizt sie, Kreon, der gefühllose, der harte, der unmenschliche! Ich werde dein Ansehen wiederherstellen, Jokaste. Ach, was für ein schönes Programm.

JOKASTE
Es war Zeit, daß du kamst, ich kann nicht mehr.

ÖDIPUS
Dein Zimmer ein Gefängnis! Dein Zimmer... und unser Bett.

JOKASTE
Willst du, daß ich die Wiege wegnehme? Seit dem Tod des Kindes brauchte ich sie dicht bei mir, ich konnte nicht schlafen ... ich war so allein ... aber jetzt ...

ÖDIPUS *mit verwirrter Stimme*
Aber jetzt ...

JOKASTE
Was sagst du?

ÖDIPUS
Ich sage ... ich sage ... da ist er ... er ... der Hund ... ich will sagen ... der Hund ... der zurückweist ... der Brunnenhund ... *Der Kopf sinkt ihm herab.*

JOKASTE
Ödipus! Ödipus!

ÖDIPUS *fährt aus dem Schlaf*
Ha?

JOKASTE
Du warst eingeschlafen.

ÖDIPUS
Ich? Aber nein!

JOKASTE
Ja. Du sagtest etwas von einem Brunnenhund, von einem Hund, der zurückweist, ich hörte es doch. *Sie lächelt und scheint selbst in das Ungreifbare zu fallen.*

ÖDIPUS
Das ist absurd.

JOKASTE
Ich frage dich, ob du willst, daß ich die Wiege wegnehme, ob sie dich stört ...

ÖDIPUS

Bin ich ein kleines Kind, daß ich dieses entzückende Gebilde aus Tüll fürchte? Im Gegenteil, es soll die Wiege meines Glückes sein, mein Glück wird darin groß werden neben unserer Liebe, bis sie unserem ersten Sohn dienen kann. Nun...

JOKASTE

Mein kleiner Gott... Du stirbst vor Müdigkeit, und wir bleiben da stehen... *In der gleichen Haltung wie* ÖDIPUS stehen an dieser Mauer...

ÖDIPUS

Was für eine Mauer?

JOKASTE

Die Mauer beim Wachtposten. *Sie fährt auf* Eine Mauer? Was? Ich... ich... *Reißt erschreckt die Augen auf* was ist denn los?

ÖDIPUS

Diesmal hast du geträumt. Wir schlafen schon im Stehen, Liebling.

JOKASTE

Ich habe geschlafen? Ich habe geredet?

ÖDIPUS

Ich rede von einem Brunnenhund und du sprichst von der Mauer beim Wachtposten, so sieht unsere Hochzeitsnacht aus. Jokaste, ich bitte dich – hörst du mich –, wenn ich nochmals einschlafen sollte, weck mich auf, rüttle mich, und wenn du einschläfst, so werde ich es genauso machen. Es darf nicht sein, daß diese unwiederbringliche Nacht im Schlaf erstickt, das wäre zu traurig...

JOKASTE
Mein kleines Dummerchen, warum? Wir haben das ganze Leben vor uns!

ÖDIPUS
Das kann sein, aber ich will nicht, daß mir der Schlaf das Wunder verdirbt, diese festliche Nacht ganz tief allein mit dir zu verbringen. Ich schlage vor, diese schweren Gewänder abzulegen, und da wir ja niemanden mehr erwarten ...

JOKASTE
Hör mich an, mein lieber Junge, du wirst dich ärgern ...

ÖDIPUS
Jokaste, sag mir nicht, daß noch ein Punkt des offiziellen Programms kommt.

JOKASTE
Während mich meine Frauen frisieren, verlangt die Etikette, daß du noch einen Besuch empfängst.

ÖDIPUS
Einen Besuch! Zu dieser Stunde!

JOKASTE
Einen Besuch ... einen Besuch ... einen Besuch, der eine reine Formsache ist.

ÖDIPUS
In diesem Zimmer?

JOKASTE
In diesem Zimmer.

ÖDIPUS
Und wer wird dieser Besuch sein?

JOKASTE
Ärgere dich nicht: Teiresias.

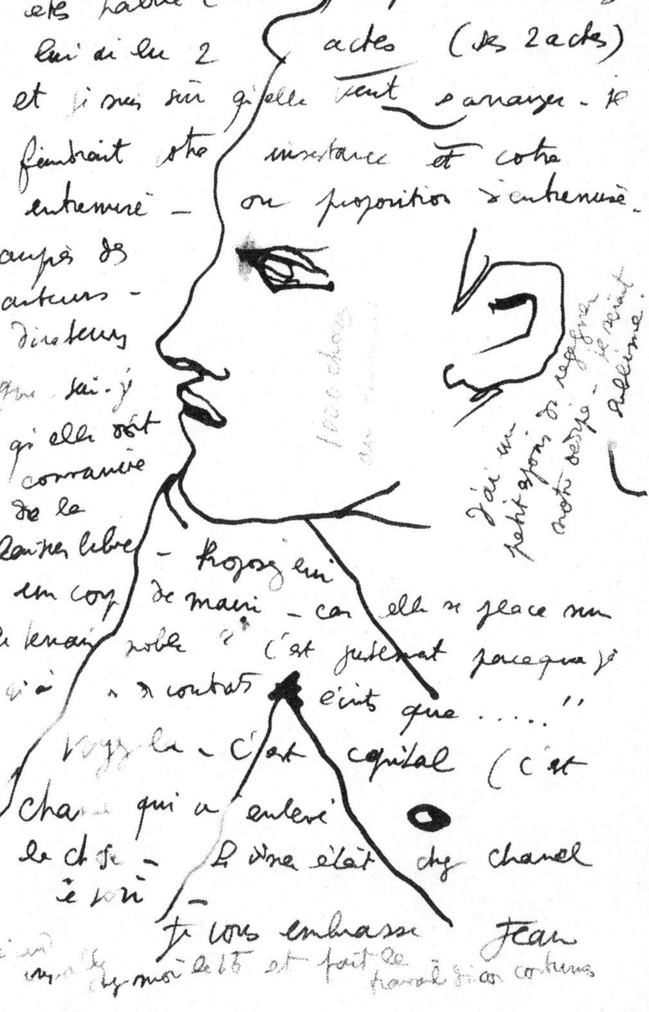

Maintenant, très cher Louis, si vous êtes habile (merlin) Topaco marche. Je lui ai lu 2 actes (les 2 actes) et je suis sûr qu'elle veut s'arranger. Il faudrait votre insistance et votre entremise — ou proposition d'entremise auprès des auteurs-directeurs que sais-je qu'elle soit consciente de la laisser libre — proposez lui un coup de main — car elle se place sur le terrain noble « c'est justement parceque je n'ai pas de contrats écrits que ..... » Voyez la — c'est capital (c'est Chanel qui a enlevé la chose — Le dîner était chez Chanel ce soir —

Je vous embrasse Jean

J'ai eu petit espoir de regagner notre désespoir — le point sublime.

Bien amicalement venez chez moi le 15 et faites le travail de nos costumes

ÖDIPUS
Teiresias? Das mache ich nicht.

JOKASTE
Hör doch zu ...

ÖDIPUS
Das ist die Höhe! Teiresias als lieber Verwandter, der die letzten Ratschläge erteilt, das ist doch zum Lachen. Ich werde Teiresias hinauswerfen.

JOKASTE
Mein kleiner Hitzkopf, ich bitte dich darum. Es ist ein alter thebanischer Brauch, daß der Oberpriester gewissermaßen die Heirat der Herrscher weiht. Außerdem ist Teiresias unser alter Onkel, unser Wachhund. Ich hab ihn sehr lieb, Ödipus, und Laius vergötterte ihn. Er ist fast blind. Es wäre ungeschickt, ihn zu beleidigen und ihn gegen unsere Liebe einzunehmen.

ÖDIPUS
Das ist mir egal ... mitten in der Nacht.

JOKASTE
Tu es. Tu es für uns und unsere Zukunft. Das ist die Hauptsache. Sprich fünf Minuten mit ihm, aber sprich mit ihm, hör ihm zu, ich bitte dich darum. *Sie küßt ihn.*

ÖDIPUS
Ich sage dir gleich, daß ich ihn nicht sich setzen lassen werde.

JOKASTE
Ich liebe dich. *Langer Kuß* Ich werde nicht lange brauchen. *Sie geht links ab* Ich werde ihm sagen, daß du Zeit für ihn hast. Hab Geduld. Tu es für mich. Denk an mich. *Ab.*

ÖDIPUS, *alleingeblieben, tritt vor den Spiegel und begutachtet sich in verschiedenen Posen.* TEIRESIAS *tritt von rechts auf, ohne daß* ÖDIPUS *ihn hört.*

ÖDIPUS *sieht ihn erst, als er mitten im Zimmer ist, er dreht sich ganz um*
Ich höre.

TEIRESIAS
Ach, Hoheit, wer hat Ihnen gesagt, daß ich Ihnen eine Predigt halten will?

ÖDIPUS
Niemand, Teiresias, niemand. Ich nehme nur nicht an, daß es Ihnen ein Vergnügen macht, den Störenfried zu spielen. Sie erwarten bestimmt, daß ich so tue, als wäre ich Ihnen für Ihre Ratschläge dankbar. Ich werde mich beugen, Sie werden mir Ihren Segen erteilen, und wir werden uns in die Arme fallen. Unsere Müdigkeit wird dabei auf ihre Rechnung kommen und gleichzeitig auch der Brauch. Habe ich richtig geraten?

TEIRESIAS
Vielleicht wäre im Grunde genommen dieser Brauch wirklich nicht mehr als ein Akt des Herkommens, aber dann müßte es eben eine königliche Hochzeit sein mit allem, was dazu gehört an Familie, an Zeremoniell und, ich gebe es zu, an Langeweile. Nein, Hoheit. Die unvorhergesehenen Ereignisse stellen uns vor neue Probleme und Aufgaben. Und Sie werden zugeben, daß es schwierig ist, Ihre Salbung und Ihre Hochzeit unter eine Form einzureihen, weil sie in der Überlieferung nicht vorgesehen sind.

ÖDIPUS
Mit mehr Höflichkeit läßt sich wahrlich nicht sagen, daß ich wie ein Ziegel vom Dach auf den Kopf von Theben falle.

TEIRESIAS
Hoheit!

ÖDIPUS
Merken Sie sich: Alles, was sich einordnen läßt, stinkt nach Tod. Man darf sich nicht einordnen. Aus Reih und Glied auszuscheren, das ist das Zeichen eines Meisterwerks und der Helden. Jemand, der nirgends hineinpaßt, erregt Erstaunen und regiert.

TEIRESIAS
Das mag sein; dann darf ich wohl auf Ihre Zustimmung zählen, wenn ich ebenfalls aus dem Glied ausschere, indem ich diese Rolle übernehme, die über die Etikette hinausgeht?

ÖDIPUS
Zur Sache, Teiresias, zur Sache.

TEIRESIAS
Ich werde also zur Sache kommen, und ich werde ganz freimütig sprechen. Hoheit, die Orakel sind unheilvoll für Sie, sehr unheilvoll. Ich bitte Sie, auf der Hut zu sein.

ÖDIPUS
Sonst nichts! Darauf war ich gefaßt. Das Gegenteil hätte mich gewundert. Es ist nicht das erste Mal, daß sich die Orakel gegen mich stellen und daß meine Entschlossenheit sie vereitelt.

TEIRESIAS
Glauben Sie, daß man sie vereiteln kann?

ÖDIPUS
Ich bin der Beweis. Und dann: Wenn meine Heirat den Göttern nicht recht ist, was sollte dann euer Gelöbnis, eure Befreiung, der Tod der Sphinx? Und warum haben

mich die Götter bis in dieses Zimmer gestoßen, wenn ihnen meine Heirat mißfällt?

TEIRESIAS

Sind Sie bereit, diese Streitfrage in einer Minute von einem unparteiischen Schiedsrichter entscheiden zu lassen? Aber leider! Die Macht berauscht Sie.

ÖDIPUS

Die Macht entgleitet Ihnen.

TEIRESIAS

Sie sprechen zum Oberpriester. Nehmen Sie sich in acht!

ÖDIPUS

Nehmen Sie sich in acht, Oberpriester! Muß ich Sie erinnern, daß Sie zu Ihrem König sprechen?

TEIRESIAS

Zum Gatten meiner Königin, Hoheit.

ÖDIPUS

Soeben hat mir Jokaste ausdrücklich erklärt, daß ihre Macht völlig in meine Hände übergegangen ist. Sagen Sie das Ihrem Herrn.

TEIRESIAS

Ich diene niemandem als den Göttern.

ÖDIPUS

Schön, wenn Sie diesen Ausdruck vorziehen; dem, der Ihre Rückkehr erwartet.

TEIRESIAS

Aufbrausende Jugend! Sie haben mich falsch verstanden.

ÖDIPUS

Ich habe sehr richtig verstanden, daß Ihnen ein Abenteurer peinlich ist. Sie meinen wahrscheinlich, daß ich die

Sphinx tot auf der Straße gefunden habe. Ich hätte den wahren Sieger gezwungen, sie mir zu verkaufen, wie ein Jäger, der seine Beute beim Wilddieb einhandelt. Und wenn ich für den Balg bezahlt habe, wer wird sich dann letztlich als der Besieger der Sphinx herausstellen? Was Sie jede Minute bedrohte und was Kreon den Schlaf raubte: Einen armen letztrangigen Soldaten würde die Menge im Triumph herbeitragen, und er würde einfordern, was ihm gehört ... *schreiend* ihm gehört!

TEIRESIAS
Er würde es nicht wagen.

ÖDIPUS
Endlich! Jetzt ist es Ihnen herausgerutscht. Das also steckt hinter der Pose. Das sind Ihre schönen Versprechen. So rechnen Sie also.

TEIRESIAS
Die Königin bedeutet mir mehr als eine eigene Tochter. Ich habe über sie zu wachen und sie zu beschützen. Sie ist schwach, leichtgläubig und besitzt eine rege Phantasie ...

ÖDIPUS
Sie beleidigen sie.

TEIRESIAS
Ich liebe sie.

ÖDIPUS
Sie hat nichts nötig als meine Liebe.

TEIRESIAS
Was diese Liebe betrifft, so muß ich Aufklärung von Ihnen verlangen, Ödipus. Lieben Sie die Königin?

ÖDIPUS
Mit meiner ganzen Seele.

TEIRESIAS
Ich meine: lieben Sie, sie in die Arme zu nehmen?

ÖDIPUS
Ich liebe es vor allem, wenn sie mich in ihre Arme nimmt.

TEIRESIAS
Ich danke Ihnen für diesen Unterschied. Sie sind jung, Ödipus, sehr jung. Jokaste könnte Ihre Mutter sein. Ich weiß, ich weiß, Sie werden mir erwidern...

ÖDIPUS
Ich werde Ihnen erwidern, daß ich immer von einer solchen Liebe, von einer fast mütterlichen Liebe geträumt habe.

TEIRESIAS
Ödipus, verwechseln Sie nicht den Ruhm und die Liebe? Würden Sie Jokaste lieben, wenn sie keine Königin wäre?

ÖDIPUS
Eine dumme Frage, und hundertmal gestellt. Würde Jokaste mich lieben, wenn ich alt wäre und häßlich und nicht aus dem Unbekannten käme? Glauben Sie, daß man nicht krank vor Liebe werden kann, sobald man an Gold und Purpur rührt? Ihre Würde, von der Sie sprechen, gehört sie nicht zur Substanz von Jokaste selbst, ist sie nicht so mit ihr verwachsen, daß eine Trennung unmöglich ist? Von aller Ewigkeit an sind wir einander bestimmt. Ihr Körper ist viel königlicher als der Purpurmantel, der um ihre Schultern liegt. Ich liebe sie, ich bete sie an, Teiresias; ich glaube, neben ihr habe ich endlich den Platz erlangt, an den ich gehöre. Das ist mein Weib, das ist meine Königin. Ich habe sie, ich behüte sie, ich finde sie wieder, und weder durch Bitten noch durch Drohungen werden Sie erreichen, daß ich Befehlen gehorche, die ich weiß nicht woher kommen.

TEIRESIAS

Überlegen Sie nochmals, Ödipus. Die Vorhersagen und mein eigener Verstand lassen alles von dieser wahnsinnigen Heirat fürchten; überlegen Sie.

ÖDIPUS

Es wäre ein wenig zu spät.

TEIRESIAS

Haben Sie Erfahrungen mit Frauen?

ÖDIPUS

Nicht die geringsten. Ja, selbst wenn ich Ihr höchstes Erstaunen ertragen muß und mich in Ihren Augen lächerlich mache: Ich habe noch kein Weib berührt.

TEIRESIAS

Sie!

ÖDIPUS

Der Oberpriester einer Hauptstadt wundert sich, daß ein junger Landstreicher stolz darauf ist, sich für ein einmaliges Opfer rein erhalten zu haben. Ihnen wäre für die Königin ein degenerierter Prinz lieber gewesen, eine Puppe, die sich von Kreon und den Priestern am Draht ziehen läßt.

TEIRESIAS

Das ist zuviel!

ÖDIPUS

Nochmals, ich befehle Ihnen . . .

TEIRESIAS

Befehlen? Der Stolz macht Sie toll . . .!

ÖDIPUS

Bringen Sie mich nicht in Wut! Ich bin am Ende meiner Geduld, jähzornig zu jeder unüberlegten Handlung fähig.

TEIRESIAS
Hochmütig! ... Schwach und hochmütig.

ÖDIPUS
Sie haben es gewollt. *Er wirft sich auf* TEIRESIAS, *die Hände um seinen Hals.*

TEIRESIAS
Lassen Sie mich ... schämen Sie sich nicht ...

ÖDIPUS
Sie haben Angst, daß ich in Ihrem Gesicht, da, da, ganz aus der Nähe und in Ihren blinden Augen den wahren Grund Ihres Handelns lese.

TEIRESIAS
Mörder! Gotteslästerer!

ÖDIPUS
Mörder! Ich sollte es sein ... Eines Tages werde ich es bestimmt bereuen, daß ich mich durch ein dummes Vorurteil abhalten ließ ... und wenn ich es wagte ... Oh! Oh! Aber! Götter! Hier ... hier ... in den Augen des Blinden, ich wußte nicht, daß das möglich ist.

TEIRESIAS
Laß mich aus! Du Tor!

ÖDIPUS
Die Zukunft! Meine Zukunft ... Wie in einer Kugel aus Kristall!

TEIRESIAS
Sie werden bereuen ...

ÖDIPUS
Ich sehe ... ich sehe ... Du hast gelogen, Wahrsager! Ich werde Jokaste zum Weibe haben ... ein glückliches Leben,

reich, voll Gedeihen, zwei Söhne, Töchter ... und Jokaste immer gleich schön, immer gleich jung, eine Geliebte, eine Mutter in einem Palast von Glück ... Ich sehe schlecht, ich sehe schlecht, ich will sehen! Das ist dein Werk, Wahrsager ... ich will sehen!

TEIRESIAS
Verfluchter!

ÖDIPUS *wirft sich plötzlich zurück,* TEIRESIAS *loslassend, die Hände vor den Augen*
Ah! Dreckige Bestie! Ich erblinde. Er hat mir Pfeffer in die Augen gestreut! Jokaste! Hilfe! Hilfe! ...

TEIRESIAS
Ich habe nichts gestreut. Ich schwöre es, Sie sind für Ihre Gotteslästerung bestraft.

ÖDIPUS *wälzt sich auf der Erde*
Du lügst!

TEIRESIAS
Sie haben mit Gewalt lesen wollen, was in meinen kranken Augen steht, was ich selbst noch nicht entziffert habe, und Sie sind bestraft.

ÖDIPUS
Wasser, Wasser, rasch, ich brenne ...

TEIRESIAS *legt seine Hände auf das Gesicht des* ÖDIPUS
Da, da, seien Sie vernünftig ... ich verzeihe Ihnen. Sie sind nervös. Bleiben Sie doch bloß ruhig. Sie werden wieder sehen, ich schwöre es Ihnen, wahrscheinlich sind Sie zu einem Punkt gekommen, den die Götter im Dunkel lassen wollen, und sie bestrafen Sie für Ihre Unverschämtheit.

ÖDIPUS
Ich habe einen Schimmer, ... wie man sagt.

TEIRESIAS
Haben Sie Schmerzen?

ÖDIPUS
Schon weniger ... der Schmerz läßt nach. Ah! ... Das war wie Feuer, roter Pfeffer, tausend Stecknadeln, eine Katzentatze, die mir ins Auge peitschte. Danke ...

TEIRESIAS
Sehen Sie?

ÖDIPUS
Schlecht, aber ich sehe. Ich sehe. Ja! Ich habe schon geglaubt, daß ich blind wäre und daß das ein Streich von Ihnen sei. Ich hätte es übrigens verdient.

TEIRESIAS
Es ist bequem, an Wunder zu glauben, wenn die Wunder uns wieder in Ruhe lasen, und wenn die Wunder uns außer sich bringen, ist es bequem, nicht mehr an sie zu glauben und sie für den Trick eines Wahrsagers auszugeben.

ÖDIPUS
Verzeihen Sie mir. Ich bin sehr heftig, jähzornig. Ich liebe Jokaste; ich wartete auf sie, ich war schon ungeduldig, und dieses ungeahnte Phänomen, alle diese Bilder der Zukunft in Ihren Augen faszinierten mich, machten mich verrückt; ich war wie – betrunken.

TEIRESIAS
Können Sie gut sehen? Ein beinahe Blinder fragt Sie das.

ÖDIPUS
Völlig, und ich habe keine Schmerzen mehr. Ich schäme mich aufrichtig meines Benehmens gegen einen Siechen und Priester. Wollen Sie meine Entschuldigung annehmen?

TEIRESIAS
Ich sprach nur für das Wohl Jokastes und für Ihr eigenes.

ÖDIPUS
Teiresias, ich vergelte Ihnen das mit einem Geständnis, das mir schwerfällt und das ich mir vorgenommen hatte, niemandem zu machen.

TEIRESIAS
Geständnis?

ÖDIPUS
Ich habe im Laufe der Krönungszeremonien Zeichen des Einverständnisses zwischen Ihnen und Kreon bemerkt. Leugnen Sie nicht. Ich wünschte, meine Identität geheim zu halten. Ich verzichte darauf. Machen Sie die Ohren auf, Teiresias. Ich bin kein Vagabund. Ich komme von Korinth. Ich bin das einzige Kind König Polybius' und Königin Meropes. Kein Namenloser wird dieses Bett entweihen. Ich bin ein König und Sohn von Königen.

TEIRESIAS *verneigt sich*
Es war so einfach, mit einem Satz das Unbehagen wegen Ihres Inkognitos zu zerstreuen. Meine kleine Tochter wird sehr zufrieden sein.

ÖDIPUS
Halt! Ich bitte Sie um die Gnade, wenigstens diese Nacht zu schweigen. Jokaste liebt noch in mir den Vagabunden, der vom Himmel gefallen ist, den jungen Mann, der aus dem Dunkel erschienen ist. Morgen wird diese Legende leider viel zu rasch zerstört sein. Ich möchte, daß man es vorläufig mir überläßt, der Königin ohne Verdruß mitzuteilen, daß Ödipus zwar kein Prinz vom Mond ist, aber ganz einfach ein armer Prinz.

Ich wünsche Ihnen gute Nacht, Teiresias. Jokaste wird nicht mehr lange brauchen. Ich falle um vor Müdigkeit. Wir wollen noch beisammenbleiben, das ist unser gutes Recht.

TEIRESIAS

Hoheit, entschuldigen Sie mich. ÖDIPUS *winkt ihm mit der Hand. Beim Ausgang rechts bleibt* TEIRESIAS *stehen* Noch ein Wort.

ÖDIPUS *hochmütig*

Sie wünschen?

TEIRESIAS

Verzeihen Sie meine Kühnheit. Heute abend, nachdem der Tempel bereits geschlossen war, trat ein schönes junges Mädchen in den Betsaal, in dem ich beschäftigt war, und ohne ein Wort der Entschuldigung reichte sie mir diesen Gürtel und sagte: »Geben Sie ihn seiner Hoheit Ödipus und wiederholen Sie ihm ganz genau diesen Satz: Nehmen Sie diesen Gürtel. Er wird Ihnen ermöglichen, bis zu mir vorzudringen, wenn ich die Bestie getötet haben werde.« Kaum hatte ich den Gürtel eingesteckt, als das junge Mädchen in Lachen ausbrach und verschwand, ohne daß ich verstehen konnte, wohin.

ÖDIPUS *entreißt ihm den Gürtel*

Das war Ihre letzte Karte. Sie haben bereits mühevoll ein ganzes System ersonnen, um mich aus dem Geist und dem Herzen der Königin zu reißen. Was weiß denn ich? Ein früheres Heiratsversprechen ... Ein junges Mädchen, das sich rächt ... Ein Tempelskandal ... das Corpus delicti ...

TEIRESIAS

Ich führe nur einen Auftrag aus. Das ist alles.

ÖDIPUS

Rechenfehler, schlechte Politik. Gehen Sie ... eilen Sie mit diesen schlechten Nachrichten zum Prinzen Kreon. TEIRESIAS *tritt auf die Schwelle* Er rechnet damit, mir angst zu machen! In Wahrheit bin ich es, der Ihnen angst macht, Teiresias, ich, der Sie erschreckt. Ich sehe es in großen Lettern auf Ihrem Gesicht geschrieben. Das Kind war nicht so leicht einzuschüchtern. Sagen Sie, ist es das Kind, das Sie erschreckt, Großvater? Geben Sie es zu, Großvater! Geben Sie zu, daß ich Sie erschrecke! Geben Sie doch zu, daß ich Ihnen angst mache! *Er liegt mit dem Bauch auf dem Raubtierbalg.* TEIRESIAS *steht wie aus Bronze gegossen. Schweigen. Donner.*

TEIRESIAS

Ja. Große Angst. *Er zieht sich langsam zurück; man hört seine Stimme, die prophezeit* Ödipus! Ödipus! Hören Sie auf mich! Sie verfolgen den strahlenden Ruhm. Es gibt noch einen andern: den düsteren Ruhm. Der ist die letzte Zuflucht des Stolzen, der sich hartnäckig gegen die Sterne stellt. *Ab.*

ÖDIPUS *verbleibt in seiner Stellung und schaut den Gürtel an. Als* JOKASTE *im Nachtgewand eintritt, versteckt er schnell den Gürtel unter dem Balg.*

JOKASTE

Was hat die Vogelscheuche gesagt? Er hat dich sicher gequält.

ÖDIPUS

Ach, laß ...

JOKASTE

Er ist schrecklich. Er hat dir beweisen müssen, daß du zu jung bist für mich.

ÖDIPUS

Du bist schön, Jokaste! ...

JOKASTE
... daß ich alt sei.

ÖDIPUS
Er hat mir eher zu verstehen gegeben, daß ich deine Perlen und deine Krone liebe.

JOKASTE
Immer alles zugrunde richten! Alles verderben! Böses tun!

ÖDIPUS
Es ist ihm nicht gelungen, mich zu erschrecken. Sei beruhigt. Im Gegenteil, ich bin es, der ihn erschreckt. Er hat es zugegeben.

JOKASTE
Das ist recht! Mein Liebster! Du meine Perle, mein Diadem!

ÖDIPUS
Ich bin glücklich, daß du ohne allen Prunk zurückkommst, ohne deinen Schmuck, ohne deine Orden, einfach, weiß, jung, schön, in unser Brautgemach...

JOKASTE
Jung! Ödipus ... es ist nicht notwendig zu lügen.

ÖDIPUS
Außerdem...

JOKASTE
Schilt nicht mit mir.

ÖDIPUS
Ja, ich schelte mit dir, weil eine Frau wie du über diese Dummheiten erhaben sein soll. Die Gesichter der jungen Mädchen sind langweilig wie ein weißes Blatt, auf dem mein Auge nichts von Leidenschaft lesen kann. Aber dein

Gesicht! Ich brauche die Narben, die Tätowierungen des Schicksals, eine Schönheit, die von den Stürmen ausgeht. Du fürchtest die Krähenfüße, Jokaste! Was ist ein Blick, ein Lächeln auf dem glatten Gesicht einer kleinen Gans neben deinem Erstaunen erregenden, geheiligten Gesicht, geohrfeigt vom Schicksal, gezeichnet vom Henker und zart, zart und ... *Er bemerkt, daß* JOKASTE *weint* Jokaste! Mein kleines Mädchen! Du weinst! Aber was hast du denn? Schau ... was habe ich getan? Jokaste! ...

JOKASTE
Bin ich denn so alt ... so alt?

ÖDIPUS
Aber Kindchen! Deshalb regst du dich so auf ...

JOKASTE
Frauen sagen so etwas, damit man ihnen widerspricht. Sie hoffen immer, daß es nicht wahr ist.

ÖDIPUS
Meine Jokaste! ... Ich Dummkopf! Wie ein plumper Bär ... Mein Liebes, sei ruhig ... küsse mich ... ich habe sagen wollen ...

JOKASTE
Laß ... ich bin lächerlich. *Sie trocknet sich die Augen.*

ÖDIPUS
Ich bin dran schuld!

JOKASTE
Du bist nicht schuld ... Oh ... mir wird auf einmal schwarz vor den Augen. ÖDIPUS *streichelt sie* Es ist vorbei.

ÖDIPUS
Rasch ein Lächeln. *Leichtes Donnergrollen* Hörst du ...

JOKASTE
Ich bin nervös wegen des Gewitters.

ÖDIPUS
Der Himmel ist voller Sterne und ganz klar.

JOKASTE
Ja, aber irgendwo gibt es ein Gewitter. Wenn der Brunnen wie die Stille rauscht und mir die Schulter weh tut, so gibt es ein Gewitter oder Wetterleuchten. *Sie stützt sich gegen die Gittertür. Wetterleuchten.*

ÖDIPUS
Komm, komm schnell ...

JOKASTE
Ödipus, komm einen Moment.

ÖDIPUS
Was gibt's?

JOKASTE
Der Posten ... schau, beug dich vor ... dort rechts, auf der Bank, schläft er. Findest du nicht, daß er schön ist, dieser Junge mit seinem offenen Mund?

ÖDIPUS
Ich werde ihn lehren zu schlafen. Ich werde ihm Wasser in seinen offenen Mund schütten.

JOKASTE
Ödipus!

ÖDIPUS
Man schläft nicht, wenn man seine Königin bewacht.

JOKASTE
Die Sphinx ist tot und du lebst. Laß ihn in Frieden schlafen. Die ganze Stadt soll in Frieden schlafen. Alle sollen schlafen.

ÖDIPUS
Der Posten hat Glück.

JOKASTE
Ödipus, Ödipus, ich würde dich gerne eifersüchtig machen, aber das ist es nicht ... der junge Soldat ...

ÖDIPUS
Was ist denn da so Außergewöhnliches an diesem jungen Soldaten?

JOKASTE
In der berühmten Nacht, der Nacht der Sphinx, als du dieser Bestie begegnetest, habe ich mit Teiresias einen Gang auf den Wall gemacht. Man hatte mir erzählt, daß ein Soldat das Gespenst des Laius gesehen habe und daß Laius nach mir verlangte, um mich vor einer Gefahr, die mich bedrohe, zu warnen. Stell dir vor, dieser Soldat ist gerade der Posten, der uns behütet.

ÖDIPUS
Der uns behütet! ... Übrigens, er soll in Frieden schlafen, gute Jokaste. Ich werde dich schon behüten, ich ganz allein ... Natürlich keine Spur von einem Gespenst des Laius?

JOKASTE
Keine Spur, leider! ... Der Ärmste! Ich berührte seine Schultern, seine Schenkel, ich sagte zu Zizi: »Da greif her, greif das an!« ich war ganz außer mir ... weil er dir ähnlich war. Und er ist dir wirklich ähnlich, Ödipus.

ÖDIPUS
Du sagst, dieser Posten sieht mir ähnlich. Aber Jokaste, du kanntest mich doch gar nicht. Es ist unmöglich, daß du wußtest, daß du errietest ...

JOKASTE
Du hast recht. Natürlich! ... Ich habe eigentlich sagen wollen, daß mein Sohn beinahe sein Alter hätte. *Schweigen* Ja, ich bringe alles durcheinander. Erst jetzt springt mir diese Ähnlichkeit in die Augen. *Sie schüttelt sich vor Unbehagen* Du bist gut, du bist schön, ich liebe dich! *Mit einer Pose* Ödipus!

ÖDIPUS
Meine kleine Göttin?

JOKASTE
Bei Kreon, bei Zizi, bei allen, da war es mir recht, daß du dich weigertest, von deinem Sieg zu erzählen, aber *die Arme um seinen Hals* aber mir ... mir!

ÖDIPUS
Du hast versprochen ... Und ohne diesen Jungen ...

JOKASTE
Die Jokaste von gestern, ist das die Jokaste von jetzt? Habe ich nicht das Recht, deine Erinnerungen zu teilen, die niemand anderer ahnt?

ÖDIPUS
Gewiß.

JOKASTE
Und erinnere dich: du hast ein paarmal gesagt: »Nein, nein, Jokaste, später, später, bis wir allein sein werden!« Und nun? Wir sind allein ...

ÖDIPUS
Eigensinnige Zauberin! Sie erreicht immer, was sie will! Also sei still ... ich fange an.

JOKASTE
Oh! Ödipus! Ödipus! Was für ein Glück! Was für ein Glück! Ich bin ganz still. *Sie legt sich auf das Bett, schließt die Augen und rührt sich nicht mehr.*

ÖDIPUS *lügt, erfindet, zögernd, vom Gewitter begleitet*
Also. Ich näherte mich Theben. Ich ging den Saumpfad der Hirten längs des Hügels im Süden der Stadt. Ich dachte an die Zukunft, an dich, die ich mir nicht so schön vorstellte, wie du in Wirklichkeit bist, aber sehr schön, sehr geschminkt und auf einem Thron sitzend, umgeben von den Hofdamen. Angenommen, ich töte sie, dachte ich, wird Ödipus die versprochene Belohnung annehmen dürfen? Werde ich der Königin nahen dürfen?... Und ich marschierte und quälte mich ab. Plötzlich machte ich halt. Das Herz sprang mir in der Brust. Ich bekam eine Art Gesang zu hören. Die Stimme, die sang, war von einer anderen Welt. War das die Sphinx? Mein Ranzen enthielt ein Messer. Ich schob dieses Messer unter mein Hemd und kroch hin. Kennst du auf dem Hügel die Ruine eines kleinen Tempels mit den Resten eines Fabeltieres? *Schweigen* Jokaste... Jokaste... du schläfst?

JOKASTE *fährt aus dem Schlaf*
Was? Ödipus...

ÖDIPUS
Du bist eingeschlafen.

JOKASTE
Aber nein.

ÖDIPUS
Aber ja. Da war einmal eine kleine launenhafte Frau, die verlangte, man solle ihr eine Geschichte erzählen, und dann einschlief, statt zuzuhören.

JOKASTE
Ich habe alles gehört. Du irrst dich. Du sprachst von einem Saumpfad der Hirten.

ÖDIPUS
Der war schon vorbei, der Saumpfad der Hirten ...!

JOKASTE
Mein Liebling, ärgere dich nicht! Bist du böse auf mich?

ÖDIPUS
Ich?

JOKASTE
Ja! Du bist böse auf mich, und du hast recht. Ich dreifache Gans! Ja, das ist das Alter und seine Streiche!

ÖDIPUS
Sei nicht traurig. Ich werde die Geschichte noch einmal beginnen, ich verspreche es dir. Aber wir müssen uns beide ausruhen und ein wenig schlafen. Dann werden wir von dieser klebrigen Masse und von diesem Ringkampf gegen den Schlaf frei sein, der uns um alles bringt. Wer zuerst aufwacht, weckt den andern. Abgemacht?

JOKASTE
Abgemacht! Die armen Königinnen können sitzend, für eine Minute zwischen zwei Audienzen, schlafen. Aber gib mir wenigstens deine Hand. Ich bin sehr alt. Teiresias hat recht.

ÖDIPUS
Vielleicht für Theben, wo die jungen Mädchen mit dreizehn Jahren heiratsfähig sind. Und was bin dann ich? Bin ich vielleicht ein Greis? Mein Kopf sinkt; mein Kinn wird mich wecken, wenn es an meine Brust schlägt.

JOKASTE
Du, bei dir ist das etwas anderes, bei dir ist es der Sandmann, wie die Kinder sagen. Aber ich? Schließlich begannst du die schönste Geschichte der Welt zu erzählen,

und ich schlafe wie eine Großmutter im Ofenwinkel... Habe ich gesprochen?

ÖDIPUS

Gesprochen? Nein, nein. Ich glaubte, du hörst zu. Du Böse! Hast du Geheimnisse, die du mir auszuliefern fürchtest, während du schläfst?

JOKASTE

Ich fürchtete nur die Dummheiten, die man im Schlaf spricht.

ÖDIPUS

Ganz ruhig und brav warst du dagelegen. Bis gleich, meine kleine Königin.

JOKASTE

Bis gleich, mein König, mein Geliebter. *Hand in Hand, Brust an Brust, schließen sie die Augen und fallen in den erdrückenden Schlaf von Leuten, die gegen den Schlaf kämpfen.*

Zeit vergeht. Der Springbrunnen monologisiert. Leiser Donner. Plötzlich wird das Licht traumhaft. Es stammt aus dem Traum des ÖDIPUS. *Der Balg vor dem Bett erhebt sich. Er legt sich um* ANUBIS, *der sich aufrichtet. Er hält den Gürtel in der ausgestreckten Hand.* ÖDIPUS *rührt sich, er wendet sich um.*

ANUBIS *langsam, höhnisch*

Dank meiner traurigen Jugend habe ich Studien gemacht, die mich den Taugenichtsen von Theben gegenüber wohl deutlich in Vorteil setzen, und ich glaube nicht, daß das einfältige Untier gefaßt ist, sich mit dem Schüler der besten Gelehrten von Korinth Aug in Auge zu befinden. Aber wenn Sie mir einen Streich gespielt haben, werde ich Sie bei den Haaren reißen! *Bis zum Heulen* Ich werde Sie bei den Haaren reißen, ich werde Sie zwicken und kneifen bis aufs Blut!

JOKASTE *im Traum*
Nein, nicht diese Masse, nicht diese ekelhafte Masse ...

ÖDIPUS *wie von ferne mit gedämpfter Stimmme*
Ich zähle bis fünfzig: eins, zwei, drei, vier, acht, sieben, neun, zehn, elf, vierzehn, fünf, zwei, vier, sieben, fünfzehn, fünfzehn, drei, vier ...

ANUBIS
Und Anubis würde sich auf dich stürzen. Er würde seinen Wolfsrachen aufreißen! *Er verschwindet, der Balg hat wieder sein gewöhnliches Aussehen.*

ÖDIPUS
Hilfe! Hilfe! Hilfe! Helft mir! Helft mir!

JOKASTE
Was? Was hast du? Ödipus! Liebling! Ich schlief wie ein Stein! Wach auf! *Sie reißt ihn hoch.*

ÖDIPUS *sträubt sich und spricht zur* SPHINX
Oh! Herrin ... Oh! Herrin, Herrin! Gnade, Herrin! Nicht! Nicht! Nicht! Nicht, Herrin!

JOKASTE
Mein Kleiner, mach mir nicht angst. Es ist ein Traum. Ich bin da, ich, Jokaste, dein Weib Jokaste.

ÖDIPUS
Nicht! Nicht! *Er erwacht* Wo war ich? Was für ein Alptraum! Jokaste, du bist es ... was für ein Traum, was für ein entsetzlicher Traum.

JOKASTE
Jetzt ist er vorbei, du bist in unserm Zimmer, in meinen Armen ...

ÖDIPUS

Hast du nichts gesehen? Es ist wahr, ich bin ganz dumm, es war das Fell da ... *Er seufzt* Habe ich geredet? Was habe ich geredet?

JOKASTE

Jetzt bist du es, der fragt. Du schriest: Herrin! Nicht, nicht, Herrin! Nicht, Herrin, Gnade, Herrin! – Wer war diese böse Frau?

ÖDIPUS

Ich kann mich nicht mehr erinnern. Was für eine Nacht!

JOKASTE

Und ich? Deine Schreie haben mich aus einem namenlosen Entsetzen gerettet. Schau! Du bist naß, schweißgebadet. Das ist meine Schuld. Ich habe dich in diesen schweren Kleidern einschlafen lassen, mit diesen goldenen Ketten, den Spangen, den Sandalen, die dich in die Knöchel schneiden ... *Sie hebt ihn in die Höhe, er sinkt zurück* Ach, was für ein großes Baby! Man kann dich doch nicht in dieser Nässe lassen. Mach dich nicht schwer, hilf mir ... *Sie hebt ihn, zieht ihm das Hemd aus und reibt ihn ab.*

ÖDIPUS *im Halbschlaf*

Ja, meine liebe, liebe Mutter ...

JOKASTE *macht ihn nach*

Ja, meine liebe, liebe Mutter ... Was für ein Kind! Jetzt hält er mich für seine Mutter.

ÖDIPUS *erwacht*

Oh, verzeih, meine geliebte Jokaste, ich bin ja nicht bei Verstand. Du siehst, ich schlafe noch halb, ich bringe alles durcheinander. Ich war an tausend Orten, nahe bei meiner Mutter, die immer fand, ich hätte es zu kalt oder zu warm. Du bist nicht böse?

JOKASTE
Wie dumm er ist! Sei brav und schlafe! Immer entschuldigt er sich, bittet um Verzeihung! Was für ein höflicher junger Mann! Er muß von einer sehr guten, von einer viel zu guten Mama verhätschelt worden sein... und dann verläßt er sie; ja, so ist das. Aber ich habe nichts gegen sie, ich liebe mit meinem ganzen verliebten Herzen die Mama, die dich verzärtelt hat, behütet, erzogen für mich, für uns.

ÖDIPUS
Du bist gut.

JOKASTE
Kümmern wir uns lieber um deine Sandalen. Heb deinen linken Fuß *sie zieht ihm den Schuh aus* und deinen rechten... *gleichfalls. Plötzlich stößt sie einen entsetzten Schrei aus.*

ÖDIPUS
Was hast du?

JOKASTE
Nein, nein... *Sie weicht zurück und betrachtet wie eine Wahnsinnige die Füße des* ÖDIPUS.

ÖDIPUS
Ach, meine Narben... Ich wußte gar nicht, daß sie so häßlich sind. Mein armer Liebling, bist du sehr erschrocken?

JOKASTE
Diese Wunden, woher hast du sie?... Sie können nur von Verletzungen stammen, die so schwer sind wie...

ÖDIPUS
Jagdwunden, offenbar. Ich war im Wald; meine Amme führte mich. Plötzlich brach ein riesiger Eber hervor und griff sie an. Sie verlor den Kopf und hat mich losgelassen. Ich bin gefallen, und ein Holzfäller hat das Tier getötet,

wie es mich mit Stößen seiner Hauer bearbeitete ... So war das! ... Aber sie ist blaß wie eine Tote! Mein Liebling, mein Liebling! Ich hätte dich warnen müssen. Ich bin so gewöhnt an diese furchtbaren Narben. Ich wußte nicht, daß du so empfindsam bist ...

JOKASTE
Es ist nichts ...

ÖDIPUS
Die Müdigkeit, der Schlaf bringen uns in diesen Zustand von unbestimmtem Schrecken ... Du sprachst von einem schlechten Traum ...

JOKASTE
Nein! ... Ödipus, nein. In Wirklichkeit rufen diese Narben Dinge in mir wach, die ich immer wieder zu vergessen suche ...

ÖDIPUS
Ich habe kein Glück.

JOKASTE
Du konntest es nicht wissen. Es handelt sich um eine Frau, um meine Milchschwester, eine Wäscherin. Im gleichen Alter wie ich, mit fünfzehn Jahren wurde sie schwanger. Obwohl sie viel jünger als ihr Mann war, hatte sie unbedingt ein Kind gewollt. Aber die Orakel sagten dem Kind eine so gräßliche Zukunft voraus, daß sie nach der Entbindung nicht den Mut hatte, es am Leben zu lassen.

ÖDIPUS
Was?

JOKASTE
Warte ... Stell dir die Kraft vor, die eine Unglückliche braucht, um das Leben ihres Lebens zu beseitigen, das Kind ihres Schoßes, ihr Idol, ihr Liebstes auf der Welt.

ÖDIPUS
Und was machte diese ... Person?

JOKASTE
Den Tod im Herzen, durchbohrte sie die Füße des Säuglings, fesselte sie, trug ihn in ein Versteck im Gebirge und setzte ihn den Wölfen und Bären aus. *Sie verbirgt ihr Gesicht.*

ÖDIPUS
Und der Mann?

JOKASTE
War fest überzeugt, daß das Kind eines natürlichen Todes gestorben sei und daß es die Mutter mit eigenen Händen begraben habe.

ÖDIPUS
Und diese Frau lebt?

JOKASTE
Sie ist tot.

ÖDIPUS
Um so besser für sie, denn meine erste Regierungshandlung wäre gewesen, sie öffentlich zu Tode martern zu lassen.

JOKASTE
Die Orakel waren so eindringlich. Eine Frau ist ihnen gegenüber so dumm, so schwach.

ÖDIPUS
Töten! *Er erinnert sich des* LAIUS Es ist nicht verwerflich, wenn wir uns in Notwehr unwillkürlich dazu hinreißen lassen, wenn ein böser Zufall mitspielt; aber töten, kalt, feige, Fleisch von seinem Fleisch, die natürlichen Bande zerreißen ... das Schicksal betrügen!

JOKASTE
Reden wir von etwas anderem, Ödipus... Dein kleines, wildes Gesicht tut mir weh.

ÖDIPUS
Reden wir von etwas anderem. Ich würde Gefahr laufen, dich weniger zu lieben, wenn du versuchst, diese bösartige Hündin zu verteidigen.

JOKASTE
Du bist ein Mann, mein Liebling, ein freier und kluger Mann! Versuch doch mal, dich an die Stelle dieser Frau zu denken, die an die Prophezeiungen glaubte und, was mehr ausmacht, schwanger war, gehetzt, angeekelt, eingesperrt, erschreckt durch die Priester...

ÖDIPUS
Eine Wäscherin! Das ist ihre einzige Entschuldigung. Hättest du das getan?

JOKASTE *Geste*
Nein, wo denkst du hin!

ÖDIPUS
Glaub doch nicht, daß Kämpfen gegen die Orakel die Entschlossenheit eines Herkules verlangt. Ich könnte mich rühmen, als ein Wunderkind auftreten; ich würde lügen. Du mußt wissen, daß ich, um eine Prophezeiung zu vereiteln, meiner Familie, meinem Vaterhaus, meiner Heimat den Rücken kehren mußte. Und schau, je weiter ich mich von meiner Heimatstadt entfernte, je mehr ich mich der deinen genähert habe, desto mehr war es mir, als kehrte ich heim zu mir.

JOKASTE
Ödipus, der kleine Mund, der spricht, die Zunge, die sich bewegt, die Stirn, die sich runzelt, die großen Augen, die

Blitze schleudern ... Die Runzeln, können sie sich nicht ein wenig glätten und die Augen sich behutsam schließen, Ödipus, und der Mund zu Liebkosungen dienen, süßer als Worte.

ÖDIPUS
Wirklich, ich bin ein Bär, ein plumper Bär! Ein Tolpatsch!

JOKASTE
Du bist ein Kind.

ÖDIPUS
Ich bin kein Kind.

JOKASTE
Er fängt wieder an! Ps, ps, ps, sei vernünftig.

ÖDIPUS
Du hast recht; ich benehme mich unmöglich. Bring diesen geschwätzigen Mund zur Ruhe mit deinem Mund, diese fiebernden Augen mit deinen Händen.

JOKASTE
Verzeih. Ich schließe die Gittertür; ich habe nicht gern, daß die Tür bei Nacht offen ist.

ÖDIPUS
Ich mach es schon.

JOKASTE
Bleib liegen ... Ich werde dabei noch einen Blick in den Spiegel werfen. Oder willst du etwa eine Megäre umarmen? Nach allen diesen Aufregungen wissen die Götter allein, wie ich aussehen mag. Mach mir keine Angst. Schau mich nicht so an. Dreh dich um, Ödipus.

ÖDIPUS
Ich drehe mich um. *Er legt sich quer über das Bett, den Kopf auf den Rand der Wiege stützend* Schau, ich schließe die Augen. Ich bin nicht mehr.

JOKASTE *begibt sich zum Fenster. Zu* ÖDIPUS
Der kleine Soldat, er schläft immer halbnackt... und es ist nicht eben warm... der Ärmste! *Sie geht zum Spiegel, plötzlich bleibt sie stehen und lauscht auf den Platz.*

EIN BETRUNKENER *spricht sehr laut, mit langen Pausen zwischen seinen Betrachtungen*
Die Politik!... Die Po-li-tik! Wenn das kein Unglück ist. Erzählen Sie mir was von Politik... Hoho! Ein Toter... Entschuldigen schon, verzeihen! Ein eingeschlafener Soldat!... meinen militärischen Gruß; meinen Gruß der eingeschlafenen Armee. *Schweigen,* JOKASTE *stellt sich auf die Zehenspitzen und versucht hinauszublicken* Die Politik!... *Langes Schweigen* Es ist eine Schande... eine Schande...

JOKASTE
Ödipus! Liebling!

ÖDIPUS *im Schlaf*
Ha?

JOKASTE
Ödipus, Ödipus! Ein Betrunkener ist da, und der Posten hört ihn nicht. Ich hasse Betrunkene. Ich möchte, daß man ihn verjagt, daß man den Soldaten aufweckt! Ödipus! Ödipus! Ich flehe dich an! *Sie rüttelt ihn.*

ÖDIPUS
Ich spule ab, ich wickle auf, ich berechne, ich bedenke, ich flechte, ich leime, ich stricke, ich spinne, ich kreuze...

JOKASTE
Was redest du da zusammen? Ich könnte sterben, er würde es nicht bemerken.

DER BETRUNKENE
Die Politik! *Er singt. Bei den ersten Versen läßt* JOKASTE ÖDIPUS *los, legt behutsam seinen Kopf auf den Rand der Wiege und geht gegen die Mitte des Zimmers vor; sie lauscht.*

DER BETRUNKENE
Ich weiß nicht, was will denn die Alte
mit einem jungen Mann.
Ich weiß nicht, was fängt denn die Alte
mit einem Jungen an ... Höhö! ... etcetera ...

JOKASTE
Oh, diese Scheusale ...

DER BETRUNKENE
Ich weiß nicht, was stellt sich die Alte bei dieser Heirat denn vor?

Währenddessen schleicht JOKASTE *außer sich auf den Fußspitzen zum Fenster. Dann geht sie zum Bett zurück, beugt sich über den schlafenden* ÖDIPUS *und blickt sein Gesicht an, dann und wann schaut sie gegen das Fenster, wo die Stimme des* BETRUNKENEN *mit den Geräuschen der Fontäne und den Hähnen abwechselt; sie wiegt dem schlafenden* ÖDIPUS *leise schaukelnd die Wiege.*

DER BETRUNKENE
Wenn ich die Politik wäre ... ich würde zur Königin sagen ... Majestät! ... Ein Junger paßt nicht zu Ihnen. Nehmen Sie einen Mann, seriös, nüchtern, solid, einen Mann, wie ich es bin ...

DIE STIMME DES POSTENS *Man spürt, daß er aufwacht; er kommt langsam zu sich*
Weitergehen!

DER BETRUNKENE
Meinen Gruß der erwachten Armee ...

DER POSTEN
Weitergehen! Und Tempo!

DER BETRUNKENE
Sie könnten auch höflich sein ...

Vom Beginn der Szene des WACHTPOSTEN *an hat* JOKASTE *die Wiege gelassen, nachdem sie den Kopf des* ÖDIPUS *auf die Spitzen gebettet hat.*

DER POSTEN
Sie wollen wohl unbedingt im Kittchen landen?

DER BETRUNKENE
Immer die Politik! Wenn das kein Unglück ist ...

DER POSTEN
Vorwärts! Räumen Sie den Platz ...

DER BETRUNKENE
Ich räume ihn, ich räume; aber seien Sie höflich.

JOKASTE *tritt während dieser Repliken vor den Spiegel. Da der Mond und die Morgendämmerung ihr Licht auf die andere Seite werfen, kann sie sich nicht mehr sehen. Sie nimmt den Spiegel bei den Ständern und entfernt ihn von der Wand. In Wirklichkeit bleibt das Spiegelglas fest an der Wand.* JOKASTE *nimmt nur den Rahmen mit sich, und als sie zum Licht geht, wirft sie einen Blick auf den schlafenden* ÖDIPUS. *Sie schiebt das Möbel vorsichtig in den Vordergrund bis zum Souffleurkasten, so daß das Publikum zum Spiegel wird, in dem* JOKASTE *sich, für alle sichtbar, anschaut.*

DER BETRUNKENE *sehr weit*
Ich weiß nicht, was fängt denn die Alte mit einem Jungen an ... Höhö! ...

Man hört: die Schritte des WACHTPOSTEN; *die Weckrufe der Trompeten, die Hähne, eine Art Schnarchen, die der junge und rhythmische Atem des* ÖDIPUS *verursacht.* JOKASTE, *das Gesicht gegen den Spiegel gekehrt, legt die Hände ans Gesicht.*

Vorhang

Vierter Akt

König Ödipus

(Siebzehn Jahre später)

DIE STIMME

Siebzehn Jahre sind schnell vergangen. Die große Pest von Theben scheint die erste Schlappe im sprichwörtlichen Glück des Ödipus zu sein, denn damit ihre Höllenmaschine eine stärkere Wirkung erzielt, haben die Götter gewollt, daß alles Unheil plötzlich unter der Maske des Glücks hervorbricht. Nach dem falschen Glück wird der König das wirkliche Unglück, die wahre Krönung erleben, die aus diesem Kartenkönig in der Hand der grausamen Götter endlich einen Menschen macht.

Die Szene stellt das Ende eines Hofes dar, in den man aus dem Zimmer der JOKASTE *sieht, dessen rote Stoffe durch einen Bogen sichtbar sind. Durch ihn führt eine Loggia in den Hof, den hohe Mauern umgeben. In der Mitte des Hintergrundes ist ein Tor, durch das man hinauf in das Zimmer gelangt. Pestlicht.*

Beim Aufgehen des Vorhanges lehnt ÖDIPUS, *gealtert, einen kurzen Bart tragend, beim Tor.* TEIRESIAS *und* KREON *rechts und links von ihm. Im Hintergrund kniet ein junger Mensch auf der Erde:* DER BOTE AUS KORINTH.

ÖDIPUS
Was ist noch anstößig an mir, Teiresias?

TEIRESIAS
Sie übertreiben maßlos, wie immer. Ich fand – und ich wiederhole es –, daß man vielleicht den Tod eines Vaters mit etwas weniger Freude aufnehmen sollte.

ÖDIPUS
Wirklich? *zum Boten* Hab keine Angst, Kleiner, erzähle! Woran ist Polybius gestorben? Merope, ist Merope sehr unglücklich?

DER BOTE
Hoheit Ödipus, König Polybius ist an Altersschwäche gestorben und... die Königin, sein Weib, versteht es kaum. – Ihr Alter läßt sie ihr Unglück nicht richtig erkennen.

ÖDIPUS *die Hand am Mund*
Jokaste! Jokaste!...

JOKASTE *zieht den Vorhang weg und erscheint auf der Loggia: sie trägt ihre rote Schärpe*
Was gibt's?

ÖDIPUS
Du bist blaß; fühlst du dich nicht wohl?

JOKASTE
Die Pest, die Hitze, die Besuche in den Spitälern, das erschöpft mich alles, weißt du. Ich hatte mich ein wenig niedergelegt.

ÖDIPUS
Der Bote bringt eine große Neuigkeit, die die Mühe, die ich dir bereite, wert sein wird.

JOKASTE *erstaunt*
Eine gute Neuigkeit?

ÖDIPUS
Teiresias macht mir Vorwürfe, weil ich sie für gut finde: Mein Vater ist tot.

JOKASTE
Ödipus!

ÖDIPUS
Das Orakel hat mir gesagt, ich würde sein Mörder und der Gemahl meiner Mutter sein. Arme Merope! Sie ist schon alt, und mein Vater Polybius ist so friedlich gestorben, wie es nur sein kann.

JOKASTE
Ich glaube, daß der Tod eines Vaters niemals ein Grund zur Freude ist.

ÖDIPUS
Ich verachte die Komödie und die Tränen der Konvention. Ich bin ganz ehrlich: Ich habe Vater und Mutter sehr jung verlassen, und mein Herz hat sich von ihnen losgemacht.

DER BOTE
Hoheit Ödipus, wenn ich wagen dürfte ...

ÖDIPUS
Du sollst wagen, mein Junge!

DER BOTE
Ihre Gefühllosigkeit ist gar keine Gefühllosigkeit. Ich kann Ihnen das erklären.

ÖDIPUS
Schau, noch etwas Neues!

DER BOTE
Ich hätte beim Ende anfangen sollen. Auf seinem Totenbett hat mich der König von Korinth beauftragt, Ihnen mitzuteilen, daß Sie nur sein Adoptivsohn seien.

ÖDIPUS
Was?

DER BOTE
Mein Vater, ein Hirte des Polybius, fand Sie einst auf einem Hügel, den wilden Tieren ausgesetzt. Er war arm, er trug seinen Fund zur Königin, die keine Kinder haben konnte. Deshalb machte Polybius mir die Ehre dieser außerordentlichen Mission an den Hof von Theben.

TEIRESIAS
Der junge Mann wird von seiner Reise erschöpft sein und hat unsere Stadt durchquert, die voller Bazillen ist, ist es nicht besser, wenn er ein Bad nimmt, sich ausruht und Sie ihn später befragen?

ÖDIPUS
Sie wollen, daß die Qual andauert, Teiresias. Sie glauben, daß mein Weltall einstürzt. Sie kennen mich schlecht. Freuen Sie sich nicht zu früh. Vielleicht bin ich glücklich, ein Kind des Zufalls zu sein.

TEIRESIAS
Ich wollte, daß Sie sich vor Ihrer unseligen Gewohnheit hüten, alles fragen, wissen, begreifen zu wollen.

ÖDIPUS
Verdammt! Ob ich der Sohn der Musen bin oder eines Landstreichers, ich werde fragen, ohne Scheu. Und ich werde Bescheid wissen!

JOKASTE
Ödipus, mein Liebling, er hat recht. Du regst dich auf... du regst dich auf... Du glaubst alles, was man dir erzählt... und dann...

ÖDIPUS
Das ist die Höhe! Ich halte die härtesten Schläge aus, und alle verbünden sich, damit ich dastehe und nichts von meiner Herkunft weiß.

JOKASTE
Niemand verbündet sich ... mein Liebling! Aber ich kenne dich ...

ÖDIPUS
Du irrst dich, Jokaste. Man kennt mich nicht mehr, nicht du, nicht ich, niemand ... *Zum Boten* Fürchte dich nicht, Kleiner, sprich weiter.

DER BOTE
Ich weiß nichts mehr, Hoheit Ödipus, als daß mein Vater Sie losband, als Sie, fast tot, an Ihren verletzten Füßen an einem niedern Ast hingen.

ÖDIPUS
Da! ... Da sind die Narben.

JOKASTE
Ödipus, Ödipus ... hör auf! Man könnte meinen, daß es dir Spaß machen würde, deine Wunden mit einem Messer zu durchwühlen.

ÖDIPUS
Da hast du meine Windel! Meine Geschichte von der Jagd ... falsch wie alles andere. Nun und?!! Vielleicht bin ich das Kind eines Waldgottes und einer Dryade und von einer Wölfin gesäugt. Freuen Sie sich nicht zu früh, Teiresias.

TEIRESIAS
Sie sind ungerecht.

ÖDIPUS
Schließlich, Polybius habe ich nicht getötet, aber... ich erinnere mich... ich habe jemanden getötet.

JOKASTE
Du?

ÖDIPUS
Ich! Oh, beruhigt euch, es ist nicht wichtig und war purer unglücklicher Zufall. Ja, ich habe getötet, Wahrsager, aber den Vatermord, den muß ich abstreiten. Während einer Rauferei mit seinen Dienern habe ich einen Greis getötet, der auf einer Reise war, am Kreuzweg von Delphi und Aulis.

JOKASTE
Am Kreuzweg von Delphi und Aulis! *Sie verschwindet wie eine Ertrinkende.*

ÖDIPUS
Das wäre ein Stoff für ein Trauerspiel! Der Reisende müßte mein Vater gewesen sein... »Himmel, mein Vater!«... Aber mit der Blutschande wird es weniger leicht gehen. Was meinst du, Jokaste? *Er dreht sich um und sieht, daß* JOKASTE *verschwunden ist* Bravo! Siebzehn Jahre voll Glück, eine Herrschaft ohne Makel, zwei Söhne, zwei Töchter, und es genügt, daß diese feine Dame erfährt, daß ich der Unbekannte bin, den sie anfangs liebte, um mir den Rücken zu kehren. Sie soll nur trotzen! Sie soll nur trotzen! Ich werde doch Aug in Auge mit meinem Schicksal bleiben.

KREON
Dein Weib ist krank, Ödipus. Die Pest hat uns allen das Selbstvertrauen genommen. Die Götter bestrafen die Stadt und verlangen ein Opfer. Ein Ungeheuer verbirgt sich unter uns. Sie fordern, daß man es aufspürt und nach ihm

jagt. Jeden Tag versagt die Polizei, und die Leichen versperren die Straßen. Siehst du nicht ein, was du von Jokaste verlangst? Siehst du nicht ein, daß du ein Mann bist und sie eine Frau, eine alternde Frau, eine Mutter, voll Sorge wegen der Seuche? Bevor du Jokaste Launen vorwirfst, könntest du Entschuldigungen für sie suchen.

ÖDIPUS

Ich spüre, wo du hinauswillst, Schwager. Das ideale Opfer, das Ungeheuer, das sich verbirgt... Schlag auf Schlag... es wird ein Vergnügen sein, mit Hilfe der Polizei und der Priester die Thebaner blöd zu machen und ihnen einzureden, daß ich es bin!

KREON

Sie sind wahnsinnig!

ÖDIPUS

Ich traue Ihnen Ärgeres zu, mein Lieber. Aber Jokaste, das ist etwas anderes... Ihr Benehmen wundert mich. *Er ruft* Jokaste! Jokaste! Wo bist du?

TEIRESIAS

Sie scheint mit den Nerven fertig zu sein; sie wird sich niedergelegt haben... Lassen Sie sie ausruhen.

ÖDIPUS

Ich gehe... *Er erinnert sich des* JUNGEN SOLDATEN Natürlich... natürlich...

DER BOTE

Hoheit!

ÖDIPUS

Die Füße durchbohrt... gebunden... auf dem Gebirge... wieso habe ich nicht gleich verstanden... Und ich habe mich gefragt, warum... Jokaste... Es ist hart, auf Rätsel verzichten zu müssen ... Ich bin kein Sohn einer Dryade. Da habt Ihr den Sohn einer Wäscherin, ein Kind des Volkes, mitten unter euch geboren.

KREON
Was ist das für ein Märchen?

ÖDIPUS
Arme, arme Jokaste! Ohne es zu wissen, habe ich ihr eines Tages gesagt, was ich von meiner Mutter denke ... Jetzt verstehe ich alles ... Sie wird entsetzt, verzweifelt sein. Bitte ... wartet auf mich. Vor allem muß ich sie jetzt ausfragen, damit nichts im Dunkel bleibt, damit dieser Spaß ein Ende nimmt. *Er geht durch die Mitteltür ab.*

KREON *eilt sofort zum* BOTEN, *zieht ihn fort und schickt ihn links weg*
Er ist verrückt! Was ist das für eine Geschichte?

TEIRESIAS
Rühren Sie sich nicht. Ein Sturm zieht auf aus der Tiefe der Zeit. Der Blitz zielt nach diesem Menschen, und ich bitte Sie, Kreon, lassen Sie dem Blitz seinen Willen, warten Sie stumm, kümmern Sie sich um nichts.

ÖDIPUS *erscheint plötzlich auf der Loggia, haltlos, gebrochen, mit einer Hand auf die Mauer gestützt*
Ihr habt sie mir getötet ...

KREON
Getötet?

ÖDIPUS
Ihr habt sie mir getötet ... Sie ist da ... erhängt ... erhängt an ihrer Schärpe ... Sie ist tot ... sie ist tot ... es ist aus ... aus ... *Er verschwindet.*

KREON
Tot! Ich komme sofort hinauf ...

TEIRESIAS
Sie bleiben ... der Priester befiehlt Ihnen. Es ist unmenschlich, ich weiß es; aber der Kreis schließt sich; wir müssen stumm hier warten.

KREON
Hindern Sie einen Bruder nicht ...

TEIRESIAS
Ich hindere ihn! Lassen Sie das Gerede! Kümmern Sie sich nicht.

ÖDIPUS *erscheint im Tor*
Ihr habt sie mir getötet ... Sie war abgespannt ... schwach ... krank ... Ihr habt mich getrieben zu sagen, daß ich ein Mörder bin ... Und sagt mir, wen habe ich erschlagen? ... Durch einen unglücklichen Zufall ... einen Greis auf der Straße ... einen Namenlosen ...

TEIRESIAS
Ödipus, Sie haben durch einen unglücklichen Zufall den König Laius, den Gatten Jokastes getötet.

ÖDIPUS
Ihr Elenden! ... Meine Augen öffnen sich! Euer unaufhörliches Komplottieren ... es war noch ärger, als ich geglaubt hatte ... Ihr habt meiner armen Jokaste eingeredet, daß ich der Mörder des Laius sei ... daß ich den König getötet habe, um sie frei zu bekommen, um ihr Gatte werden zu können.

TEIRESIAS
Ödipus, Sie haben den Gatten Jokastes, den König Laius getötet. Ich wußte es seit langem, und Sie lügen: Nicht Ihnen, nicht ihr, nicht Kreon, niemandem habe ich es gesagt. Das ist jetzt Ihr Dank für mein Schweigen.

ÖDIPUS

Laius! ... Also so ist es! ... Der Sohn des Laius und der Wäscherin! Der Sohn des Laius und der Milchschwester der Jokaste!

TEIRESIAS *zu* KREON

Wenn Sie handeln wollen, zögern Sie nicht. Beeilen Sie sich. Denn auch die Härte hat ihre Grenzen.

KREON

Ödipus, meine Schwester ist durch Ihre Schuld gestorben. Ich schwieg nur, um Jokaste zu schonen. Ich halte es für falsch, für unnütz, das Dunkel zu verlängern, in dem ein verworfenes Drama liegt, dessen Zusammenhänge ich endlich aufdecken konnte.

ÖDIPUS

Zusammenhänge?

KREON

Eines Tages liefern sich auch die geheimsten Geheimnisse dem aus, der sie sucht. Der bravste Mann, der zu schweigen geschworen hat, erzählt es seiner Frau, die es einer guten Freundin erzählt, und so geht das weiter. *In die Kulisse* Komm her, Hirte!

Ein alter zitternder Hirte tritt auf.

ÖDIPUS

Wer ist der Mensch?

KREON

Der Mann, der dich verwundet und gefesselt auf das Gebirge getragen hat, wie es deine Mutter befahl. Er soll es zugeben.

HIRTE
Auf Reden wäre der Tod gestanden. O Fürsten, warum bin ich nicht tot, statt diese Minute zu erleben.

ÖDIPUS
Wessen Kind bin ich, guter Mann? Schlag zu, schlag zu, rasch!

HIRTE
Ach weh!

ÖDIPUS
Es kommt auf mich etwas zu, was kein Ohr hören will.

HIRTE
Und ... was kein Mund aussprechen will.

KREON
Du mußt es sagen. Ich will es.

HIRTE
Du bist das Kind der Jokaste, deines Weibes, und des Laius, den du am Kreuzweg der drei Straßen getötet hast. – Blutschande und Vatermord, die Götter mögen es dir verzeihen.

ÖDIPUS
Ich habe getötet, den ich nicht töten durfte. Ich habe geheiratet, die ich nicht heiraten durfte. Ich habe gezeugt, die ich nicht zeugen durfte, Licht ist geworden. *Ab.*

KREON *treibt den* HIRTEN *hinaus; zu* TEIRESIAS
Was redete er von einer Wäscherin, von einer Milchschwester?

TEIRESIAS
Die Frauen können nicht schweigen. Jokaste muß wohl ihre Tat auf eine ihrer Dienerinnen geschoben haben, um

das Terrain zu sondieren. *Er faßt* KREON *am Arm und steht mit gesenktem Kopf. Unheilverkündender Lärm.*

DIE KLEINE ANTIGONE *tritt, mit aufgelöstem Haar, auf die Loggia*
Onkel! Teiresias! Kommt schnell herauf, schnell, es ist entsetzlich! Ich habe aus dem Zimmer Schreien gehört. Die Mutter regt sich nicht mehr, sie liegt starr am Boden, und der Vater wälzt sich über sie und sticht sich mit ihrer goldenen Brosche in die Augen. Alles ist voller Blut. Ich habe Angst. Ich habe so Angst. Kommt herauf... kommt schnell herauf... *Sie geht zurück.*

KREON
Diesmal wird mich niemand hindern...

TEIRESIAS
Doch! Ich werde Sie hindern! Ich sage Ihnen, Kreon, ein ungeheures Grauen vollendet sich. Kein Wort, kein Schritt! Es wäre unpassend von uns, auch nur einen Schatten zu werfen...

KREON
Das ist der helle Wahnsinn!

TEIRESIAS
Das ist die reine Klugheit... Sie werden gelten lassen...

KREON
Nein! Jetzt ist die Macht in meine Hände zurückgefallen. *Im Moment, wo er sich losreißen will und hinaufeilen, öffnet sich das Tor;* ÖDIPUS, *blind, erscheint;* ANTIGONE *hängt sich an sein Gewand.*

TEIRESIAS
Halt!

KREON
Ich werde wahnsinnig. Warum, warum hat er das tun müssen? Der Tod wäre besser gewesen.

TEIRESIAS
Sein Stolz verläßt ihn nicht. Er hat der glücklichste Mensch sein wollen, jetzt will er der unglücklichste sein.

ÖDIPUS
Man soll mich hetzen, man soll ein Ende mit mir machen, man soll mich steinigen, man soll diese Bestie erschlagen.

ANTIGONE
Vater!

ÖDIPUS
Laß mich! Nimm mich nicht bei den Händen! Komm nicht in meine Nähe!

TEIRESIAS
Antigone! Meinen Augurenstab. Gib ihn ihm von mir. Er wird ihm helfen.

ANTIGONE *küßt die Hand* TEIRESIAS' *und gibt* ÖDIPUS *den Stab*
Teiresias schickt dir seinen Stab.

ÖDIPUS
Ist er das?... Ich danke Teiresias, ich danke Ihnen... Erinnern Sie sich, es war vor siebzehn Jahren, ich habe in Ihren Augen gesehen, daß ich blind wäre, und habe nichts damit anzufangen gewußt. Jetzt sehe ich klar, Teiresias, aber ich leide... ich habe Schmerzen... mein Leben wird hart sein.

KREON
Es ist unmöglich, ihn durch die Stadt gehen zu lassen; es wäre ein entsetzlicher Skandal.

TEIRESIAS *leise*
In einer Stadt unter der Pest? Und dann, verstehen Sie, sie haben immer nur den König gesehen, der Ödipus sein wollte, sie werden nicht den sehen, der er ist.

KREON
Sie meinen, daß er unsichtbar wird, weil er blind ist?

TEIRESIAS
Vielleicht.

KREON
Ach! Ich habe genug von Ihren Weissagungen und Ihrer Symbolik. Ich habe meinen Kopf auf den Schultern und die Füße auf der Erde. Ich werde Befehle geben.

TEIRESIAS
Ihre Polizei ist sehr tüchtig, Kreon, aber wo dieser Mann sich zeigt, wird sie nicht die geringste Macht mehr haben.

KREON
Ich ... TEIRESIAS *nimmt ihn beim Arm und legt ihm die Hand auf den Mund; denn* JOKASTE *erscheint im Tor.* JOKASTE, *tot, weiß, schön, die Augen geschlossen; ihre lange Schärpe ist um ihren Hals geschlungen.*

ÖDIPUS
Jokaste! Du, du lebst!

JOKASTE
Nein, Ödipus. Ich bin tot. Du siehst mich, denn du bist blind. Die andern können mich nicht mehr sehen.

ÖDIPUS
Teiresias ist blind ...

JOKASTE
Vielleicht sieht er mich ein wenig ... aber er hat mich lieb, er wird nichts sagen.

ÖDIPUS
Weib, rühr mich nicht an ...

JOKASTE
Dein Weib ist tot, erhängt, Ödipus. Ich bin deine Mutter. Deine Mutter kommt dir zu Hilfe ... Wie willst du denn allein diese Treppe hinunterkommen, mein armer, armer Kleiner?

ÖDIPUS
Meine Mutter!

JOKASTE
Ja, mein Kind, mein kleines Kind ... Die Dinge, die den Menschen so scheußlich erscheinen, wenn du wüßtest ... da, wo ich bin ... wenn du wüßtest, wie wenig wichtig sie sind.

ÖDIPUS
Ich bin noch auf der Erde.

JOKASTE
Ein wenig ...

KREON
Er spricht mit Gespenstern, er deliriert, das Fieber, ich werde nicht gestatten, daß diese Kleine ...

TEIRESIAS
Sie sind in guten Händen.

KREON
Antigone! Antigone! Ich befehle dir ...

ANTIGONE
Ich will nicht bei meinem Onkel bleiben! Ich will nicht, ich will nicht in diesem Haus bleiben! Vater, Vater, verlaß mich nicht. Ich werde dich leiten, ich werde dich führen...

KREON
Undankbares Geschöpf!

ÖDIPUS
Unmöglich, Antigone, du mußt brav sein. Ich kann dich nicht mitnehmen.

ANTIGONE
Ach, bitte!

ÖDIPUS
Du würdest Ismene verlassen?

ANTIGONE
Sie soll bei Eteokles und Polyneikes bleiben. Nimm mich mit! Ich flehe dich an! Laß mich nicht allein! Laß mich nicht bei meinem Onkel! Laß mich nicht in diesem Haus!

JOKASTE
Die Kleine hat ja Stolz; sie bildet sich ein, dein Führer sein zu können; man muß ihr diesen Glauben lassen. Nimm sie mit. Ich nehme alles auf mich.

ÖDIPUS *stöhnt; er legt die Hand an den Kopf.*

JOKASTE
Hast du Schmerzen?

ÖDIPUS
Ja, im Kopf und im Nacken und in den Armen... es ist gräßlich...

JOKASTE
Ich werde dich am Brunnen verbinden.

ÖDIPUS *verloren*
Mutter! – – – ...

JOKASTE
Siehst du? Diese böse Schärpe und diese abscheuliche Brosche! Ich habe es schon immer gesagt!

KREON
Es ist unmöglich. Ich werde nicht einen Wahnsinnigen mit Antigone frei herumlaufen lassen. Ich habe die Pflicht ...

TEIRESIAS
Die Pflicht! Sie sind nicht mehr mit dir verwandt; sie stehen nicht mehr unter deiner Macht.

KREON
Mit wem sind sie denn verwandt?

TEIRESIAS
Mit dem Volk, mit den Dichtern, mit den reinen Herzen.

JOKASTE
Komm! Halt dich an meinem Kleid fest ... Hab keine Angst ... *Sie beginnen zu gehen.*

ANTIGONE
Komm, Vater, schnell ...

ÖDIPUS
Wo beginnen die Stufen?

JOKASTE UND ANTIGONE
Es ist noch die ganze Plattform dazwischen ... *Sie verschwinden. Man hört* JOKASTE *und* ANTIGONE *genau gleichzeitig sprechen* Gib acht ... zähl die Stufen ... Eins, zwei, drei, vier, fünf ...

KREON
Und angenommen, daß sie durch die Stadt kommen, wer wird sie beherbergen, wer wird sie aufnehmen?

TEIRESIAS
Der Ruhm.

KREON
Sagen Sie lieber: der Schimpf, die Schande...

TEIRESIAS
Wer weiß?

Vorhang

Saint-Mandrier 1932

NACHWORT

Die Hochzeit auf dem Eiffelturm (Les Mariés de la tour Eiffel) aus dem Jahr 1921 ist der erste Theatertext im engeren Sinn, den Jean Cocteau geschrieben hat.

Zu dieser Zeit ist Cocteau allerdings kein Neuling mehr in der Welt der Bühne. Schon früh galt er in den vornehmen künstlerisch interessierten Kreisen der Pariser Gesellschaft als eine Art literarisches Wunderkind. De Max, ein berühmter Schauspieler, organisiert, von Cocteaus Charme und sprühendem Witz ganz eingenommen, 1908 in mondänem Rahmen die erste Dichterlesung für den Achtzehnjährigen. Als ein Jahr darauf der Kunstimpresario Serge Diaghilew mit seinem Russischen Ballett nach Paris kommt, gelingt es dem jungen Cocteau dank seiner gesellschaftlichen und künstlerischen Beziehungen rasch, mit ihm in Verbindung zu treten und im Ballettmilieu heimisch zu werden. Diaghilew bringt frischen Wind in die darniederliegende Pariser Ballettszene, die er zwanzig Jahre lang beherrschen wird. Cocteau feiert in Versen den jungen männlichen Hauptstar der Truppe, Nijinsky, den Diaghilew eifersüchtig hütet, er entwirft Plakate für das Russische Ballett und arbeitet an einem ersten, sehr konventionellen Ballettlibretto, dem exotisch-mythischen Tanzstück *Le Dieu bleu* (Der blaue Gott, 1912); besonderer Erfolg ist ihm damit nicht beschieden. Er bemüht sich, auf Diaghilew Eindruck zu machen, nicht zuletzt, um seinen künstlerischen Ruf zu befördern; Diaghilew seinerseits weiß die Publikumswirksamkeit zu schätzen, die sich bereits in diesen Jahren mit Cocteaus Namen verband.

1913 schließlich findet ein Ereignis statt, das Cocteaus weiteren künstlerischen Weg entscheidend beeinflussen wird: Die Premiere von Igor Strawinskys Ballettmusik *Le Sacre du printemps* stößt ihm das Tor zu einer neuen Kunstwelt auf; er nimmt Abstand von den gefälligen, eleganten Versen, die er bisher geschrieben hat, und will sich einer überraschenden und authentischen Kunst zuwenden. Das unmittelbare Ergebnis dieser ästhetischen Neuorientierung ist, nach Cocteaus eigenem Bekunden, das Prosawerk *Le Potomak* (1913 verfaßt, 1919 veröffentlicht). Er plant nun auch, unter dem Titel *David*, ein Ballett, zu dem Strawinsky die Musik schreiben soll. Nach längerem Hin und Her – und nicht ohne Druck von seiten Diaghilews, der sich den jungen, erfolgreichen Komponisten von niemandem abspenstig machen lassen will – verläuft das Projekt im Sande.

1916 dann, mitten im Krieg, an dem Cocteau einige Monate lang als Freiwilliger im Sanitätsdienst teilnimmt, bemüht er sich um die Durchsetzung eines neuen Bühnenprojekts, *Parade*. Er gewinnt Erik Satie als Komponisten und Pablo Picasso für das Bühnenbild und die Kostüme. Diaghilew übernimmt schließlich die Organisation des Vorhabens und bringt seinen neuen Schützling Léonide Massine als Tänzer und Choreographen mit.

Parade ist eine Art »Multimedia«-Spektakel: Tanz, Pantomime, Maske und Bühnenbild, Musik, Geräusche und gesprochene Textfetzen sollen sich zu einem »totalen Musiktheater« verbinden. Die Grundidee läßt sich bereits der Lexikondefinition des französischen Worts »parade« entnehmen, wie sie Cocteau selbst sich notiert hat: »Burleske Szene, die vor dem Eingang einer Jahrmarktsschaubude gespielt wird, um das Publikum anzuziehen.« In dem Stück treten drei »Manager« auf, um mit Music-Hall-Einlagen die Passanten in das Theater zu locken. Doch niemand geht hinein, da jedermann die Reklame schon für das eigentliche Schauspiel hält. Erschöpft brechen die Manager zusammen, und aus dem Innern des Theaters kommen die Künstler hervor, um ihrerseits dem Publikum begreiflich zu machen, daß dies noch gar nicht das wirkliche Spektakel sei, das sich im Innern abspiele – aber auch ihre Bemühungen bleiben vergeblich.

Bereits hier finden sich also Themen, die Cocteau unter verschiedensten Verkleidungen sein Leben lang variieren wird: das trügerische Verhältnis von Sein und Schein und die unverstandenen Künstler. Das hört sich freilich ernster an, als es tatsächlich ausgesehen hat und auch verstanden wurde: Die Akrobatenkunststücke, die Music-Hall-Elemente der Partitur und die Ragtime-Tanzeinlagen, die drei Meter hohen, von Picasso entworfenen »kubistischen« Verkleidungen der Manager sorgten zur Genüge für ein spaßiges Spektakel.

Cocteau nannte *Parade* im Untertitel »ballet réaliste«. In der Tat ist es wohl insofern das erste moderne Ballett, als hier Elemente des wirklichen modernen Alltagslebens, die Atmosphäre der Straße und des Volksfests satirisch herangezogen werden und nicht mehr Mythisches oder eine exotische Fabelwelt die Grundlage für das Libretto abgibt; die realistischen Bezüge werden dann in einem ästhetischen Spiel durcheinandergewirbelt, das keine wirklichkeitsgetreue Abbildung mehr im Sinn hat. Guillaume Apollinaire gebraucht übrigens in einer Besprechung von *Parade* zum ersten Mal das Wort »surréalisme«: so bezeichnet er diese Kombination realistischer Versatzstücke, die sich zu einem künstlerischen Bild, »wahrer als wahr«, wie Cocteau später sagen wird, zusammensetzen.

Am 18. Mai 1917 gelangt *Parade* zur Uraufführung. Neben der Pariser »besseren Gesellschaft« wohnen ihr zahlreiche Künstler bei. Entsprechend geteilt fallen die Reaktionen aus. Das gesetztere, künstlerisch konventionellere Publikum buht, fühlt sich auf den Arm genommen und schreit Skandal; an der Front hat das Gemetzel des Stellungskriegs gerade besondere Ausmaße erreicht, da wird dieser bizarre Mummenschanz von so manchem als empörend empfunden. Nur mit Mühe können sich Cocteau, Picasso und Satie vor den Handgreiflichkeiten des aufgebrachten Publikums retten. In den Künstlerkreisen hingegen fand *Parade* begeisterte Zustimmung. Diaghilews Truppe führte das Stück im selben Jahr noch mehrere Male während einer Welttournee im Ausland auf, in den Vereinigten Staaten, in Spanien, in Rio de Janeiro.

1920 wird Cocteau ein ähnliches Ballettspektakel, *Le Bœuf sur le toit* (Der Ochs auf dem Dach), auf die Bühne bringen; er bezeichnet dieses Stück, zu dem Darius Milhaud unter Verwendung brasilianischer Rhythmen die Musik geschrieben hat, als »farce«, als Posse. Der Titel hat vor allem dadurch Berühmtheit erlangt, daß ein Nachtklub, in dem Cocteau und seine Freunde ständig verkehrten und der in den zwanziger Jahren zum Zentrum des Pariser Nachtlebens wurde, sich mit ihm schmückte. Der Besitzer dieser Bar hat später noch weitere Lokale nach Werken Cocteaus benannt. So verwandelten sich die Romane *Le Grand Ecart* (Die große Kluft) und *Les Enfants terribles* (Kinder der Nacht) in Namen von Bars. Manch einer, der Cocteau als Jugendverderber brandmarken wollte, hielt ihm denn auch – irrtümlich – vor, er sei der Betreiber dieser Vergnügungsstätten.

1924 wird *Le Train bleu* (Der blaue Zug), eine weitere Arbeit Cocteaus für das Ballett, uraufgeführt; die Musik dazu stammt ebenfalls von Darius Milhaud. Aus der Zusammenarbeit mit Milhaud entsteht 1927 auch die »Minioper« *Le Pauvre Matelot* (Der arme Matrose).

Die Zusammenarbeit mit Erik Satie und vorher bereits der Eindruck, den Strawinskys *Sacre du printemps* auf ihn gemacht hat, zeigen, welche Bedeutung der Musik in Cocteaus frühem Werk zukommt. Durch die Arbeit an *Parade* und die Resonanz, die dieses Stück gefunden hat, ermuntert, will Cocteau nun seine ästhetischen Ideen auf die Musik anwenden. Er hatte sich mittlerweile mit einigen jungen Komponisten im Umkreis von Erik Satie angefreundet: Georges Auric, Germaine Tailleferre, Arthur Honegger, Darius Milhaud, Francis Poulenc und Louis Durey, die später, von einem Kritiker »Gruppe der Sechs« getauft, unter diesem Namen bekannt werden. 1918 erscheint *Le Coq et l'Arlequin* (Hahn und Harlekin), Cocteaus Manifest für eine neue, genuin französische Musik. Neben dem Aufruf zu einer neuen nationalen Musikkultur, die aus der französischen Tradition schöpfen soll, steht die Begeisterung für die moderne amerikanische Unterhaltungsmusik des Jazz und der Music-Halls, von der er sich künstlerische Befruchtung und Belebung verspricht. In knappen, einprägsamen Aphorismen ficht er gegen den musikalischen Impressionismus eines Debussy, gegen den überwältigenden Einfluß der Musik Richard Wagners, gegen das Romantische, Zerfließende oder Pompöse, und spricht einer Ästhetik der Klarheit, des Unstilisierten, Authentischen, des allem bloß schmückenden Beiwerks Entkleideten das Wort. Die Grundge-

danken, die er hier für die Musik entwickelt, wird er 1922 in seinem Essay *Das Berufsgeheimnis,* auf die Literatur beziehen und weiter ausarbeiten.

Rasch gilt *Le Coq et l'Arlequin,* das Georges Auric gewidmet ist, als poetisches Manifest der »Gruppe der Sechs«, die sich bei aller Unterschiedlichkeit in ihrem Bemühen um eine klare Melodieführung, sparsame Orchestrierung, konzise Form und Zurückhaltung im Ausdruck treffen.* Sein ganzes Leben hindurch wird Cocteau immer wieder mit Musikern wie Darius Milhaud, Francis Poulenc und insbesondere mit Georges Auric, der die Musik zu den meisten seiner Filme geschrieben hat, zusammenarbeiten; auch zum Ballett kehrt er des öfteren zurück.

Die Hochzeit auf dem Eiffelturm ist Ergebnis dieser Künstlerfreundschaften, dieses regen Gruppenlebens, das Musiker, Maler und Literaten um Cocteau entfalten. Viele der witzigen Einfälle des Stücks, die Figur des Generals etwa, sollen in den regelmäßigen gemeinsamen Restaurant-, Kino- oder Jahrmarktsbesuchen der

* So charakterisiert Eveline Hurard in ihrem Artikel »Le Chant du coq« (*Magazine littéraire,* n° 199, Okt. 1983) die Musik des »Groupe des Six«.

»Société d'Admiration Mutuelle«, der »Gesellschaft zur wechselseitigen Bewunderung«, wie sie sich scherzhaft nannten, ihre Wurzel haben.

Den Anstoß zu diesem Stück gab Rolf de Maré, ein reicher Ballettliebhaber, der mit dem Schwedischen Ballett im Winter 1920/21 in Paris gastiert. Er hatte Auric um eine Ballettmusik zu einem Libretto von Cocteau gebeten. Doch daraus wird ein Kollektivwerk der »Gruppe der Sechs« – nur Louis Durey nahm daran nicht teil –, zu dem Cocteau die Choreographie und den Text beisteuert.

Am 18. Juni 1921 findet die Premiere statt. Die Dadaisten nützen die Gelegenheit, Cocteau öffentlich ihr Mißfallen zu bekunden. Er war zwar mit einigen Dadaisten befreundet, mit Francis Picabia zum Beispiel, nahm auch gelegentlich an ihren Veranstaltungen teil, doch im großen und ganzen standen sie nicht auf bestem Fuße miteinander. Vor allem André Breton war dieser elegante, erfolgsgewohnte Plauderer aus der besseren Gesellschaft richtiggehend verhaßt, und er setzte alles in Bewegung, um Cocteau bei den avantgardistischen Künstlern in Mißkredit zu bringen. Nicht ohne Erfolg. So konnte er etwa Tristan Tzara, den Dadaisten der ersten Stunde aus Zürich, der in seiner *Anthologie Dada* 1919 noch Gedichte Cocteaus abdruckte und mit ihm zusammenarbeiten wollte, gegen »das hassenswerteste Wesen dieser Zeit« – wie Breton ihn Tzara gegenüber bezeichnet – einnehmen.

Einen Abend zuvor hatten die Dadaisten bereits eine Veranstaltung der Futuristen im selben Theater gestört. Bei der Premiere der *Hochzeit* nun haben sie sich im Saal verteilt und werden sich während der Veranstaltung unaufhörlich erheben, »Lang lebe Dada« rufen, sich wieder hinsetzen, bis das Spiel von neuem beginnt. Text und Musik gingen in diesem Lärm oftmals unter. An den folgenden Abenden wurde das Stück freundlicher aufgenommen, die Kritiker jedoch blieben ablehnend. Erst bei der Wiederaufnahme der *Hochzeit* in den Jahren 1923 und 1924 wird das Stück ein Erfolg.

Die Hochzeit auf dem Eiffelturm ist nicht mehr in erster Linie Ballett wie *Parade* oder musikalisches Mimodram wie *Der Ochs auf dem Dach,* sondern hier erhält der Text zum ersten Mal sein volles Gewicht, um zusammen mit der Musik, dem Ballett und der Pantomime ein integrales poetisches Theater zu schaffen.

In der *Hochzeit auf dem Eiffelturm* tritt die Gesellschaft der »Belle Epoque«, der Jahrhundertwende auf die Bühne. Die Kostüme sind im Stil von 1890 gehalten, und der Eiffelturm, der zur Weltausstellung von 1889 errichtet wurde, war die Sensation jener Jahre.

Es gibt hier keine Geschichte, keine Intrige, deren Verwicklungen den Zuschauer fesseln könnten. Cocteau geht es um etwas anderes. In seinem programmatischen Vorwort, das er 1922, nach den ersten Aufführungen also, schrieb, hat er dies ausführlich erläutert. Aus den Gemeinplätzen der Alltagssprache, aus den Abziehbildern, den Klischees der Jahrhundertwende will er den Funken der Poesie schlagen, das Banale in ein überraschendes und verjüngendes Licht tauchen. Er erreicht dies, indem er die abgegriffenen Sprüche beim Wort nimmt und in Bilder umsetzt. Nicht mehr die Bildlichkeit der Sprache soll die poetische Wirkung erzeugen; vielmehr tritt die Sprache – wenn die übertragene Bedeutung der Gemeinplätze auf der Bühne dargestellt wird, aus der Kamera des Photographen tatsächlich ein Vogel herausspaziert – ihre Bildlichkeit an das theatralische Geschehen selbst ab und wird wieder buchstäblich. Dies meint Cocteau mit der Unterscheidung zwischen einer »Poesie auf dem Theater« und einer »Poesie des Theaters«, die er in seinem Vorwort getroffen hat.

Die Verselbständigung des bildlichen Gehalts gegenüber der banalen Bedeutung in ihrem alltäglichen Gebrauch geht mit einer Verselbständigung der Dingwelt einher; der Photoapparat wird zum eigentlichen Subjekt des Geschehens, er entläßt aus sich all die bunten Szenerien und Bilder, die Akteure unterwerfen sich der Regie der Postkarten, Heldenporträts und Photos fürs Familienalbum. Der Mensch, der Photograph, tut nur mehr so, als hätte er alles in der Hand. In Wirklichkeit haben sich die Verhältnisse verkehrt: Nicht die Menschen benutzen die von ihnen geschaffenen Mittel zu frei gewählten Zwecken, sondern die Apparate begehren auf und lassen den Benutzer in die selbstgeschaffene Falle tappen. Daß alle Rollen, der gesamte Text, von zwei außerhalb des Geschehens stehenden Phonographen gesprochen werden, unterstreicht noch den maschinellen Ablauf: Ein lebendes Puppentheater spult eine Nummernrevue ab.

Dieses Spektakel ist jedoch nicht etwa als eine Kritik an der »Verdinglichung«, an der Unterwerfung der Menschen unter ihre eigenen Produkte, gemeint; mit dieser burlesken verkehrten Welt möchte Cocteau vielmehr im gewöhnlichen Sprachgebrauch und in der allgegenwärtigen modernen Dingwelt einen nicht der Nützlichkeit verhafteten Aspekt, eine poetische Kraft freisetzen. Darin steht das Stück durchaus den Absichten der künftigen Surrealisten nahe; auch diese haben sich etwa mit der verborgenen Poesie von Sprichwörtern beschäftigt. Einige gesellschaftsbezogene Elemente verweisen ebenfalls auf Anliegen der Surrealisten: Der Aufstand des Kinds, das »sein eigenes Leben führen« will, gegen die Institution der Familie, die Sarkasmen gegen das Militär waren ganz in ihrem Sinne. Doch Cocteau hat es letztlich nicht auf Kritik abgesehen und löst, was als Angriff erscheinen könnte, gleich wieder in heiteres Spiel auf. Während die Surrealisten glaubten, mit ihrem poetischen Programm an den Grundfesten der Gesellschaft zu rütteln, beschränkt sich Cocteaus Neuerungswille von vornherein auf das Feld der Ästhetik.

In der *Hochzeit auf dem Eiffelturm* sind deutlich die Spuren der damals herrschenden Avantgarde abzulesen. Die Verselbständigung der Maschinerie erinnert von ferne an die Maschinenfaszination der Futuristen; in den bizarren Kombinationen, dem Verzicht auf einen stringenten Sinnaufbau hallt der Protest der Dadaisten nach, denen der von der Kunst proklamierte Sinn nichtig erschien und die für ihre Revolte doch nur wieder das Feld der Kunst entdeckten. Guillaume Apollinaire hat mit seinem Theaterstück *Les Mamelles de Tirésias* (Die Brüste des Teiresias), das 1917, wenige Wochen nach der Premiere von *Parade* erstmals aufgeführt wurde, den Weg bereitet: Auch wenn der Anschein einer Rahmenhandlung gewahrt wird, setzt sich sein Stück aus burlesken, kaum motivierten Einzelszenen und phantastischen Verfremdungen zusammen. Die Verbindung von Ton, Tanz, Handlung und Bühnenbild zu einem poetischen Gesamtkunstwerk, die Apollinaire in *Les Mamelles de Tirésias* programmatisch fordert, hat Cocteau in seiner *Hochzeit auf dem Eiffelturm* verwirklicht. Avantgarde-Theater ist dieses Stück in dem Sinne, daß es die auf dem Theater seiner Zeit übliche Psychologisierung oder Symbolisierung beiseite läßt und nur Rudimente einer kontinuierlichen Ideenentwicklung erhalten sind; gegen die Vorherrschaft des Literarischen rückt es das Visuelle am Schauspiel in den Vordergrund: Mit ureigensten schauspielerischen Mitteln, nicht mit literarischen, soll die Poesie auf die Bühne treten.

In Gegensatz zu manch anderen avantgardistischen Produktionen, den Provokationen der Dadaisten etwa, hat Cocteau immer betont, daß das Theater Vergnügen bereiten soll. Auch sein einziges Stück, das man mit dem Etikett »Avantgarde«- oder »experimentelles« Theater belegen könnte, bleibt dieser Devise treu.

Man hat oftmals von Cocteaus außergewöhnlichem Spürsinn für neue künstlerische Entwicklungen, sich anbahnende Moden gesprochen; in der Tat war er meist als einer der ersten zur Stelle, wenn etwas Neues in der Luft lag: Mit *Parade* organisiert er, von Diaghilews Russischem Ballett und Strawinskys Musik angeregt, ein nichtliterarisches, modernes Bühnenspektakel, das mit traditionellen Gattungsgrenzen bricht, die Avantgarde verschiedener Künste integriert und die Unterscheidung von hoher Kunst und Unterhaltungskultur nicht mehr respektiert; Apollinaire und die Dadaisten bilden den Nährboden der *Hochzeit auf dem Eiffelturm*, das in vielen Zügen surrealistisches Gedankengut in eine Bühnensprache übersetzt, noch ehe der Surrealismus »schulbildend« wurde.

1922 nun schreibt Cocteau eine modernisierte Kurzfassung von Sophokles' *Antigone* und steht damit am Beginn einer neuen Rückwendung des französischen Theaters zu den klassischen Mythen Griechenlands: Gide, Giraudoux, Anouilh und Sartre sind wohl die bekanntesten französischen Autoren, die in den kommenden zwanzig Jahren einen *Ödipus*, eine *Elektra*, eine *Antigone* oder eine Orestie veröffentlichen werden. Warum diese Wiederentdeckung der griechischen Klassik im Umkreis der dreißiger Jahre? Es mag damit zu tun haben, daß nach den Zweifeln an der Rolle der traditionellen Kunst in den ersten beiden Jahrzehnten dieses Jahrhunderts das Bedürfnis aufkam, sich der Bedeutsamkeit und Gültigkeit der Kunst neu zu vergewissern. Im Rückgriff auf die Schauspiele der Antike handelt die Literatur von sich selbst, wählt einen Gegenstand, der selbst bereits literarisches Erzeugnis ist; die modernen Bearbeitungen spinnen einen Faden fort, der sie über das Tagesgeschehen hinaus mit einer dauerhaften literarischen Formen- und Ideenwelt verbinden soll. Gleichzeitig eröffnet diese Arbeit mit allseits bekanntem Kulturgut, fest etablierten Themen und Gestalten alle Möglichkeiten eines Spiels der Kunst mit und über sich selbst.

Cocteaus *Antigone* fand beifällige Aufnahme; Arthur Honegger hatte die Bühnenmusik dazu geschrieben. Drei Jahre später, 1925, wird Strawinsky, dem die *Antigone* gefallen hat, Cocteau um ein Textbuch für ein Oratorium bitten: *Oedipus Rex* gelangt 1927 zur Uraufführung, Cocteaus Text wurde dafür ins Lateinische übertragen.

Im Sommer 1925 gilt Cocteaus Arbeit jedoch vor allem einem anderen klassischen Mythos, dem Orpheus-Stoff. In der überdrehten Atmosphäre des Hotels Welcome in Villefranche an der Côte d'Azur, wo er sich gerne und ausgiebig aufhielt, entstehen das Theaterstück *Orpheus* und auch große Teile des Gedichtbands *Opéra*. Künstler, Matrosen, Prostituierte und zahlreiche Freunde Cocteaus finden sich in diesem Hotel zusammen und entfalten hier mitunter ein ausgelassenes Treiben. Opiumschwaden dringen aus seinem Zimmer. Seitdem im Dezember 1923 seine große Liebe, der gerade zwanzigjährige Schriftsteller Raymond Radiguet gestorben ist, hat Cocteau sich ganz dem Opium ergeben. Trotz mehrmaliger Entziehungskuren scheint er nie endgültig darauf verzichtet zu haben. Auch die Verherrlichung des Todes ist seither unwiderruflich jedem seiner Werke eingeschrieben.

Am Ursprung von *Orpheus* stand der Plan zu einem Weihnachtsspiel. Es sollte von der unerklärlichen Schwangerschaft der Jungfrau Maria handeln; der Verkündigungsengel erscheint in der Gestalt von Josephs Schreinergehilfen; das Volk verjagt schließlich die Familie aus dem Ort, weil es bei dieser mysteriösen Geburt nicht mit rechten Dingen zugehen kann. Cocteau verwarf dann das Thema, denn er fürchtete den Vorwurf, er treibe mit der Unschuld der Jungfrau Maria seine Scherze. Der Hintergrund christlicher Mythologie ist aber im Stück nach wie vor gegenwärtig: Maria und Joseph verwandeln sich in Eurydike und Orpheus; der Engel ist zu einem Glaser mit einem Scheibengestell auf dem Rücken geworden – das paßt auch besser zu seinen Flügeln –, und bei seinem ersten Auftritt nimmt er tatsächlich die Pose des Verkündigungsengels an. Die schwere und geheimnisvolle Geburt, der man hier beiwohnt, ist, in Cocteaus Augen, durchaus die eines Heilands: nämlich die des wahren Geists der Poesie. Der Geburtshelfer dabei, der Engel Heurtebise, hat bereits ein Jahr zuvor das Licht der Welt erblickt. Er ist der Titelheld eines Gedichts, zu dem Cocteau die Erinnerung an den verstorbenen Radiguet inspirierte; es findet sich in der 1927 veröffentlichten Sammlung *Opéra*. Cocteau hat dieses Gedicht immer sehr geliebt.

Als Grundlage dient nun die antike Orpheus-Legende. Dieser Mythos ist Cocteau geradezu auf den Leib geschneidert. Hier kann er seinem tiefsten Anliegen, der Selbststilisierung als Dichter, der Verkündung eines abgründigen Geheimnisses der Dichtung, ihrer tragischen Todesverbundenheit und ihrer magischen Kraft, nach Belieben frönen. Die christliche Inspiration überhöht die Sage zur surrealen Heilsgeschichte. Orpheus erinnert in manchem an Christus selbst: Er hat einen wahren Passionsweg, der zu seiner Verklärung führt, zu durchschreiten, bringt sich selbst als Opfer auf dem Altar der Kunst dar; eine Sonnenfinsternis begleitet seinen Untergang, dem leeren Grab des Neuen Testaments entspricht die Abwesenheit des »corpus delicti«, die der Kommissar konstatiert, und am Ende darf das Publikum das Schauspiel von Orpheus' Himmelfahrt bestaunen.

Züge der Boulevardkomödie reichern die Mischung an: Der Hausfreund in Gestalt eines Pferds – das, christlich betrachtet, für den Teufel steht, während es im Licht des antiken Mythos an Pegasus, das geflügelte Pferd der Poesie, denken läßt, und das den Sirenengesang einer nur von außen kommenden Inspiration verkörpern mag – sorgt für Unordnung in der Ehe; das Dreiecksverhältnis verlangt geradezu nach einer burlesken Auflösung.

Diese drei Stränge hat Cocteau zu einem modernen, surrealen Zauberspiel vereint, das die Grenzen zwischen Vergangenheit und Gegenwart, zwischen Tragödie und Komödie, zwischen Leben und Tod, Wirklichkeit und Wunderwelt einreißen will, um die Poesie lockend als dunklen Grund, dem die Wirklichkeit kaum entragt, zu beschwören. Der Ernst eines Mysterienspiels kleidet sich in die heitere Naivität einer Zirkusnummer, eines Akrobatenkunststücks, wie es der Prolog ankündigt. Das Phantastische gibt sich ganz natürlich, als wäre es das Selbstverständlichste; Realität und magische Erfindung verschwimmen ineinander, sollen als gleichwertig empfunden werden. Die Szene, in der ein Schauspieler einen Zuschauer um seine Uhr bittet, will nicht die Theaterillusion durchbrechen, um die Zuschauer zu einer distanzierten Reflexion zu bewegen, sondern sie möchte ihnen vielmehr ein Schlupfloch öffnen und sie als Komplizen der phantastischen Ereignisse gewinnen. Auf diese Absicht, das Vertraute des modernen Alltagslebens mit der Ferne des Mythos zu verschmelzen, zielt auch die Verwendung moderner Requisiten: Der Tod – im Französischen ist das Wort weiblichen Geschlechts – tritt als Operationsärztin mit komplizierten technischen Gerätschaften und Gummihandschuhen auf, Orpheus sucht seine Geburtsurkunde, und Eurydike wird ein gummierter Briefumschlag zum Verhängnis.

Die Botschaft des Stücks läßt sich in ihrem Kern so umreißen: Der Dichter muß aus seiner »inneren Nacht« schöpfen, aus einem Bereich jenseits des Bewußtseins, der ihn mit dem unsagbaren poetischen Geheimnis der Welt in Verbindung setzt; dies ist ein Leidensweg, ein Eintritt in den Tod, aus dem der Dichter schwer gezeichnet zurückkehrt. Dichter zu sein ist kein Beruf, dem man acht Stunden am Tag nachgehen könnte, sondern ein Priesteramt, das die gesamte Existenz des Poeten umgestaltet. Von der tragischen Erfahrung geprägt, daß die Tiefe des Lebens im Tod sich finde, wird die Poesie, die diese Erfahrung beschwört, zum einzig möglichen Ort des Heils. Diesem Programm wird sich Cocteau nun zeit seines Lebens verschreiben.

Er huldigt hier der Ästhetik des Skandals, die den Surrealisten so teuer ist: Die Dichtung müsse dem gewohnten Getriebe des Lebens und der Kunst zuwiderlaufen, das Tragische und Wunderbare, das die Routine des Alltags verdeckt, grell zutage fördern. Solch Streben nach dem Skandal geht bei Cocteau Hand in Hand mit einem unersättlichen Beifallshaschen, mit einer ewigen Klage über des Dichters Los, verfolgt, verschmäht und unverstanden zu sein.

Man hat in *Orpheus* nicht selten ein »Homosexuellenstück« gesehen. Cocteaus Ruf als »Dichterfürst der Homosexualität« war nach *Orpheus* noch gestiegen. Junge Männer belagerten in Scharen seine Wohnung, schickten ihm Photographien von sich und boten sich ihm mehr oder weniger offen an.*

Cocteau selbst hat zwei Jahre später eine mögliche homosexuelle Tönung angedeutet: In dem *Weltlichen Geheimnis* (s. den Band »Kritische Poesie I« dieser Ausgabe) erläutert er, daß ihm der amerikanische Transvestit und Trapezkünstler Barbette zu der schönen Todesgöttin Vorbild gestanden habe (sein Essay *Barbette* findet sich ebenfalls in dem Band »Kritische Poesie I«). Den poetischen Zauber färbte damit, wie so oft bei Cocteau, ein zweigeschlechtliches Schillern. Aber wie hätte der Zuschauer diesen Hintergrund schon ahnen können? Das einschlägig interessierte Publikum mußte seine Interpretation aus anderen Quellen schöpfen. Die fand es – Cocteaus allgemein bekannte Homosexualität freilich bereits vorausgesetzt – in der Frauenfeindlichkeit, die diesem Stück zugeschrieben wird: Immer halten die Frauen mit ihren Szenen den genialen Dichter von seiner Aufgabe ab, stürzen ihn ins Unglück, bis eine Horde wildgewordener Weiber dem Ärmsten noch den Garaus macht. In der Tat gefällt sich Orpheus darin, Eurydike mit gehässigen, an den Frauen herummäkelnden Klischees aufzuwarten; das erinnert an die Boulevardkomödie und ist offenkundig auch komisch gemeint. Der Ehestreit gipfelt in dem insistierenden Spiel mit dem Wort

* Francis Steegmuller erzählt in seiner Biographie *Jean Cocteau* (Boston/Toronto, 1970; S. 363f. und S. 370) von den Reaktionen auf *Orpheus*.

»Mond«, das den ehemaligen Priester des Sonnengottes aufs äußerste erbittert. Auch hierin konnte, wer wollte, ein Augenzwinkern des Autors entdecken: »La lune« bedeutet im französischen Argot »Hintern«, »Arsch«.*

Ein Vierteljahrhundert später hat Cocteau den Orpheus-Stoff in einem Film verarbeitet. Vieles übernimmt er aus seinem Theaterstück, und doch herrscht in dem Film eine ganz andere Atmosphäre. Er entwickelt das suggestive Bild einer Zwischenwelt, in der Tod und Leben aufeinandertreffen; das neue Medium erlaubt es, das Phantastische in das realistische Dekor eines Spielfilms zu versetzen. Die geheimnisvollen Nachrichten aus dem Jenseits übermittelt nicht mehr ein Pferd, sondern das Autoradio eines Rolls-Royce, Aglaonices Heerscharen verwandeln sich in einen Frauenklub, und Orpheus liegt im Streit mit dem modischen Pariser Dichtermilieu von Saint-Germain-des-Prés. Vor allem jedoch hat sich die Rolle des Todes verändert: Orpheus' Todesstreben verdichtet sich nun zu einer selbständigen Gestalt. Er verliebt sich in »seinen Tod«, die schöne Prinzessin, und diese umgekehrt auch in ihn. Ähnlich wie die Sphinx der *Höllenmaschine* opfert sie aus Liebe zu dem Dichter sich selbst und ermöglicht ihm so die Rückkehr ins Leben. Weit stärker als das Theaterstück setzt der Film die Faszination des Todes, den Pakt, den der Dichter mit ihm geschlossen hat und der Grundlage seines Schaffens ist, ins Bild. Die deutlich von christlichen Vorstellungen inspirierten Züge des Theaterstücks treten dagegen zurück.

Das heitere Ende im Himmel mag scherzhafter wirken, als es tatsächlich gemeint ist. Orpheus' Schlußgebet, in dem er die Poesie mit Gott identifiziert und sich zu ihrem Priester erklärt, ist trotz des leichten Tons des ganzen Stücks durchaus voller Ernst. Die Surrealisten haben es auch so aufgefaßt und darin neue Nahrung für ihre Attacken gegen den Autor gefunden. Eben zu dieser Zeit hatte sich Cocteau, der noch sehr unter Radiguets Tod litt, von einigen kunstbeflissenen Katholiken an

* Lydia Crowson weist in ihrem Buch *The Esthetic of Jean Cocteau* (New Hampshire, 1978; S. 54) darauf hin.

den Altar zurücklocken lassen; lange Dauer war diesem Techtelmechtel mit der Kirche allerdings nicht beschieden. Cocteaus »Bekehrung« fiel auch nicht gerade orthodox aus; er hat eher katholisches Gedankengut seiner poetischen Metaphysik angepaßt als umgekehrt. Beredtes Zeugnis davon legt sein *Brief an Jacques Maritain* ab (s. »Kritische Poesie I«). Den in diesem offenen Brief geforderten »aktiven Gehorsam« gegenüber Gott hat auch Orpheus zu lernen: Vom »passiven Gehorsam« gegenüber den Einflüsterungen des Pferds erhebt er sich selbst unmittelbar zum Vehikel des Poetischen und lebt den Befehlen seiner dunklen Tiefen, bringt sie so ans Tageslicht. In Cocteaus Augen war die Dichtung immer schon ihrem Wesen nach religiös, auf ein Jenseits gerichtet; doch bleibt dieses Jenseits in der Regel unspezifizierbar, namenlos. Er verficht Religion als das abstrakte Prinzip bloßer Transzendenz – besonders in der *Höllenmaschine* wird dieser Gedanke zum Tragen kommen. Während seiner kurzen katholischen Phase hat er diesem Prinzip den Namen des christlichen Gottes gegeben und ab und an salbungsvolle Reden geführt, an seiner Position ändert das grundsätzlich nichts. Auch die Gestalten des Jenseits in *Orpheus* folgen bei aller christlichen Prägung letzten Endes nur seiner Dichtermetaphysik: Das teuflische Pferd gehört zur selben übernatürlichen »Rasse« wie Heurtebise, der Schutzengel; beide arbeiten sie zugleich an Orpheus' Untergang wie an seiner Rettung. Die Poesie des Pferds, die ihn von seiner Frau entfremdet, stellt sich nachträglich als zutreffender Orakelspruch heraus, der Orpheus zu seiner wahren Bestimmung verhalf; Heurtebise seinerseits kommt wie gerufen, um Orpheus seinen Leidensweg zu weisen. Beide sind Ausgeburten des ambivalenten Mysteriums der Cocteauschen Ästethik, in der die Rettung nur aus dem Verderben leuchtet: »So grauenvoll wie ein Unglücksfall und so schön wie ein Regenbogen« hat Eurydike das Übernatürliche genannt, in das Cocteau sein Publikum einweihen möchte.

Zu Beginn der dreißiger Jahre hat sich Cocteau erneut der Antike zugewandt und dem Ödipus-Stoff ein modernes Kleid gegeben. *Die Höllenmaschine (La Machine infernale)* ist 1932 entstanden und wurde zwei Jahre später, nach der Uraufführung vom 10. April 1934, ein großer Publikumserfolg. In den ersten Entwürfen trug das Stück noch den Titel *Der Tod der Sphinx;* es sollte die von Shakespeares *Hamlet* inspirierte Gespenstererscheinung bei den Soldaten und Ödipus' Begegnung mit der Sphinx enthalten. Cocteau dachte daran, es als eine Art Prolog zu seiner Bearbeitung von Sophokles' *König Ödipus* oder aber auch als selbständiges Stück aufzuführen. Aus dem *Tod der Sphinx* wurden schließlich die ersten beiden Akte der *Höllenmaschine.* War ursprünglich nur Ödipus' Scheinsieg über die Sphinx, die Entlarvung seines Heldentums als bloße Farce und die entsprechende Umdeutung der Sphinx-Gestalt, die Pointe des Stücks, wird in der endgültigen Fassung das unerbittliche Räderwerk des Schicksals zur beherrschenden Idee. Der letzte Akt greift im wesentlichen den 1926 vollendeten kurzen Einakter *König Ödipus* auf; allerdings fehlt nun der Chor.

Neben dem Orpheus-Mythos hat Cocteau besonders der des Ödipus fasziniert. Kein Wunder, illustriert er doch eine der grundlegenden metaphysischen Ideen, die Cocteaus gesamtes Werk durchzieht: Das Leben der Menschen ist vorherbestimmt, die Entwicklung in der Zeit ist bloßer Schein. Wie der Titel schon erkennen läßt, modernisiert Cocteau den Schicksalsglauben. Man ist ja heutzutage so aufgeklärt, die verschiedenen Bebilderungen des Weltenherrschers als Märchen zu durchschauen; die allgemeine Botschaft will Cocteau, ohne darum an irgendeinen besonderen Inhalt der Vorbestimmung zu glauben, allerdings schon bewahren. Sie zu verkünden ist natürlich einer Figur des Todes, des Eingangstors zu jeder jenseitigen Wahrheit, aufgetragen; Anubis, der Totenhund, eine ägyptische Gottheit, spricht sie zu Beginn des zweiten Aktes aus: »Das Geheimnis hat seine Geheimnisse. Die Götter besitzen ihre Götter. Wir haben die unsern. Sie haben die ihren. Das nennt man die Unendlichkeit.« Es gibt eine unendliche Hierarchie der Bestimmung. Will man ein Subjekt benennen, das den Lauf der Welt bestimmt, sieht man sich sofort wieder auf ein weiteres, dahinterstehendes verwiesen. Was die Menschen antreibt, bleibt ihrem bewußten, willentlichen Zugriff entzogen.

Das Geheimnis der Welt eröffnet sich Cocteau zufolge am ehesten den Menschen, die die Schule der Vernunft noch am wenigsten berührt hat. Das Musterbeispiel solcher Wesen, die mit dem Übernatürlichen von Du zu Du verkehren, sind ihm die Kinder: Ihre Leichtgläubigkeit, die sie das Wunderbare für bare Münze nehmen läßt, ihre Fähigkeit, sich ganz in ihr Spiel zu versenken und mit den Ausgeburten ihrer Phantasie zu verschmelzen, machen sie zu Künstlern im Naturzustand. Die Eingliederung in die Gesellschaft reißt sie aus dem Wildwuchs der Poesie. Die gesellschaftliche Ordnung und die Ordnung der Natur mit ihren sehr übernatürlichen Gesetzen klaffen bei Cocteau auseinander.* Nicht etwa, daß er deren Angleichung propagierte – er schließt daraus nur, wer Berührung mit diesen essentiellen Geheimnissen sucht, stehe immer, halb asozial, im Abseits, erhaben über die gesellschaftlichen Regeln, fehlt ihnen doch jede verbindliche Gültigkeit.

Ödipus' schmerzlicher Erkenntnisprozeß in der *Höllenmaschine* führt diese Trennung von gesellschaftlicher und göttlicher Ordnung vor Augen. Solange er gesellschaftlichen Ruhm anstrebt, sich etablieren möchte, bleibt er blind für den wahren Gang der Dinge; eben das, worin er seinen Triumph erblickt, treibt ihn seinem Untergang entgegen. Cocteau überschwemmt den Text mit einer Fülle von Vorzeichen; im dritten Akt bricht ständig die Traumwelt in die Dialoge ein und läßt die Personen in verräterischen Monologen enthüllen, daß ihr Schicksal in ihrem Innern bereits vorgezeichnet liegt. Gewiß hat sich Cocteau da von der modernen Psychologie und Psychoanalyse manche Anregung geholt. Der Zuschauer, von Beginn an Komplize des Schicksals, versteht die Zeichen zu entschlüsseln. Den Protagonisten, in ihrer Sphäre sozialer Ambitionen befangen, bleiben sie jedoch verschlossen; so haben wohl die ungebildeten, naiven Thebaner Soldaten ein Auge für die Geistererscheinung, den ranghöchsten Würdenträgern indes entgeht sie. Erst im letzten Akt schießen

* Lydia Crowson geht dieser Trennung von gesellschaftlicher und natürlicher Ordnung in Cocteaus Theater ausführlich nach; zu der *Höllenmaschine* s. insbesondere a.a.O., S. 136ff.

alle Vorzeichen zum unabweisbaren Bild der Wahrheit zusammen, der Blitz der göttlichen Vorsehung versengt das trügerische Gerüst zweckgerichteten Handelns.

Am Ende hat Ödipus die Fronten gewechselt. Er ist nun in der Sphäre des Geheimnisses sehend geworden, steht außerhalb der Gesellschaft, von ihr gebrandmarkt und verjagt. Er ist geworden, was er ursprünglich war: ein ausgesetztes Kind. Damit hat er die Unschuld seiner Kindheit wiedergewonnen; seine Mutter nimmt ihn bei der Hand und tröstet ihn mit der metaphysischen Nichtigkeit menschlicher Sittenordnung. Ödipus fährt in das Himmelreich poetischen Ruhms auf, um dort, wie die Stimme zu Beginn des letzten Aktes es ankündigt, die tragische Größe der menschlichen Existenz zu verkörpern.

Ödipus' leidvolle Versöhnung mit seinem Schicksal, die die mütterliche Liebe aus dem Jenseits und die Verheißung ewigen Ruhmes suggerieren, ist kennzeichnend für Cocteaus ästhetisches Programm: Obwohl der Gang der Welt das teuflische Los exekutiert, erringt mit dieser irrealen Liebe und dem Eingedenken der Menschheit das zerschmetterte Individuum einen idealen Triumph; wenngleich die menschliche Subjektivität in der »Höllenmaschine« der Welt nicht zählen soll, bleibt doch das Ideal ihrer Geltung daneben bestehen, d. h. ohne die Wirklichkeit in irgendeiner Weise anzutasten und ohne sie überhaupt antasten zu wollen, da der Mißerfolg von vornherein als ausgemacht gilt. Erfolg verspricht nur der schöne Schein, der das Scheitern verklärt.

Die düstere Idee einer unaufhaltsam den Menschen zermalmenden Schicksalsmaschinerie kommt in einem ganz unpathetischen, oft ironischen Ton einher. Die Verwendung moderner Umgangssprache, vor allem im ersten Akt, frischt den altbekannten Stoff wieder auf. Die Zeichnung der Charaktere will nicht zu dem Bild passen, das man sich gemeinhin von den Helden der griechischen Antike macht: Eine überspannte, hysterische Jokaste und ein eitler und kindischer Ödipus liefern sich in der stickigen, schwülen Schlafzimmeratmosphäre des dritten Akts schillernde Eheszenen, unter denen sich das Mutter-Sohn-Verhältnis kaum verbirgt. 1938 wird Cocteau solch ein Treibhaus der Gefühle, in dem Mutter und Sohn sich gleichzeitig verhätscheln und das Leben schwermachen, in das Zentrum seines Stücks *Les Parents terribles* (Die schrecklichen Eltern) stellen und damit einen Skandalerfolg erzielen.

Der roten Schärpe, an der sich Jokaste erhängt und von der sie sich von Anfang an bedroht fühlt, begegnet man auch in *Les Enfants terribles* (Kinder der Nacht). Ein wirklicher Unglücksfall gab dazu den Anlaß: Eine Bekannte des Autors, die Tänzerin Isadora Duncan, wurde von ihrem roten Schal erdrosselt, der sich im Rad ihres Sportwagens verfangen hatte.

Cocteau treibt also sein Spiel mit dem Mythos, möchte ihn dem Publikum durch die moderne Sprache und Psychologie der Figuren nahebringen und damit zugleich für eine unterhaltsame Überraschung sorgen. Das Schreckensbild der Höllenmaschine braucht man gewiß nicht beim Wort zu nehmen und als Cocteaus Sicht der Welt zu deklarieren; es ist zuallererst eine Variation über den Ödipus-Mythos. Der Grundgedanke jedoch, daß die Geschichte der Welt schon im voraus geschrieben ist, die Vorstellung einer unbestimmbaren, aber prinzipiell vorhandenen Determination, einer vagen Schicksalhaftigkeit gehört zu dem gleichfalls unwiderruflich dunklen Geheimnis, das sich Cocteaus Künstlermetaphysik zufolge dem Poeten offenbart. Darum schätzte er die Mythen von Ödipus und von Orpheus so sehr.

Reinhard Schmidt

BIBLIOGRAPHISCHE HINWEISE

Erstausgaben und Übersetzungen der Werke dieses Bandes

— *Les Mariés de la tour Eiffel,* Paris: Gallimard, 1923.
(Weitere Ausgaben im selben Verlag: 1928, und, in *Théâtre I,* 1948; die Anmerkungen entstammen den späteren Ausgaben.)
— *Orphée,* Paris: Stock, 1927.
deutsche Übersetzung: *Orpheus,* aus dem Französischen von Ferdinand Hardekopf; in: Jean Cocteau, *Dramen.* Hrsg. von K. H. Ruppel, München: Langen-Müller, 1959.
— *La Machine infernale,* Paris: Grasset, 1934.
deutsche Übersetzung: *Die Höllenmaschine,* aus dem Französischen von Herbert Mühlbauer; erstmals Basel: Bühnenvertrieb Reiss, 1952 (Bühnenmanuskript), dann in: J. Cocteau, *Dramen,* 1959.

(Die Widmungen zu *Orpheus* und der *Höllenmaschine* sowie die »Anmerkungen zur Inszenierung« von *Orpheus* hat der Herausgeber übersetzt.)

Ausgewählte Literatur:

Zur Biographie:

— Frederick Brown: *An Impersonation of Angels,* New York, 1968. Deutsche Übersetzung: *Ein Skandal fürs Leben,* Bern/München, 1980.
— André Fraigneau: *Cocteau par lui-même,* Paris, 1957. Deutsche Übersetzung: *Jean Cocteau in Selbstzeugnissen und Bilddokumenten,* Reinbek, 1961.
— Jean-Jacques Kihm/Elizabeth Sprigge/Henri C. Béhar: *Jean Cocteau. L'homme et les miroirs,* Paris, 1968. Deutsche Überset-

zung: *Jean Cocteau. Sein Leben – ein Meisterwerk,* bearbeitet von Friedrich Hagen, München, 1970.
— Francis Steegmuller: *Cocteau. A Biography,* Boston/Toronto, 1970. Französische Übersetzung: *Cocteau,* Paris, 1973.

Zum Gesamtwerk:

— Jacques Brosse: *Cocteau,* Paris, 1970.
— Jean Cocteau: *Entretiens avec André Fraigneau,* Paris, 1965.
— Gérard Mourgue: *Cocteau,* Paris, 1965.
— Magazine littéraire, Oktober 1983, n° 199: Dossier Jean Cocteau (mehrere Artikel).

Zum Theater:

— Lydia Crowson: *The Esthetic of Jean Cocteau,* New Hampshire, 1978.
— Neal Oxenhandler: *Scandal & Parade,* New Brunswick, 1957.
— Frank W. D. Ries: *The Dance Theatre of Jean Cocteau,* Ann Arbor, 1986.
— Otto Wirtz: *Das Poetologische Theater Jean Cocteaus,* Genf/Paris, 1972.

zu *Die Hochzeit auf dem Eiffelturm:*
— Jürgen Grimm: *Jean Cocteau.* In: ders.: *Das avantgardistische Theater Frankreichs 1895–1930,* München, 1982; S. 104–128.
— Konrad Schoell: *Jean Cocteau: Les Mariés de la tour Eiffel.* In: Walter Pabst (Hrsg.): *Das moderne französische Drama,* Berlin, 1971; S. 90–104.

zu *Orpheus:*
— Eva Kushner: *L'Orphée de Cocteau.* In: dies.: *Le Mythe d'Orphée dans la littérature française contemporaine,* Paris, 1961; S. 177–223.
— Klaus Rave: *Orpheus bei Cocteau. Psychoanalytische Studie zu Jean Cocteaus dichterischem Selbstverständnis,* Frankfurt/Bern/New York/Nancy, 1984.

zu *Die Höllenmaschine:*
— Ernst Abrahamson: *Cocteau's »La Machine infernale« and Sophocles' »Oedipus Rex«:* In: ders.: *The Adventures of Odysseus,* Saint Louis, 1960; S. 67–74.

— Roland Derche: *»La Machine infernale« de Jean Cocteau.* In: ders.: *Quatre Mythes poétiques,* Paris, 1962; S. 58–66.
— Alfred Polgar: *Jean Cocteau: »Die Höllenmaschine«* (1937). In: ders.: *Kleine Schriften,* Bd. 5, Reinbek, 1985; S. 561–564.

Weitere Literatur zu Cocteau findet sich in der Bibliographie des Bandes »Kritische Poesie IV« dieser Ausgabe.

VERZEICHNIS DER ABBILDUNGEN

S. 203	Jean Cocteau 1936 mit seinem Freund Marcel Khill; er spielte 1934 in einigen wenigen Vorstellungen die Rolle des Boten im letzten Akt (Photographie von Lipnitzki).
S. 221	aus *La Machine infernale,* Paris: Grasset, 1934.
S. 247	Brief Jean Cocteaus vor den Proben zu der *Höllenmaschine* an Louis Jouvet, der das Stück 1934 in seinem Theater inszenierte (Bibliothèque de l'Arsenal, Paris).
S. 267	*Oedipe et le Sphinx*, aus *Dessins*, 1923.
S. 295	*Le complexe d'Oedipe,* aus *La Machine infernale,* 1934.
S. 307	Jean Cocteau und die »Gruppe der Sechs« (Photographie von Roger Viollet).
S. 331	Darius Milhaud.

Alle Zeichnungen von Jean Cocteau.

EINE ÜBERSICHT ÜBER LEBEN UND WERK

1889 am 5. Juli in Maisons-Laffitte nahe Paris als Sohn einer wohlhabenden Familie geboren.

1899 5. April: Jeans Vater begeht aus ungeklärten Gründen Selbstmord.

1900–1906 Schulbesuch in Paris.

1907 gibt nach dem dritten erfolglosen Versuch, die Reifeprüfung zu bestehen, seine Schulausbildung auf.

1908 erste Lesung seiner Gedichte; beginnt am mondänen Pariser Gesellschaftsleben teilzunehmen, verkehrt u. a. mit Marcel Proust, Anna de Noailles, Reynaldo Hahn.

1909 erste Buchveröffentlichung: der Gedichtband *La Lampe d'Aladin.* Mitbegründer der luxuriösen literarischen Zeitschrift *Schéhérazade.* Lernt den Leiter des Russischen Balletts, Serge Diaghilew, kennen.

1910 Gedichtband *Le Prince frivole.*

1911 Zeichnungen für das Russische Ballett; macht die Bekanntschaft Igor Strawinskys.

1912 Aufführung seines Balletts *Le Dieu bleu.* Gedichtband *La Danse de Sophocle.*

1913 künstlerische Neuorientierung; distanziert sich von seiner gesamten bisherigen Arbeit und wird fortan die Liste seiner Werke mit dem in diesem Jahr entstehenden Prosawerk *Le Potomak* beginnen lassen.

1914 Erster Weltkrieg; vom Kriegsdienst zurückgestellt, zeitweise als freiwilliger Ambulanzhelfer an der Front. Mitbegründer der Zeitschrift *Le Mot.*

1915 schreibt an Gedichten zu *Le Cap de Bonne Espérance* und *Discours du grand sommeil* (Rede vom großen Schlaf). Pflegt den Umgang mit den Künstlern von Montmartre und Montparnasse, mit Max Jacob, Picasso, Cendrars, Apollinaire, Erik Satie. Gegen Ende des Jahres erneut als Ambulanzhelfer in Nieuport.

1916 läßt sich endgültig ausmustern. Arbeitet mit Satie und Picasso an dem Ballett *Parade*.

1917 mit Picasso und Strawinsky in Rom, wo Diaghilew *Parade* vorbereitet. Mai: Uraufführung von *Parade* in Paris.

1918 veröffentlicht das musik- und kunsttheoretische Manifest *Le Coq et l'Arlequin* (Hahn und Harlekin).

1919 lernt den erst sechzehnjährigen Dichter Raymond Radiguet kennen, der bald sein engster Freund wird. Artikelserie *Carte Blanche* über die Pariser Künstlerszene. *Le Cap de Bonne Espérance, Ode à Picasso* und *Le Potomak* erscheinen.

1920 Uraufführung des Mimodrams *Le Bœuf sur le toit* (Der Ochs auf dem Dach). Gründet mit Radiguet die Zeitschrift *Le Coq*, veröffentlicht *Poésies 1917–1920*.

1921 Uraufführung von *Les Mariés de la tour Eiffel* (Die Hochzeit auf dem Eiffelturm).

1922 langer Aufenthalt in Le Lavandou und Pramousquier an der Côte d'Azur mit Radiguet; schreibt hier *Le Grand Ecart* (Die große Kluft), *Thomas l'imposteur* (Thomas der Schwindler) und *Plain-Chant* (Choral). Der Gedichtband *Vocabulaire* (Wortschatz) und der Essay *Le Secret professionnel* (Das Berufsgeheimnis) erscheinen. Dezember: Uraufführung von *Antigone*.

1923 Rede *D'un ordre considéré comme une anarchie*. 12. Dezember: Raymond Radiguet stirbt an Typhus. *Le Grand Ecart, Thomas l'imposteur* und *Plain-Chant* erscheinen.

1924 Uraufführung seiner Shakespeare-Bearbeitung *Roméo et Juliette* und des Balletts *Le Train bleu*. Versammelt die meisten seiner bisherigen Gedichte in *Poésie (1916–1923)*. Massiver, regelmäßiger Opiumgenuß. Der katholische Religionsphilosoph Jacques Maritain führt ihn vorübergehend in die Arme der Kirche.

1925 Entziehungskur auf Drängen Maritains. Sommer: in Villefranche an der Côte d'Azur Arbeit an Gedichten zu *Opéra*, an den Stücken *Oedipe-Roi* (König Ödipus) und *Orphée* sowie an *Lettre à Jacques Maritain* (Brief an J. Maritain). Veröffentlicht das Gedicht *L'Ange Heurtebise* (Der Engel Heurtebise).

1926 Premiere von *Orphée*. Es erscheinen *Le Rappel à l'ordre* mit großteils bereits publizierten essayistischen Texten, die Zeichnungen *Maison de santé* und *Lettre à Jacques Maritain*, das seinen Bruch mit dem offiziellen Katholizismus einleitet.

1927 befreundet sich mit dem jungen Schriftsteller Jean Desbordes. Strawinskys Oratorium *Oedipus Rex* wird mit Cocteaus ins Lateinische übersetztem Text uraufgeführt. *Opéra. Œuvres poétiques (1925–1927)*. Dezember: schreibt *Le Livre blanc* (Das Weißbuch).

1928 veröffentlicht *Le Mystère laïc* (Das weltliche Geheimnis) und, anonym, *Le Livre blanc*. Im Dezember: erneute Entziehungskur, während der er *Les Enfants terribles* (Kinder der Nacht) und *Opium. Journal d'une désintoxication* (Tagebuch einer Entziehungskur) verfaßt.

1929 verläßt im März die Klinik. Veröffentlichung von *Les Enfants terribles*.

1930 Uraufführung von *La Voix humaine* (Die geliebte Stimme). Dreht den Film *Le Sang d'un poète* (Das Blut eines Dichters). *Opium* wird veröffentlicht.

1931 erkrankt im Sommer in Toulon an Typhus.

1932 erste Vorführung von *Le Sang d'un poète;* schreibt *La Machine infernale* (Die Höllenmaschine). Es erscheint *Essai de critique indirecte* (Versuche), das *Le Mystère laïc* und *Des Beaux Arts considérés comme un assassinat* (Die Schönen Künste als ein Mord betrachtet) enthält.

1933 *Le Fantôme de Marseille*. Im Dezember Entziehungskur. Trennung von Jean Desbordes.

1934 Uraufführung von *La Machine infernale*.

1935 Die Erinnerungsskizzen *Portraits-Souvenir* (Die Farben der Erinnerung) erscheinen in der Zeitung *Le Figaro*.

1936 Weltreise mit seinem Freund Marcel Khill, um Jules Vernes *Reise um die Welt in 80 Tagen* zu verwirklichen; die Reportagen erscheinen in der Zeitung *Paris-Soir*.

1937 lernt Jean Marais kennen, mit dem ihn eine lebenslängliche Freundschaft verbinden wird. Uraufführung von *Les Chevaliers de la Table Ronde* (Die Ritter von der Tafelrunde).

1938 Uraufführung von *Les Parents terribles*, das in Paris kurzzeitig als sittenwidrig von den öffentlichen Bühnen verbannt wird.

1939 schreibt *La Fin du Potomak*.

1940 Uraufführung von *Les Monstres sacrés*. Zieht sich, als die deutschen Truppen in Paris einmarschieren, nach Perpignan zurück. Neuerliche Entziehungskur. Im Herbst Rückkehr in das besetzte Paris.

1941 Uraufführung von *La Machine à écrire* (Die Schreibmaschine). Heftige Angriffe der rechten Presse. Schreibt das Versdrama *Renaud et Armide;* veröffentlicht die Gedichte *Allégories*.

1942 Sein Artikel *Salut à Breker* anläßlich einer Pariser Ausstellung des im Dritten Reich hochgeschätzten Bildhauers Arno Breker ruft einige Empörung hervor. Setzt sich vor Gericht für den angeklagten Schriftsteller Jean Genet ein.

1943 20. Januar. Tod seiner Mutter. Uraufführung von *Renaud et Armide*. Drehbuch zu dem Film *L'Eternel Retour* von Jean Delannoy. Essay *Le Mythe du Greco*.

1944 Sein alter Freund Max Jacob stirbt, von den Nazis deportiert. Jean Desbordes wird der Untergrundtätigkeit bezichtigt und von der Gestapo zu Tode gefoltert.

1945 dreht den Film *La Belle et la Bête* (Die Schöne und das Tier). Schreibt die Dialoge zu dem Film *Les Dames du Bois de Boulogne* von Robert Bresson. Das lange Gedicht *Léone* erscheint.

Paris

1946 Uraufführung von *L'Aigle à deux têtes* (Der Doppeladler) und des Balletts *Le Jeune Homme et la Mort;* das Gedicht *La Crucifixion* und *La Belle et la Bête. Journal d'un film* erscheinen.

1947 Roberto Rossellini verfilmt *La Voix humaine,* Cocteau selbst *L'Aigle à deux têtes.* Essayband *La Difficulté d'être* (Die Schwierigkeit, zu sein). Lernt Edouard Dermit kennen, den er später zu seinem Adoptivsohn machen wird. Erwirbt mit Jean Marais ein Haus in Milly-la-Forêt.

1948 verfilmt *Les Parents terribles.* Ende Dezember in New York.

1949 Essay *Lettre aux Américains* (Brief an die Amerikaner). Frühjahr: begleitet eine Theatertruppe auf einer Tournee durch den Nahen Osten, er erzählt diese Reise in *Maalesh.* Dreht im Herbst *Orphée.* Wird zum Ritter der Ehrenlegion ernannt. *Théâtre de poche* (Taschentheater) erscheint. Jean-Pierre Melville verfilmt *Les Enfants terribles.*

1950 Uraufführung des Balletts *Phèdre.* Sein Film *Orphée* erhält in Venedig den internationalen Kritikerpreis.

1951 Präsident der Autoren- und Komponistengewerkschaft. Uraufführung des Stücks *Bacchus. Entretiens autour du cinématographe* (Gespräche über den Film) und *Jean Marais.*

1952 in München erste umfassende Ausstellung des graphischen und malerischen Werks; kurze Aufenthalte in der Bundesrepublik Deutschland. Gedichtband *Le Chiffre sept.*

1953 Uraufführung des Balletts *La Dame à la licorne* in München. Vorsitzender der Jury des internationalen Filmfestivals in Cannes. Erste Reise nach Spanien, das er in den kommenden Jahren mehrmals besuchen wird. *Démarche d'un poète* (Der Lebensweg eines Dichters). Gedichtband *Appogiatures* und Essayband *Journal d'un inconnu* (Tagebuch eines Unbekannten).

1954	10. Juni: Herzinfarkt. Gedichtband *Clair-obscur*.
1955	Aufnahme in die Académie royale de langue et de littérature française de Belgique und in die Académie française.
1956	Dekoration der Kapelle Saint-Pierre in Villefranche. Ehrendoktor der Universität Oxford.
1957	Ehrenmitglied des New Yorker Institute of Arts and Letters. Wandmalereien im Trausaal des Rathauses von Menton. Veröffentlicht die spanischen Impressionen *La Corrida du 1er mai*.
1958	Ausstellung seiner Töpfereien. Reden *Discours sur la poésie* und *Les Armes secrètes de la France*. Gedichtband *Paraprosodies*.
1959	Blutsturz; schreibt, ans Krankenbett gefesselt, an den Gedichten zu *Le Requiem*. Uraufführung des Mimodrams *Le Poète et sa muse*. Dreharbeiten zu seinem letzten Film *Le Testament d'Orphée*.
1960	*Le Testament d'Orphée* läuft in den Kinos an. Wird zum »Prince des poètes«, zum »Dichterfürsten« gewählt. Ausstellung des graphischen und malerischen Werks in Nancy.
1961	Kommandeur der Ehrenlegion. Gedichtband *Cérémonial espagnol du Phénix suivi de La Partie d'échecs*.
1962	Uraufführung von *L'Impromptu du Palais-Royal* in Tokio. Der autobiographische Essay *Le Cordon ombilical* und *Le Requiem* erscheinen.
1963	22. April: Herzanfall. Zieht sich in sein Haus nach Milly zurück; dort stirbt er am 11. Oktober.

Für weitere Informationen zu Leben und Werk sei auf den Band »Erzählende Prosa I« dieser Ausgabe verwiesen. Eine ausführliche Bibliographie enthält der Band »Kritische Poesie IV«.